Strade blu

Francesco Costa

FRONTIERA

Perché sarà un nuovo secolo americano

MONDADORI

Dello stesso autore
nella collezione Strade blu
Questa è l'America
Una storia americana
California

mondadori.it

Frontiera
di Francesco Costa
Collezione Strade blu

ISBN 978-88-04-77688-8

Pubblicato in accordo con S&P Literary - Agenzia letteraria Sosia & Pistoia
I edizione febbraio 2024

Indice

Frontiera

A Mayra,
sarà dolce il futuro

L'America è sempre stata la disperazione di ogni ideologo. Il nostro destino come nazione è sempre stato non avere alcuna ideologia, ma esserlo.

Richard Hofstadter, 27 febbraio 1955

Introduzione

Gli americani si vestono come gli pare. Se accantonassimo per un momento la nostra passione nazionale per la moda e lo stile, peraltro forse più sbandierata che praticata, potremmo considerarla una qualità ammirevole, tra molte altre loro caratteristiche che invece non capiamo – oppure che capiamo, e ci fanno inorridire.

I giornali scandalistici ci hanno abituati a servizi fotografici che mostrano le star di Hollywood in condizioni pietose mentre scendono dalla macchina o spingono il carrello della spesa. Contano sulla nostra reazione scandalizzata, «ma hai visto come si è ridotto», «era così bella in quel film», «non l'avevo riconosciuto», «guarda che capelli!». Siamo fuori strada. Quella storia che ci raccontiamo spesso sull'importanza di essere noi stessi, di non sentirci obbligati a adeguarci a un modello stabilito da qualcun altro, di anteporre il nostro benessere al giudizio altrui... ecco, da quelle parti la praticano per davvero. Negli Stati Uniti non c'è niente di particolarmente bizzarro in una donna in coda da Starbucks con le pantofole, o in un uomo che gira per negozi indossando uno di quei vecchi e comodissimi maglioni sdruciti da domenica pomeriggio sul divano. Se gli gira, gli americani si presentano a cena dagli amici con le infradito, pur trovandosi magari a qualche migliaio di chilometri dalla spiaggia. Il sabato si mettono in macchina e vanno a fare la spesa in pigiama. Nelle occasioni eleganti indossano abiti improbabili e sempre della taglia sbagliata. E quello che vale per l'abbigliamento vale per quasi tutto il resto. *Who cares*, cosa importa?, si chiedono. Sono americani: il mondo non li spaventa. O meglio, il mondo li spaventa, certo che li spaventa: lo vediamo bene anche noi, guardandoli da fuori. Ma loro tirano dritto, come se non se ne rendessero conto.

Abbiamo una certa familiarità con il nazionalismo statunitense, la mano sul cuore durante l'inno nazionale, le bandiere in giardino, la scritta IN GOD WE TRUST sui dollari e il giuramento di fedeltà alla patria recitato a scuola ogni mattina. Tutto ci sembra sopra le righe. La loro aggressività infantile ci inquieta. Il loro atteggiamento spaccone ci respinge. Ci capita persino di provare uno strano imbarazzo quando li osserviamo descriversi e sentirsi *speciali*, il popolo eletto, la guida del mondo libero, un faro di speranza, una città splendente sulla collina: tutte espressioni che gli americani usano di frequente e senza ironia per parlare della loro nazione. Ci sembra mitomania, oppure propaganda, ma quello di cui non siamo consapevoli è che i primi bersagli di questa propaganda sono gli americani stessi: e quindi che il principale obiettivo e risultato di questi sforzi non sia convincere noi, il mondo fuori, della loro eccezionalità, bensì convincere se stessi. E sapete che c'è? Vero o falso che sia, funziona. Ci credono, quindi ogni tanto ci riescono. Lo stiamo vedendo ancora una volta in questi anni.

A fronte della nota narrazione sul loro declino, infatti, negli ultimi anni gli Stati Uniti hanno allargato la forza lavoro come non era mai accaduto prima, e il tasso di disoccupazione è sceso ai livelli più bassi degli ultimi cinquant'anni. La loro economia è cresciuta con tassi vicini al 5 per cento l'anno, abbattendo l'inflazione molto prima del resto dell'Occidente e facendo crescere gli stipendi più dell'inflazione; e lo hanno fatto mentre tagliavano le emissioni inquinanti. Hanno innescato una nuova rinascita industriale, hanno deciso il più grande investimento pubblico di sempre contro il cambiamento climatico, hanno abbracciato le energie rinnovabili con una rapidità che ha stupito gli esperti mentre, contemporaneamente, diventavano esportatori netti di petrolio: stanno cambiando, con grande rapidità, sotto i nostri occhi. Le loro alleanze politiche e militari sono più salde che in qualsiasi altro momento degli ultimi vent'anni, mentre la NATO, data a lungo per moribonda, è stata resuscitata e allargata. Intanto la rivale del secolo, la Cina, affronta la crisi economica più grave degli ultimi decenni e rinuncia al sogno del tanto atteso sorpasso, ripiegandosi su se stessa fra grandi incertezze e timori. Quante cose sono cambiate in pochi anni.

Nonostante le battute d'arresto e gli eventi traumatici non siano mancati, e tanti dei problemi del paese siano ancora lontani dall'essere risolti – ne parleremo –, questa accelerazione sorprendente si spiega con l'esistenza di un paese che vediamo meno, ma c'è e c'è sempre stato, e sa reagire ai danni che infligge a se stesso. Un paese profondo, ma non nel senso di bigotto: profondo proprio in quanto sotterraneo, nascosto agli sguardi dei turisti e tuttavia in bella vista, lontano dalle attenzioni dei media internazionali, dalla litigiosità della politica e dalla polemica perpetua dei social media, costruito sulle relazioni dirette tra le persone e sui loro valori comuni, su tutti il culto della libertà, dell'identità, dell'efficienza, del denaro. In ogni momento e in ogni luogo che gli appartenga, gli Stati Uniti sono coinvolti da una miriade di fenomeni, alcuni piccolissimi e altri giganteschi, che cambiano il paese in modi anche piuttosto radicali: invenzioni, progetti, culture e sottoculture, idee, investimenti, volontariato, raccolte fondi, attivismi, studi, lotte. Di solito ce ne accorgiamo a cose fatte, quando inevitabilmente rotolano dalle nostre parti. Ispirate da un atteggiamento culturale che non conosce la modestia e non ha paura di bruciare le navi una volta arrivate in porto, le persone statunitensi sono gli animali sociali e imprenditoriali per eccellenza: quelli che sanno giocare meglio al gioco del capitalismo, che ci piacciano o no le sue regole. A completare un quadro che diventa più spiazzante man mano che ci avviciniamo osservandoli, tutto viene tenuto insieme da un senso di comunità fortissimo, anche e soprattutto negli angoli più isolati e rurali, malgrado i luoghi comuni. Spesso è la prima cosa a colpire gli italiani che si trasferiscono oltreoceano, soprattutto se evitano le metropoli feroci come New York, San Francisco o Los Angeles.

Eppure l'aria è sempre elettrica, e tutti hanno la sensazione di ballare sul famoso orlo del precipizio. Il benessere economico senza precedenti di questi anni ha raggiunto anche e soprattutto i gruppi sociali più marginalizzati, ma non ha attenuato le tensioni. La radicalizzazione non si è arrestata e coinvolge ormai specularmente sia la destra sia la sinistra. Le differenze culturali fra conservatori e progressisti si sono allargate, così come quelle tra le città e la provincia. La paralisi della politica sui temi dal maggior valore identitario e simbolico ha congegnato dei generatori perpetui di sofferenza, come l'immigrazione e le armi. La presa di coscienza collettiva sulla pervasività del razzismo seguita all'omicidio di George Floyd ha cambiato molte cose, ma ha anche esacerbato nervosismi e intolleranze, invece che mitigarle. Le donne, poi, hanno addirittura perso il diritto a interrompere una gravidanza. E c'è un ex presidente che ha cercato in ogni modo di restare al potere dopo la sconfitta, anche facendo ricorso alla violenza, che deve rispondere di 91 gravi capi d'accusa e che nonostante questo – o proprio per questo? – viene venerato da un'agguerrita minoranza della popolazione, che lo tratta più come un messia che come un leader politico.

La più grande e influente superpotenza del pianeta, l'unica nazione mai costruita sulla sistematica mescolanza di popoli e culture diverse, sta attraversando un momento affascinante e contraddittorio, molto raccontato e poco compreso, per certi versi unico nella sua vicenda nazionale. Com'è possibile che queste cose accadano insieme, nello stesso posto? Cos'hanno in testa gli americani? In che modo guardano a se stessi e al mondo? Cosa vogliono dal presente e dal futuro? Frammento dopo frammento, storia dopo storia, dato dopo dato, è il quadro che ho provato a comporre nelle prossime pagine.

Questo è un libro frastagliato e non lineare, perché la realtà è frastagliata e non lineare: non è una riga che va da A verso B, una vicenda con un inizio e una fine. La stessa rapidità di questi cambiamenti suggerisce peraltro che possano accadere in modo altrettanto precipitoso anche capovolgimenti opposti: e la velocità è forse la vera cifra dei nostri tempi. È il caso quindi di armarsi di curiosità, di desiderio di scoperta, di disponibilità ad accettare sorprese e incongruenze; sospendere il giudizio e poi guardare in ogni direzione, tenendo nel nostro sguardo ogni singola cosa e poi tutto quanto, esplorando una strada e poi tornando indietro, procedendo a zig-zag, soffermandosi su un dettaglio per poi correre da un'altra parte. Lo faremo insieme. Fatevi trasportare. Buon viaggio.

I

Abbondanza

> L'amore per il denaro è la prima o la seconda ragione di ogni cosa che fanno gli americani.
>
> Alexis de Tocqueville,
> *La democrazia in America*, 1835-1840

Il turno comincia a mezzanotte. Gli operai indossano tute di plastica spessa che li coprono dalla testa ai piedi, poi imbracciano tubi ad alta pressione per spruzzare acqua bollente sulle macchine e sui nastri che per tutta la giornata hanno disossato, tagliuzzato e separato migliaia di polli. La pressione è così forte che spinge le spalle all'indietro. Nel giro di pochi minuti l'aria si riempie di vapore, gli schizzi ricoprono gli operai di frammenti di carne, ossa, sangue, grasso. L'odore è putrido, nauseabondo, insopportabile: resta nelle narici per molte ore dopo la fine del turno, a volte sembra di sentirlo in bocca. Poi si ripongono gli idranti e comincia il lavoro di precisione. Ogni centimetro dell'impianto va cosparso e strofinato con una schiuma densa e acida che fa lacrimare gli occhi e bruciare i polmoni a ogni respiro. Le ustioni sono frequenti, perché qualcosa riesce sempre a superare gli indumenti protettivi, e ci mettono mesi a guarire. In ogni caso, bisogna finire tutto entro le cinque del mattino: all'alba arriverà un nuovo carico di polli, insieme con gli operai del turno diurno.

Addetto alle pulizie in un impianto di macellazione. Non ci sono molte professioni peggiori.

Un giorno di febbraio del 2022, intorno alle due e mezza del mattino, Marcos Cux stava strofinando uno dei nastri quando notò un guanto di gomma bloccato in una delle giunture dell'impianto di disossamento. Mentre cercava di rimuoverlo, un operaio attivò la macchina per far scorrere il nastro e pulirne il segmento successivo. La manica della tuta di Cux si incastrò fra i denti d'acciaio che nel giro di pochi secondi ne risucchiarono le dita, poi la mano, poi il polso, poi il braccio, mentre il frastuono delle macchine sovrastava le urla. Un collega si accorse dell'incidente e fermò l'impianto, permettendo a Cux di divincolarsi. Non sentì dolore, sul momento, ma perse conoscenza non appena mise gli occhi su quello che era rimasto del suo avambraccio: dal gomito in giù il suo arto era un unico irriconoscibile brandello di pelle, muscoli, ossa e tendini. Il supervisore chiamò subito un'ambulanza. Dall'altra parte del telefono, l'operatore del 911 chiese informazioni sull'operaio ferito e tra le altre cose domandò: quanti anni ha? Il supervisore disse che non lo sapeva. «Può darci un'idea generale?» Non ci fu nessuna risposta. «Vent'anni? Trent'anni?» Il supervisore riattaccò. Quella notte di febbraio del 2022, Marcos Cux aveva 14 anni. Veniva dal Guatemala.

La storia di Marcos è stata scoperta e raccontata sul magazine del «New York Times» dalla giornalista Hannah Dreier, premio Pulitzer per il giornalismo d'inchiesta, ed è emblematica di molti fenomeni che stanno attraversando gli Stati Uniti.[1] Almeno due milioni di persone ogni anno entrano illegalmente nel paese e centinaia di migliaia sono minori non accompagnati. Le famiglie sanno che gli adulti rischiano di essere ricacciati indietro ma sanno anche che la legge impedisce che accada lo stesso ai minorenni che viaggiano da soli: quindi si indebitano per migliaia di dollari pur di provare a spedire i figli oltre il confine. Una volta dentro, i ragazzini raggiungono qualcuno disposto a ospitarli – spesso un lontano parente o un amico di famiglia – e si cercano un lavoro, così da mandare a casa i soldi necessari per sopravvivere e ripagare il debito. Di solito lo trovano in men che non si dica: dopo la pandemia il tasso di disoccupazione è precipitato ai minimi storici e le aziende sono continuamente e disperatamente alla ricerca di personale, è una delle cause dell'inflazione. Il lavoro offerto a Marcos era pericoloso, illegale e orribile, ma la paga era buona: 100 dollari per ogni turno, quasi il quadruplo del salario minimo federale. Per assumere un ragazzino basta falsificare un documento e le aziende più spregiudicate hanno esternalizzato interi dipartimenti, come quello delle pulizie, pur di voltarsi dall'altra parte e liberarsi di ogni responsabilità. L'industria del pollame, poi, è al centro di questa storia. È la carne più consumata del paese, oggi se ne vende più del doppio rispetto agli anni Settanta e negli ultimi anni i consumi sono cresciuti ancora,[2] soprattutto quelli di carne processata, disossata, senza pelle, pronta a finire sulle Caesar salad dei ristoranti, nei Tupperware di chi frequenta le palestre o nei grandi vassoi di ali di pollo serviti nei pub; a volte già macinata, destinata a diventare *chicken nuggets*.

Oggi Marcos va a scuola, nell'autunno del 2023 è stato l'unico studente della sua classe a superare al primo colpo un test nazionale. I medici sono riusciti a salvare il suo avambraccio ma il suo aspetto è orribile, la mano è inutilizzabile e l'arto pressoché immobile. Lo aspettano anni di interventi chirurgici e fisioterapia, ammesso di trovare i soldi. L'azienda non vuole assumerlo di nuovo, ma senza il suo stipendio i genitori poveri e indebitati rischiano di fare una brutta fine: i ragazzini come Marcos sanno che la sopravvivenza delle loro famiglie dipende da loro. E non hanno idea di quando le rivedranno.

Il National Chicken Council, che ovviamente esiste, stima che nella sola giornata del Super Bowl si consumino negli Stati Uniti circa un miliardo e mezzo di ali di pollo.[3]

Negli Stati Uniti è sempre tutto troppo. Da quelle parti è difficile non avere l'impressione che tutto sia esagerato, eccessivo, fuori misura. Per esempio, troppo caldo o troppo freddo.

Nei ristoranti l'acqua viene servita col ghiaccio, lo stesso ghiaccio che riempie i cassoni che circondano supermercati, hotel e motel, e che gli americani comprano a chili, conservano in enormi congelatori e infilano dentro ogni bicchiere, in estate come in inverno. Al contrario, il caffè filtrato viene servito a temperature da eruzione vulcanica, come se la sua reale funzione fosse scaldare le mani che reggono il bicchierone: dopo un po' si impara a comprarlo almeno un quarto d'ora prima di quando si vorrà berlo. Nella terza città più popolosa del paese, Chicago, si vive una parte significativa dell'anno con venti gradi sottozero; nella quarta e nella quinta, Houston e Phoenix, si superano i quaranta gradi per mesi. L'aria condizionata è notoriamente esagerata e crudele, e al Sud è comune accenderla anche in inverno e in assenza di temperature sgradevolmente alte; al Nord, invece, d'inverno le case vengono riscaldate fino a lessare gli inquilini. Quando fa molto caldo, bisogna sempre portare con sé una felpa; quando fa molto freddo, essere pronti a togliersi quasi tutto.

Non è solo una questione di caldo o freddo. In fondo una cosa esagerata è *un'americanata*, no? Negli Stati Uniti i ricchi sono troppo ricchi e i poveri troppo poveri, troppo grandi le automobili, le strade e il cielo come le porzioni di cibo, i debiti delle famiglie, la stazza dei giocatori di football, i flaconi dei detersivi e le taniche che contengono il latte e i succhi di frutta. Troppo alti i grattacieli, troppo capienti e troppo pieni gli stadi che ospitano le partite degli studenti universitari, troppo rumorose le persone nei ristoranti. I laghi sono i Grandi Laghi, le pianure sono le Grandi Pianure, il canyon più profondo è il Grand Canyon; l'eroe dei fumetti si chiama Superman, l'evento sportivo dell'anno è il Super Bowl, il giorno più importante delle primarie è il Super Tuesday. Tutto, tanto, troppo, sempre.

Un giorno del 1994 una donna di 79 anni, Stella Liebeck, visitò il *drive-through* di un ristorante McDonald's di Albuquerque, in New Mexico. Liebeck sedeva sul posto del passeggero, alla guida c'era suo nipote. L'auto accostò alla finestrella e la donna ordinò un caffè, che ricevette alla finestra successiva. Suo nipote fermò l'auto pochi metri dopo, così che Liebeck potesse aprire il coperchio di plastica sul caffè e aggiungere latte e zucchero, *cream-and-sugar*. Liebeck bloccò il bicchiere tra le gambe per liberarsi le mani e tentando di rimuovere il tappo di plastica fece inclinare il bicchiere. Il coperchio si sollevò ma non del tutto e il caffè le si rovesciò addosso. In ospedale le furono diagnosticate ustioni di terzo grado sul 6 per cento del corpo, e altre di minore entità sul 16 per cento; restò ricoverata per otto giorni, perdendo il 20 per cento del proprio peso. La convalescenza durò altre tre settimane, le cicatrici restarono visibili e per due anni Liebeck fu considerata parzialmente disabile dallo Stato. La donna chiese a McDonald's un risarcimento da ventimila dollari, McDonald's rifiutò, lei gli fece causa. Il processo accertò che il caffè della signora Liebeck aveva una temperatura di circa novanta gradi, come tutto il caffè servito all'epoca da McDonald's negli Stati Uniti. Un dato piuttosto clamoroso che finì oscurato da una sentenza ancora più clamorosa: il tribunale condannò McDonald's a pagare a Liebeck un risarcimento pari alla cifra guadagnata dall'azienda intera in due giorni dalla vendita di caffè, cioè circa tre milioni di dollari. Se ne parlò in mezzo mondo. Un successivo ricorso di McDonald's fu accolto e alla fine Liebeck ricevette poco meno di mezzo milione.

È per via del caso Liebeck che oggi i coperchi di plastica del caffè da asporto riportano la scritta CAUTION: CONTENTS HOT. A quella storia seguì una lunga fase di cause legali più o meno temerarie presentate da singoli cittadini contro grandi aziende, molte delle quali finirono in un buco nell'acqua dopo aver fatto un giro su tutti i giornali. Nei mesi del caso Liebeck, l'opinione pubblica statunitense si schierò prevalentemente dalla parte di McDonald's.[4]

L'altra più nota catena statunitense di fast food, Burger King, è finita sui giornali per una class action nell'agosto del 2023, quando un magistrato ha giudicato ammissibile il ricorso di un gruppo di consumatori statunitensi secondo cui i panini mostrati dagli spot televisivi sono almeno un terzo più grandi di quelli realmente in vendita. Pochi mesi prima un uomo aveva comprato delle «ali di pollo senza ossa» in un ristorante Buffalo Wild Wings di Mount Prospect, in Illinois; poi aveva deciso di fare causa all'azienda, aprendo anche lui una class action per pubblicità ingannevole. Nel testo della sua denuncia si legge che l'uomo pensava erroneamente che le «ali di pollo senza ossa» fossero effettivamente delle ali di pollo da cui erano state rimosse le ossa. Non lo sono.

Gli americani misurano tutto, sempre, ossessivamente. Se parlano del taglio di pollo che preferiscono, quindi, ricorrono al concetto di *work-to-meat ratio*: il rapporto tra la fatica necessaria per mangiare un certo alimento e la quantità di cibo che si ottiene con quella fatica. Alle ali di pollo viene attribuito un *work-to-meat ratio* sfavorevole,[5] con quelle ossa da spolpare, le dita unte, le salse sotto le unghie e la carne destinata a infilarsi fra i denti: molto lavoro per mangiare poca carne. E quindi, dal momento che gli americani amano poche cose più dell'efficienza e della pigrizia, da qualche tempo nei menu dei loro ristoranti sono arrivate anche le ali di pollo senza ossa, *boneless chicken wings*. Sono ali di pollo a cui sono state rimosse le ossa? O sono blocchi di carne di pollo macinata, come una crocchetta o un *chicken nugget* a forma di ala di pollo? Nessuna delle due. Le ali di pollo senza ossa sono petti di pollo tagliati a forma di ala di pollo. D'altra parte quando sempre più persone vogliono mangiare le ali di pollo e sempre meno il petto, complici l'aumento delle cene fuori e il crollo delle pause pranzo legati alla diffusione del lavoro da casa, e quindi il prezzo del petto di pollo scende mentre quello delle ali cresce; quando esiste un potenziale mercato per un prodotto con un migliore *work-to-meat ratio*, e c'è un pubblico che ama le ali di pollo fritte ma detesta sporcarsi le dita e la faccia e i vestiti, cos'altro vuoi fare se non le ali di pollo col petto di pollo? Ci vuole un certo talento, già. Ma si tratta, come si dice in questi casi, di un tema divisivo.

Un giorno del 2020 un uomo prese la parola nell'aula del consiglio comunale di Lincoln, in Nebraska, e si lanciò in un'invettiva semiseria che fece il giro dei social media.[6] «Niente delle ali di pollo senza ossa viene effettivamente dalle ali di pollo» disse con gran solennità. «Saremmo indignati da un macellaio che venda un taglio di carne spacciandolo per un altro, no? E ora vogliamo andarcene in giro facendo finta che un petto di pollo sia un'ala di pollo? Le "ali di pollo senza ossa" sono bocconcini di petto di pollo: e il petto di pollo è già senza ossa. Io al ristorante non ordino dei tacos senza ossa. Non specifico che vorrei dei panini senza ossa. Sono già senza ossa. I nostri bambini cresceranno con la paura di trovare ossa attaccate alla carne. Ma la carne cresce sulle ossa! Dobbiamo insegnargli che un'ala di pollo viene da un pollo.» Un punto di vista divertente, e forse con degli argomenti: ma fai anche meno, verrebbe da dirgli. Lui invece concluse così: «Da troppo tempo viviamo una menzogna. Lo sentiamo nelle ossa». Tutto, tanto, troppo, sempre.

Negli Stati Uniti il cliente ha sempre ragione: sul serio, però. I suoi interessi e le sue esigenze determinano con assoluta priorità le mansioni dei lavoratori che devono servirlo, molto più di quanto accada altrove, nonché il modo in cui le aziende sviluppano e organizzano le loro attività. Alcune conseguenze di questo approccio sono facilmente visibili ovunque, dall'onnipresenza dei *drive-through* all'aver inventato i resi gratuiti degli acquisti online, dal *free refill* nei fast food – cioè la politica per cui paghi una bevanda e poi riempi il bicchiere ogni volta che vuoi – ai sedili reclinabili nei cinema, fino alle decine di modalità con cui si vota (per posta, in anticipo, negli uffici, nelle chiese, nelle palestre) e al funzionamento degli sport professionistici, con arbitri che spiegano ogni decisione in diretta e stadi dentro i quali è possibile fare cose altrove impensabili, come chiudere col tappo una bottiglia d'acqua, conservare un accendino in tasca o bere la birra in un bicchiere di vetro: perché l'interesse del pubblico viene prima di tutto. Salvo casi davvero eccezionali, negli Stati Uniti la soluzione a un qualsiasi problema non sarà mai sottoporre il cliente a procedure faticose o vessatorie: di quei sacrifici si occuperà chi lo fa per mestiere, che anzi cercherà di trovare una soluzione in fretta altrimenti lo farà certamente la concorrenza. Tutto è pensato per evitare qualunque attrito dentro ogni esperienza, soprattutto quelle di acquisto e consumo: il risultato è che le persone fanno di più, spendono di più e più facilmente, quindi le aziende producono di più, quindi hanno bisogno di più lavoratori e di pagarli meglio, e questi a quel punto spendono di più e più facilmente, e si ricomincia. Com'è una cosa fatta bene, negli Stati Uniti? È *smooth*. Va liscia, scorre. Un buon punto di osservazione per notare questo approccio è il ristorante.

Al ristorante, negli Stati Uniti, la prima cosa che ti viene chiesta è quella che in Italia a volte teniamo ancora per ultima: «Da bere?». Accade ovunque, dallo stellato al diner più scalcagnato. L'idea è che il locale debba mettere subito a loro agio i propri ospiti, e che questi avranno probabilmente voglia di bere qualcosa, almeno un po' d'acqua, invece che aspettare che un cameriere arrivi e distribuisca i menu, poi lasci al tavolo intero il tempo necessario per decidere cosa mangiare, poi torni a prendere l'ordinazione, poi «non abbiamo ancora deciso, può darci altri cinque minuti?», quindi ritorni di nuovo, raccolga tutte le ordinazioni, chieda cosa si vorrà bere e infine, dopo qualche altro minuto, porti una benedetta bottiglia d'acqua. Ma prima ancora di chiedere al tavolo cosa vuol bere, c'è un'altra cosa che fa il cameriere non appena i clienti si sono seduti: si presenta col proprio nome e spiega che sarà lui o lei a occuparsi del tavolo per l'intera durata del pasto. Vuol dire che per ogni esigenza non bisognerà cercare di incrociare lo sguardo del primo cameriere sotto tiro, operazione notoriamente complessa, bensì quello del proprio cameriere che sarà sempre in zona: e spesso non sarà necessario far nulla, basterà aspettare, perché quel cameriere passerà ogni dieci-quindici minuti per chiedere se va tutto bene e se può assistervi in qualche modo. Va da sé che puoi ordinare quello che vuoi, senza incorrere in alcun rifiuto o negli sguardi antipatici del titolare: vuoi fare colazione con le uova alle quattro del pomeriggio? Puoi. Vuoi ordinare un cappuccino con la bistecca? Puoi. Vuoi ordinare solo un antipasto e magari persino dividerlo col tuo commensale, un piatto in due? Puoi. Vi sedete in cinque ma mangeranno soltanto in tre? Via libera. Il compito del ristorante è dire sì alle esigenze del cliente, invece che imporgli regole che dipendono dalle esigenze del ristorante («Non serviamo la colazione dopo le undici», «Dovete consumare almeno una portata» eccetera).

Quando il cameriere tornerà con i piatti, anche davanti a tavolate da venti o trenta persone, non lo vedrete mai fare l'appello e chiedere: «Di chi era la Margherita?», perché se lo ricorda. È il suo mestiere, lo sa fare, inoltre non spetta ai clienti dirigere il traffico. Una volta finito di mangiare e accertato che non volete ordinare altro («*Any room for dessert?*»), il cameriere arriverà col conto in men che non si dica, senza che dobbiate chiederlo: talvolta il cliente italiano lo considera un gesto scortese – «Ci hanno buttati fuori!» – ma la ragione di questa fretta non è liberare il tavolo, salvo che fosse stato espressamente richiesto all'inizio del pasto. La ragione è dare al cliente la libertà di andar via quando vuole, anche subito se quello è il suo desiderio, senza costringerlo ad aspettare di intercettare il cameriere, chiedergli il conto, poi aspettare che torni con lo scontrino, affidargli la carta di credito, poi ancora aspettare che torni con il POS, eccetera. Vuoi pagare e poi restare seduto ancora un po'? Gli americani lo troveranno forse un po' strano – non hai da fare? – ma puoi. Quanto al metodo, a questo punto dovreste immaginarlo: è possibile pagare in qualsiasi modo. Dividere un conto su cinque carte di credito? Certo che sì. Il 20 per cento in contanti e il resto con una carta? Certo che sì. Metà in contanti e metà diviso su tre carte? Certo che sì. Tre persone pagano per sé in contanti e il resto si divide alla romana su più carte? Certo che sì. Ma provate voi stessi, la prossima volta, inventando metodi ancora più creativi e articolati di questi: diranno sì senza fare un plissé. Anche in pausa pranzo, anche nell'ora di punta: sarebbe assurdo pretendere che sia il cliente a piegarsi alle esigenze del ristorante e non viceversa. È il loro mestiere.

Un'altra cosa notevole è la gentilezza estrema di chiunque abbia relazioni con il pubblico. Le eccezioni esistono, ovviamente, ma non sono la regola: la regola sono invece commessi e camerieri che sorridono, che tentano di notare se qualcosa non va prima ancora che il cliente alzi la mano per segnalarlo, che non si limitano a salutare ma chiedono «Come stai?» e sono sempre pronti a chiacchierare. Forse a questo punto comprenderete lo sconcerto del turista americano quando oltreoceano il cameriere gira per i tavoli sbuffando, o quando scopre che «non si fanno conti separati», o quando il ristoratore sbotta con le troppe persone che chiedono un tavolo. È una gentilezza finta, quella americana? Certo che è finta. Ma cosa volete, che una commessa che vi ha appena visti entrare in negozio si sia già affezionata a voi? Non siete mica amici: essere gentile con i clienti è il suo mestiere.

Negli aeroporti statunitensi, i monitor mostrano le informazioni elencando le destinazioni in ordine alfabetico, cioè la visualizzazione più immediata per chi deve viaggiare e cercare il proprio volo, e non in ordine di orario, cioè la visualizzazione più immediata per chi lavora in aeroporto e deve seguire il flusso dei voli e delle operazioni. Le esigenze del cliente vengono prima.

Alla fine del 2023 la compagnia aerea United Airlines ha cambiato il metodo d'imbarco dei passeggeri:[7] prima entra chi ha il posto accanto al finestrino, poi chi ha il posto di mezzo, infine il posto corridoio. Se nei prossimi anni i risultati confermeranno quanto emerso nei test, cioè che si risparmia qualche minuto, sempre più compagnie aeree faranno lo stesso. Già oggi l'imbarco avviene sempre dividendo i passeggeri per gruppi, sulla base di dove sono seduti, anche se questo costringe il personale di terra a fare una cosa in più. Le esigenze del cliente vengono prima.

Le tre più grandi compagnie aeree al mondo sono statunitensi.

Ma dicevamo della gentilezza dei camerieri. Una delle sue ragioni è il sistema delle mance, certo: la consuetudine che prima o poi mette in crisi chiunque, americani compresi, e che eppure chiunque sia stato una volta negli Stati Uniti non vede l'ora di spiegare ai suoi sfortunati interlocutori. Nei ristoranti e nei locali statunitensi lasciare la mancia al personale è una norma sociale talmente diffusa da essere diventata nel tempo un obbligo non scritto: ma proprio perché non esistono regole ufficialmente stabilite, le fattispecie e le variabili sono infinite e disorientanti, anche per tutte le intricate implicazioni culturali dei nostri rapporti con il denaro, con i servizi e con il potere.

In un ristorante o in un diner è il caso di lasciare in mancia almeno il 20 per cento del conto; se state mangiando davanti a un food truck, anche meno; se siete in una grande catena di fast food e vi portate da soli il vassoio al tavolo, anche niente. Se state riscuotendo un buono regalo, calcolate la mancia sul totale del conto e non solo su quanto dovrete eventualmente aggiungere. Se vi portano il cibo a casa, va bene il 15 per cento. Quando bevete qualcosa al bancone, lasciate un dollaro o due per ogni drink. Quando ordinate il caffè al bar, arrotondate; se avete ordinato per più persone, lasciate un paio di dollari nel barattolo o attraverso il POS; se volete diventare un cliente abituale di quel bar, fatelo sempre. Sì, certo, non dovrebbe funzionare così, va bene: ma scordatevi di cambiare la granitica cultura delle mance della più grande economia della storia dell'umanità con la vostra obiezione di coscienza, consideratela una spesa come tutte le altre e farete risparmiare tempo a voi e al prossimo. È possibile lasciare meno mancia di quanto sopra? Sì, al massimo penseranno che siete maleducati o tirchi, oppure vi chiederanno cosa sia andato storto (e perché non lo avete fatto presente in una delle trecento volte in cui vi è stato chiesto se andava tutto bene). È possibile non lasciare nulla? Sì, ma allora mettete in conto di essere inseguiti fuori dal locale. Serve la calcolatrice? No, dividi il conto per dieci, raddoppia e hai ottenuto il 20 per cento. Altre categorie professionali che si aspettano di ricevere una mancia: tassisti, parrucchieri e barbieri, corrieri, personal trainer, tatuatori, parcheggiatori, guide turistiche, estetisti, il personale degli alberghi ma non quello della reception. A chi *non* bisogna pagare la mancia: medici, insegnanti, avvocati, commessi, idraulici, elettricisti e tecnici vari. Ovviamente ognuna di queste regole prevede le sue eccezioni.

I camerieri hanno bisogno delle mance per via dei loro stipendi da fame, si dice. Non esattamente. Lo stipendio mediano di un cameriere statunitense è 33mila dollari l'anno:[8] nel grande paese dal maggior reddito pro capite al mondo non è uno stipendio di cui vantarsi con gli amici, ma dalle nostre parti valgono la retribuzione di un insegnante o di un'agente di polizia. E crescono, peraltro, questi stipendi.

Il mercato del lavoro statunitense è uscito galoppando dalla pandemia, e oggi si gode un tasso di disoccupazione che galleggia appena sopra il 3 per cento e la forza lavoro più grande di sempre.[9] In ogni momento ci sono milioni di posizioni aperte da aziende grandi e piccole, parecchie in più delle persone in cerca di lavoro che potrebbero occuparle; in alcune città le attività che espongono il cartello WE'RE HIRING! sono più di quelle che non lo fanno. Chi vuole cambiare impiego, poi, ci riesce senza problemi: è questa la vera storia delle cosiddette «grandi dimissioni», almeno negli Stati Uniti, non una fuga dal lavoro ma una fuga da lavori insoddisfacenti permessa dalla certezza di trovarne subito un altro. Pur di tenersi i propri dipendenti, quindi, le aziende hanno iniziato a pagarli di più. Molto di più. La società di trasporti e spedizioni UPS ha rinnovato il contratto dei propri corrieri nell'agosto del 2023:[10] il nuovo accordo prevede un salario minimo orario di 21 dollari, che nei prossimi cinque anni crescerà fino ad almeno 25,75 dollari e porterà i corrieri a tempo pieno a guadagnare 170.000 dollari l'anno, bonus compresi. Se n'è parlato in tutto il mondo, comprensibilmente. Nel frattempo i lavoratori nel settore delle auto hanno firmato un nuovo contratto che aumenta i loro stipendi di almeno il 25 per cento, dopo uno sciopero che ha raccolto anche il sostegno del presidente degli Stati Uniti. Anche di questo accordo si è molto parlato, e cose del genere accadranno ancora: è quello che succede quando l'economia spinge con tutti i cilindri. Negli Stati Uniti non ci sono mai stati così tanti immigrati con un lavoro quanti ce ne sono oggi,[11] così tante donne con un lavoro,[12] così tante madri con un lavoro,[13] così tante persone con disabilità con un lavoro.[14] Il gender gap non è mai stato così basso,[15] il reddito mediano non è mai stato così alto,[16] le famiglie statunitensi non hanno mai avuto un patrimonio così grande né posseduto tante azioni quanto oggi,[17] e stanno andando in vacanza molto più di quanto facessero prima.[18] Le privazioni indotte dalla pandemia vengono finalmente riscattate, e con gli interessi. Intanto il numero di persone sotto la soglia di povertà nelle minoranze etniche è in forte calo, quello delle persone afroamericane è il più basso di sempre,[19] la distanza tra i più ricchi e i più poveri ha smesso di crescere durante l'amministrazione Obama e si sta ancora riducendo.[20] Soltanto nel 2022, JPMorgan Chase ha assunto 4600 lavoratori e lavoratrici con precedenti penali:[21] tutte persone che fino a qualche anno prima non avrebbero nemmeno sognato di mandare un curriculum alla più grande banca d'affari al mondo, figuriamoci di lavorarci.

Non sembra il ritratto di un paese in declino.

Lo scisto è una roccia sedimentaria, a vederlo sembra composto da uno strato orizzontale dopo l'altro. Nasce dalla lentissima deposizione e trasformazione di argilla, limo e acqua, quindi è poroso e si sfalda facilmente. Sottoterra, dove c'è o dove c'era del gas, le argille hanno assorbito parte di quel gas. Sappiamo da quasi un secolo della possibilità di estrarre quel gas rompendo le rocce con la fratturazione idraulica, il *fracking*, cioè pompando un fluido composto da acqua e altri additivi, ma soltanto dal 2007 il progresso tecnologico ha reso il processo conveniente sul piano economico. Il gas estratto in questo modo viene chiamato *shale gas*. Quello che ne è risultato, in un paese pieno di rocce di scisto e che per abitudine culturale non regola mai nulla dentro cui non si sia prima tuffato con travolgente entusiasmo, è la più grande rivoluzione energetica recente di cui non avete sentito parlare. I Democratici non ne parlano perché non hanno voglia di difendere davanti al proprio elettorato lo straordinario successo ottenuto dall'amministrazione Obama nella produzione di energia da quella che è pur sempre una fonte fossile, per quanto molto meno inquinante del petrolio e del carbone che ha cominciato a sostituire;[22] i Repubblicani non ne parlano perché dovrebbero riconoscere ai loro avversari di aver reso gli Stati Uniti indipendenti sul piano energetico e sempre più autonomi dai crescenti capricci dei grandi produttori di petrolio come Arabia Saudita e Russia,[23] creando nel frattempo quasi un milione di nuovi posti di lavoro.[24] Inoltre, il *fracking* è un procedimento discusso e ricco di controindicazioni, dal rischio di terremoti a quello di contaminare le falde acquifere. Non è andato tutto bene, insomma: ma è andato, come spesso accade negli Stati Uniti. Favorita dai minuscoli tassi di interesse del decennio scorso, che hanno aumentato la creatività e la propensione al rischio di fondi d'investimento e grandi capitali, l'estrazione di *shale gas* ha reso gli Stati Uniti, in pochi anni, il paese con la maggior produzione di gas naturale al mondo, ha ridotto i costi dell'energia per tutto il paese e ha fatto crollare le emissioni inquinanti pro capite.[25] I risparmi delle famiglie statunitensi si contano in decine di miliardi di dollari l'anno.[26]

Il Regno Unito è la quinta nazione più ricca del mondo, ma se facesse parte degli Stati Uniti sarebbe il settimo Stato più povero del paese. Senza Londra, poi, il Regno Unito sarebbe più povero del Mississippi: cioè più povero del più povero Stato americano. Nel Regno Unito questo paragone è vissuto con una certa sofferenza e ritorna da anni in editoriali e commenti: la chiamano «The Mississippi Question».[27] La stampa statunitense che si è occupata della faccenda ha aggiunto un ulteriore strato di umiliazione: «Gli abitanti del Mississippi non passano molto tempo a preoccuparsi dei paragoni col Regno Unito. Non si può dire lo stesso per quelli che stanno dall'altra parte dell'Atlantico».[28]

Il numero di lavoratori statunitensi che aderiscono agli scioperi è decuplicato in appena due anni:[29] erano 47mila nel 2021, sono diventati 468mila nel 2023. Tutti i sondaggi di opinione degli ultimi anni sulla popolazione statunitense mostrano un grande aumento della popolarità dei sindacati, su livelli che non si vedevano dagli anni Cinquanta,[30] mentre i loro omologhi europei attraversano una crisi di reputazione e credibilità senza precedenti.

Il 2022 è stato l'anno con più matrimoni celebrati negli Stati Uniti dal 1984.[31] Il tasso di natalità, in calo da dieci anni, ha ricominciato una timidissima crescita.

Alla fine degli anni Settanta, la situazione negli Stati Uniti era grave. Nel 1973 i paesi mediorientali dell'OPEC, l'Organizzazione dei paesi esportatori di petrolio, avevano tagliato la produzione in modo da far salire i prezzi e punire le nazioni che sostenevano Israele, innescando la peggiore e più lunga crisi energetica globale della storia contemporanea. Le conseguenze furono enormi in mezzo mondo: licenziamenti, recessioni, interruzioni dei servizi, proteste, crisi di governo, politiche di austerità. Negli Stati Uniti si decise addirittura di mantenere in vigore l'ora legale per due anni consecutivi, senza interruzioni, pur di risparmiare qualcosa. La produzione di petrolio si era ulteriormente ridotta quando in Iran cominciarono i tumulti che all'inizio del 1979 avrebbero portato alla cacciata dello scià e alla rivoluzione islamica. Da ormai molti anni, insomma, il petrolio messo in commercio era sempre di meno e sempre più caro.

Durante l'estate del 1979, in giro per gli Stati Uniti le stazioni di servizio erano quasi tutte chiuse. Le poche ancora aperte vendevano la benzina a prezzi astronomici, e avevano code lunghe chilometri: si poteva fare rifornimento solo a giorni alterni, per razionare il carburante. In un posto come gli Stati Uniti degli anni Settanta, peraltro, non potersi spostare in macchina voleva dire restare bloccati in casa. Chi doveva viaggiare aveva rinunciato ai propri piani; chi doveva sposarsi aveva annullato il proprio matrimonio; gli uffici restavano deserti perché gli impiegati non riuscivano a raggiungerli. Nel frattempo gli scaffali dei supermercati erano ogni giorno più vuoti, perché il costo del carburante stava facendo scioperare gli autotrasportatori: e senza autotrasportatori la merce non arriva, oggi come allora. Con l'aumento del prezzo del carburante, poi, erano cresciuti anche i prezzi di qualsiasi altra cosa: l'inflazione era aumentata del 13 per cento. Le imprese erano in grande difficoltà, i cantieri erano fermi, milioni di persone erano state licenziate. Le cose andavano avanti così da mesi, senza che si vedesse la fine. Si attendeva da giorni che il presidente Jimmy Carter parlasse al paese: per rassicurare la popolazione, ma soprattutto per descrivere i suoi piani per uscire dalla crisi. Un discorso alla nazione era stato fissato per il 4 luglio, il Giorno dell'Indipendenza, ma era stato disdetto all'ultimo momento e senza spiegazioni. Poi il presidente Carter era sparito. Per dieci giorni non era apparso in pubblico e qualcuno sulla stampa era arrivato a ipotizzare che fosse malato o che fosse scappato all'estero. Finché non era riapparso, pronunciando dalla Casa Bianca un discorso che – nelle sue intenzioni – avrebbe dovuto cambiare l'America.

In quegli anni gli Stati Uniti erano considerati un paese in declino. Il caso Watergate, che nel 1974 aveva portato alle dimissioni il presidente Richard Nixon per aver fatto intercettare i suoi avversari politici e intralciato le successive indagini, aveva mostrato come persino l'istituzione più importante del paese fosse stata contagiata dal malcostume e dall'illegalità. La guerra in Vietnam si era conclusa con decine di migliaia di morti e l'avvilente sconfitta degli Stati Uniti, senza che gli americani ne avessero mai capito il senso. La progressiva emancipazione degli afroamericani generava proteste sempre più forti da parte dei bianchi più conservatori, mentre i movimenti di sinistra organizzavano partecipate contestazioni contro il governo e qualunque forma di potere. Anche la corsa allo spazio, fino a pochi anni prima grande motivo di orgoglio nazionale, aveva smesso di regalare soddisfazioni: la prima stazione spaziale americana, lo Skylab, era sul punto di schiantarsi rovinosamente sulla Terra. Erano anni di sfiducia e pessimismo. Jimmy Carter era stato eletto presidente nel 1976 con il Partito Democratico ed era un personaggio atipico: già governatore della Georgia, era molto religioso e fuori dai giri che contavano a Washington. Prima di entrare in politica aveva fatto l'agricoltore, coltivando arachidi, e il suo messaggio politico era piuttosto moralista: al paese, diceva, sarebbe bastato avere un presidente che non dicesse le bugie, e dopo il giuramento decise di raggiungere la Casa Bianca a piedi, come una persona comune. Carter era arrivato a Washington come un alieno ed era stato trattato come tale: il Congresso aveva ignorato buona parte dei suoi progetti e il suo tasso di popolarità era crollato fino al 25 per cento, mentre nasceva un movimento spontaneo per convincere il senatore Ted Kennedy a sfidarlo alle primarie del Partito Democratico.

Il discorso del Giorno dell'Indipendenza era stato annullato perché Carter non era soddisfatto di cosa gli avevano proposto i suoi collaboratori: una lista della spesa, un elenco di azioni e progetti che la sua amministrazione aveva e avrebbe portato a termine per far scendere il prezzo della benzina e per tornare a far crescere l'economia, e che Carter avrebbe dovuto recitare nel tentativo di dare fiducia al paese e rafforzare la propria posizione nei confronti del Congresso. Ma Carter aveva altri piani. Lasciò la Casa Bianca, si rifugiò a Camp David, la residenza di montagna dei presidenti americani, e lì riunì parlamentari e governatori, sindacalisti e imprenditori, insegnanti, storici, attivisti, preti e intellettuali, per discutere la situazione e raccogliere idee e punti di vista. Alla fine di questo ritiro, Carter si convinse che gli Stati Uniti non stavano attraversando semplicemente un momento difficile legato all'energia e al costo della benzina, ma una crisi più profonda, una crisi di identità, una crisi culturale.

A più di dieci giorni dal discorso inizialmente previsto, il 15 luglio del 1979, Carter tornò a Washington e dallo Studio Ovale si rivolse al popolo americano. Il mistero di quei dieci giorni passati in ritiro – in mezzo alla straordinaria situazione in cui si trovava il paese – aveva fatto crescere moltissimo l'attesa: quasi 70 milioni di americani si sintonizzarono per seguire il suo discorso in diretta. «I veri problemi della nostra nazione sono molto più profondi delle code per la benzina o del carburante che scarseggia» esordì Carter con tono grave «più profondi persino dell'inflazione e della recessione.» Poi proseguì, afflitto: «Nessuna legge al mondo potrà aggiustare quello che non va in America. I sintomi di questa crisi sono tutti intorno a noi. Per la prima volta nella storia del nostro paese la maggioranza della popolazione crede che i prossimi cinque anni saranno peggiori degli ultimi cinque. I due terzi della popolazione non vanno nemmeno a votare. La produttività dei lavoratori americani sta calando, così come la nostra propensione a risparmiare per il futuro, la più bassa in tutto l'Occidente. Sta crescendo la mancanza di rispetto verso il governo, le chiese e le scuole, verso i media e verso le istituzioni. Con questo messaggio non voglio trasmettervi felicità e non voglio rassicurarvi. Voglio dirvi la verità, e avvertirvi».

Nessuno aveva mai parlato così agli americani. Nessun

presidente, investito della risoluzione di un grave problema, aveva mai avuto il coraggio o la scelleratezza di dire ai cittadini: guardate che il problema non sono io, siete voi. Carter proseguì attaccando forse l'elemento culturale più quintessenzialmente statunitense, nonché il vero motore dell'economia del paese: la propensione al consumo. Siete il popolo che risparmia di meno in tutto l'Occidente, disse: spendete tutti i soldi che avete. Era un rimprovero, e le sue parole somigliavano a quelle di un pastore più che a quelle di un politico eletto. «In questo paese che un tempo era orgoglioso del suo duro lavoro» disse, «della forza delle sue famiglie, delle sue comunità unite e affiatate, oggi troppe persone tra noi venerano l'autoindulgenza e il consumismo. La nostra identità non è più definita da quello che facciamo, ma da quello che possediamo.» Gli americani credevano di avere un problema, in quei giorni: l'energia a disposizione non era sufficiente. Carter gli disse: non è che invece siamo noi a volerne troppa?

Sia chiaro, quello di Carter non era un discorso ambientalista. Non ce l'aveva con i combustibili fossili, su cui la sua amministrazione avrebbe continuato a investire, bensì con i combustibili *stranieri*: e con lo stile di vita degli americani che ne richiedeva quantità così enormi, esponendo il paese a velenosi ricatti. Inoltre, è confortante osservare che già cinquant'anni fa, davanti alle gravi difficoltà del presente, esisteva la tentazione di prendersela con la dissoluzione dei costumi e la superficialità delle persone, facendo riferimento a un'inesistente epoca d'oro in cui tutti erano sobri, responsabili, seri e rispettosi delle istituzioni: è interessante che lo pensassero anche le persone di quel passato spesso rimpianto da chi oggi, a sua volta, spiega ogni fenomeno con la dissoluzione dei costumi e la superficialità delle persone. Nell'impossibilità di individuare soluzioni concrete per risolvere la crisi petrolifera – e visto l'evidente disinteresse di Carter nell'ascoltarle – le persone che avevano raggiunto Camp David non avevano potuto far altro che ricorrere al classico repertorio di banalità sui giovani senza valori né voglia di lavorare, sulle generazioni che non hanno conosciuto la sofferenza e sul «dove andremo a finire», oltre alla benintenzionata generale richiesta di investire su tutto. Il sindacalista aveva proposto di intervenire sul lavoro, l'insegnante nella scuola, il prete sulla religione, l'ambientalista sull'ambiente: cos'altro avrebbero dovuto dire?

Infine, cosa ben più importante, Carter aveva torto. Le sue opinioni sugli americani erano fondate e il suo invito ad avere consumi più responsabili oggi ci appare profetico, ma in quegli anni le rinnovabili erano un sogno tecnologicamente irrealizzabile e il problema degli Stati Uniti era effettivamente avere poca energia. Non era chiaro poi come una drastica riduzione dei consumi – esattamente quello che gli americani stavano dolorosamente sperimentando in quelle settimane – avrebbe potuto aiutare un'economia in difficoltà, creare innovazione, nuovi posti di lavoro e far crescere gli stipendi, visto che stava accadendo il contrario.

Il discorso fu un buco nell'acqua. I giornali lo chiamarono *the malaise speech*, il discorso del malessere, nonostante Carter non avesse mai pronunciato quella parola. L'opposizione convinse gli americani che Carter, incapace di risolvere i problemi del paese, avesse deciso di dare la colpa a loro indicando una direzione astratta, sconfitta, impossibile da mettere a fuoco e quindi da progettare e costruire. Alle successive elezioni presidenziali fu spazzato via da Ronald Reagan, un ex attore sorridente, carismatico, ideologicamente ottimista, che nell'ultimo discorso della campagna elettorale disse: «Io non vedo nessun malessere in America. Non c'è niente che non vada nel popolo americano».

Dagli anni Settanta a oggi è cambiato quasi tutto, eppure non è difficile individuare alcuni punti di contatto tra l'estate del 1979 e i nostri giorni. Gli Stati Uniti si sono appena lasciati alle spalle le umilianti sconfitte militari in Afghanistan e in Iraq. Le loro istituzioni politiche sono in mano a leader ottuagenari, alcuni apertamente golpisti. La decisione dell'Arabia Saudita e dei paesi dell'OPEC di ridurre la produzione di petrolio allo scopo di tenere alti i prezzi e danneggiare i paesi occidentali, insieme a una serie di conflitti e tumulti internazionali, ha fatto crescere il costo dell'energia e di conseguenza l'inflazione, mentre sulla stampa e nell'opinione pubblica il «declino americano» è diventato un genere letterario e la popolazione è lacerata da divisioni sempre più profonde. Sullo sfondo, una superpotenza guidata da un regime non democratico – prima l'Unione Sovietica, ora la Cina – sembra meglio attrezzata ad affrontare il futuro e minaccia apertamente la leadership globale statunitense, intanto impegnata e distratta dalla Russia, dall'Iran, dal conflitto in Israele e Palestina. Come se ne uscì allora, e come se ne esce stavolta?

La venerazione di cui Reagan gode ancora oggi in ampie parti dell'opinione pubblica statunitense si deve alla ripresa impetuosa che attraversarono gli Stati Uniti negli anni Ottanta. Tuttavia il merito di quel successo va attribuito solo in parte alla Casa Bianca,[32] essendo stato frutto soprattutto del ritorno alla normalità del costo dell'energia seguito al miglioramento delle relazioni con l'Arabia Saudita e i paesi produttori di petrolio, dell'aumento dei tassi di interesse da parte della Federal Reserve per governare l'inflazione e di vasti investimenti nel settore pubblico e della difesa. Tanto che Reagan lasciò il governo degli Stati Uniti con un debito pubblico triplicato.[33] È una realtà che contraddice la popolare immagine di Reagan come presidente che fece decollare l'economia attraverso grandi tagli alle tasse e al welfare – che pure ci furono, e lasciarono grosse cicatrici – ma non è così raro che radicate convinzioni popolari e culturali sugli americani e la loro storia si rivelino, a uno sguardo più approfondito, prive di fondamento, o troppo sbrigative per descrivere adeguatamente situazioni tridimensionali, ricche di sfaccettature, sfumature e ambiguità. Per esempio, gli Stati Uniti vengono giustamente considerati la patria del capitalismo e questo dovrebbe indurci a pensare, teoria economica alla mano, che da quelle parti la ricetta preferita dalla politica per affrontare un momento di crisi sia la classica proposta liberista, austera, «di destra»: tagliare la spesa pubblica e quindi i servizi, così da incentivare le persone al lavoro, e poi usare il denaro risparmiato per tagliare le tasse alle famiglie più ricche, così da rilanciare i consumi generando benefici che a cascata coinvolgeranno l'intera popolazione. Lasciare al mercato tutto il resto o quasi. È la famigerata dottrina chiamata *trickle-down economics*, che per la cronaca non ha mai funzionato;[34] e infatti, malgrado gli Stati Uniti siano la patria del capitalismo e del liberismo, secondo alcuni addirittura «selvaggio», nei momenti di difficoltà hanno spesso adottato la soluzione opposta, quella espansiva, statalista, keynesiana, «di sinistra»: una massiccia estensione degli strumenti di welfare e, soprattutto, degli investimenti pubblici. Una montagna di investimenti pubblici. Loro non amano raccontarla in questo modo, ma è quello che sta accadendo in questi anni, davanti ai nostri occhi, mentre la Federal Reserve tiene a bada l'inflazione alzando i tassi di interesse e il costo dell'energia ritorna lentamente alla normalità. Come negli anni Ottanta.

«Roger McRea non è ricco, fa l'insegnante a Seattle. Quando si è rotta la vecchia auto di famiglia, peraltro la seconda, il rimedio sembrava ovvio: una piccola utilitaria. Invece ha comprato una grande station wagon. "Avevamo bisogno di un'auto grande abbastanza" ha detto sua moglie Diane. "Grande abbastanza da trainare la barca." Una barca. Due macchine. Una bella casa di proprietà in periferia. Un lungo elenco di elettrodomestici, dalla lavastoviglie al tostapane. La famiglia McRea, che vive col solo stipendio di Roger e con qualche piccolo investimento, non è una famiglia spendacciona o insolitamente avida. Al contrario, rappresenta un vasto numero di famiglie americane per le quali negli anni Sessanta una vita benestante sembra essere diventata una vita opulenta.»

(«The New York Times», 9 dicembre 1970)[35]

Nel 1975, quando fu lanciato sul mercato statunitense il primo rasoio da barba a due lame, gli autori del più famoso programma TV satirico degli Stati Uniti, il «Saturday Night Live», gli dedicarono uno sketch. Non c'era niente che non andasse nei rasoi a lama singola utilizzati per decenni, che peraltro gli esperti continuano ancora a consigliare, e il rasoio a due lame gli sembrò un tentativo così spregiudicato di indurre un nuovo inutile bisogno che immaginarono addirittura il lancio di un avveniristico e ancor più inutile rasoio a tre lame, presentato in un finto spot dallo slogan: «Perché crederete a qualunque cosa».[36] Gli autori del «Saturday Night Live» non potevano immaginare che nel giro di qualche tempo sarebbe effettivamente stato lanciato un rasoio da barba a tre lame. E nemmeno che, dopo aver passato anni a promuovere il rasoio a tre lame come miglior soluzione possibile, le aziende avrebbero lanciato con successo anche i rasoi a cinque lame.

Tra il 2021 e il 2022 il governo di Washington ha immesso nell'economia statunitense oltre 4000 miliardi di dollari.[37] Per avere un termine di paragone, basti pensare che il fondo europeo per la ripresa – il Next Generation EU da cui discende il nostro PNRR – pesa in tutto 750 miliardi di euro, cioè poco meno di 800 miliardi di dollari, e si rivolge a un territorio ben più popoloso di quello statunitense. Gli americani amano fare le cose in grande – tutto, tanto, troppo, sempre – ma la necessità di tenere a galla l'economia e i cittadini dopo la crisi provocata dalla pandemia spiega solo una piccola parte di questo colossale investimento di risorse, che segue gli altri 3000 miliardi sborsati a questo scopo nel 2020. Il coronavirus ha rappresentato piuttosto l'occasione giusta per metterlo in atto: una crisi senza evidenti colpevoli interni, come la pandemia, ha creato le condizioni politiche ideali perché fosse possibile convincere ampie porzioni del paese e del Congresso a stanziare addirittura il quadruplo di quanto fecero dopo la devastante crisi dei mutui subprime del 2008. Quella crisi espose così tante fragilità strutturali statunitensi che avrebbe richiesto certamente un maggior numero di interventi rispetto a quella pandemica, causata da una variabile esogena come un nuovo virus influenzale, ma all'epoca non si riuscì a fare di più perché ogni singolo stanziamento di fondi prestava il fianco all'accusa di voler fare «un regalo alle banche» (o alle case automobilistiche, o ai grandi finanziatori della politica, o ai giovani fannulloni, o a chi aveva contratto incautamente un mutuo al di sopra delle proprie possibilità, eccetera). Il Covid non poneva di questi problemi e la politica ne ha approfittato, già durante l'ultima fase dell'amministrazione Trump e soprattutto durante l'amministrazione Biden. Questo esborso di proporzioni storiche, parecchio più grande persino del leggendario New Deal voluto da Franklin Delano Roosevelt dopo la crisi del 1929,[38] è stato presentato volta per volta come «sostegno alla popolazione», «lotta al cambiamento climatico», «misure contro l'inflazione» o «investimenti nelle infrastrutture», ed è stato sicuramente tutte queste cose e anche altre, ma ha avuto e ha un unico vero obiettivo: riorientare l'intera economia statunitense in modo da rinnovare la sua leadership globale e prepararla alla competizione del secolo con la Cina.

Servirebbe un libro intero, e ben più lungo di questo, per elencare le miriadi di destinazioni di queste migliaia di miliardi di dollari, dalla sostituzione di decine di milioni di caldaie e fornelli a gas fino ai progetti per ridurre le diseguaglianze razziali nell'agricoltura, dal più grande investimento di sempre nelle energie rinnovabili fino alla rimozione o al ripensamento delle molte infrastrutture – strade tangenziali, binari ormai dismessi, vecchie centrali elettriche, eccetera – costruite in molte città nel corso del Novecento allo scopo di perpetuare la segregazione delle comunità afroamericane. Poi ci sono le infrastrutture, i ponti, le strade, gli aeroporti, le ferrovie da costruire: un tunnel a Baltimora creerà 20.000 posti di lavoro, altre 12.000 stanno già lavorando a una linea ferroviaria ad alta velocità in California, di altre 70.000 persone avrà bisogno la massiccia ristrutturazione del tunnel sotto lo Hudson. Sorgeranno un lungo ponte fra Detroit e Windsor, in Canada, e un grandissimo museo a Little Rock in Arkansas; stanno nascendo nuove arterie autostradali fra Dallas e Fort Worth, una delle zone più in crescita del paese, e fra il Maryland e la Virginia, così come in Iowa, in New Jersey, in Louisiana; i giganteschi aeroporti di Chicago e New York, perennemente congestionati, saranno ulteriormente estesi. Fate come se l'elenco andasse avanti per tutta la pagina. Alcune misure, poi, sono strategicamente così significative che saltano all'occhio. Centinaia di miliardi di dollari in sgravi fiscali hanno fatto raddoppiare in meno di due anni gli investimenti nella costruzione di nuovi stabilimenti manifatturieri, soprattutto nei settori dell'elettronica e dell'informatica: un aumento verticale che non si riscontra in nessun'altra economia avanzata, «e quindi sembra essere un fenomeno unicamente statunitense».[39] Sta nascendo praticamente da zero un'industria statunitense delle batterie per auto, stimolata da incentivi senza precedenti che hanno sbloccato decine di progetti e investimenti privati, e anche dalla consapevolezza post pandemica che l'unico modo per mettersi al riparo dai singhiozzi delle filiere produttive è internalizzare il più possibile la produzione di beni così strategici. Soltanto in Georgia, uno Stato che ha la popolazione della Lombardia, dal 2020 è stata annunciata l'apertura di trentacinque nuovi stabilimenti nel settore delle batterie e delle auto elettriche, alcuni sono già entrati in funzione.[40] Trentacinque. Lo stesso vale per microprocessori e semiconduttori, gli strumenti che fanno funzionare ogni singolo dispositivo elettronico intorno a noi: l'azienda Intel intende costruire dieci stabilimenti soltanto in Ohio, un posto più piccolo della Grecia, che promette di diventare così il maggior sito produttivo di chip del pianeta,[41] mentre il colosso taiwanese TSMC sta investendo 40 miliardi di dollari, praticamente il peso di una generosa manovra di bilancio italiana, in un vasto e avanzatissimo stabilimento di microchip a Phoenix, in Arizona.[42] E questi sono solo alcuni dei progetti.

L'approccio del governo statunitense è cambiato anche nei confronti della Cina. Al presidente Biden non verrebbe mai in mente di deridere Xi Jinping durante una conferenza stampa, né si riferirebbe al coronavirus chiamandolo *Chinese virus* o *Kung Flu virus*, come faceva il suo predecessore; non ci sono più scontri plateali a favore di telecamere, volgarità pubblicate sui social media, misure vendicative e rozze come i dazi o comizi che insistano ossessivamente su quanto la Cina stia per fare le scarpe a tutti. Al contrario, a fronte di questo eccezionale riorientamento della propria economia, gli Stati Uniti hanno iniziato a parlare con le azioni: da una parte intensificando i contatti diplomatici con la Cina, creando canali e contesti formali in cui discutere disaccordi e tensioni e stringendo alleanze più forti con i paesi del Pacifico, dall'altra rendendosi progressivamente meno dipendenti dalle esportazioni cinesi e bloccando gli investimenti privati statunitensi nei settori cinesi più avanzati come l'intelligenza artificiale e i microchip, che la Cina aveva sempre accolto in cambio della promessa americana di chiudere un occhio sul furto dei brevetti.

Gli investimenti pubblici e privati nel territorio statunitense produrranno il grosso dei loro effetti nei decenni a venire, ma alcuni risultati stanno già arrivando; e non si vedono solo nella piena occupazione e nel conseguente aumento dei salari. La crescita economica statunitense non ha perso lo slancio del rimbalzo successivo alla pandemia, com'è accaduto invece in Europa, e gli analisti di Bloomberg che da anni studiano dati su dati nel tentativo di prevedere il momento in cui il PIL della Cina supererà quello degli Stati Uniti, a lungo una questione di *quando* e non di *se*, alla fine del 2023 hanno annunciato... che il sorpasso non ci sarà.[43] Nel frattempo, infatti, l'economia cinese si è ingolfata:[44] la crescita del PIL manca puntualmente le attese degli analisti, la gestione della pandemia è stata fallimentare, il mercato immobiliare si è rivelato una bolla, gli investimenti pubblici si sono fermati e la disoccupazione giovanile è cresciuta al punto che il governo ha smesso di diffonderne il dato mese dopo mese.

È come se le posizioni tra le due superpotenze si fossero ribaltate. Dopo un ventennio di crescita, trainata innanzitutto dagli investimenti pubblici nelle infrastrutture e nel settore immobiliare, in Cina il giocattolo ha smesso di funzionare: le case restano invendute, ci sono intere città e quartieri deserti; i soldi costano sempre di più e, incredibilmente, stanno finendo le cose da costruire. Tutte le economie in via di sviluppo affrontano prima o poi una transizione, se vogliono compiere nuovi progressi: gli investimenti pubblici perdono rilevanza e centralità, a vantaggio di quelli privati. L'economia del paese comincia a reggersi sulle sue gambe senza avere bisogno del continuo sostegno dei fondi pubblici. Per accompagnare questa trasformazione servirebbero un grande aumento dei consumi privati e, da parte dello Stato, un'estensione degli strumenti di welfare, pensioni, sussidi, sostegni. Nessuna delle due cose piace al regime cinese, secondo cui «i sostegni sociali in stile occidentale incoraggerebbero soltanto le persone a essere più pigre».[45] Gli Stati Uniti, dalla parte opposta, hanno costruito il loro predominio economico novecentesco sui consumi e la domanda interna, finché non è stato quel giocattolo a smettere di funzionare: la crisi dei mutui subprime ha esposto a grandi sofferenze la larga fetta del paese che viveva al di sopra delle proprie possibilità, mentre la crisi dell'industria e del settore manifatturiero faceva fuggire uno stabilimento dopo l'altro, impoverendo e incattivendo almeno due generazioni di lavoratori. Per confermare il loro predominio, allora, gli americani hanno rubato una pagina dal manuale cinese: investimenti pubblici, investimenti pubblici, investimenti pubblici.

Elbridge A. Colby è un importante studioso conservatore che si è sempre occupato di difesa e di Asia. La sua vita è la vita dei funzionari di carriera negli Stati Uniti: quando i Repubblicani sono al governo, Colby viene assunto come analista dal dipartimento della Difesa o dal dipartimento di Stato; quando i Repubblicani sono all'opposizione, Colby lavora per i centri studi, scrive libri, partecipa a conferenze. Colby non è famoso, ma gli addetti ai lavori lo conoscono come il falco più falco che ci sia quando si parla del contenimento militare, economico e politico della Cina. Il sostenitore dell'approccio più bellicoso e aggressivo da parte degli Stati Uniti. Il 21 giugno del 2023, durante una visita a New York, il primo ministro indiano Narendra Modi ha voluto incontrarlo; al termine del colloquio i due si sono scattati una foto e Modi teneva in mano il libro di Colby che argomenta la necessità per gli Stati Uniti di prepararsi all'eventualità di una guerra con la Cina e di dare a quello scenario la priorità su ogni altro, dalla Russia al Medio Oriente. Poco dopo l'incontro, il profilo ufficiale di Modi su Twitter ha pubblicato la foto con Colby e il libro di Colby, insieme a un commento sulla loro «arricchente conversazione».[46] È plausibile che pochissime persone tra le oltre cinquanta milioni che seguono il primo ministro indiano abbiano una vaga idea di chi sia Colby e abbiano capito il significato di quel tweet. In Cina qualcuno lo ha capito di sicuro.

Per la prima volta in vent'anni, nel 2023 il principale partner commerciale della Corea del Sud non è stata la Cina bensì gli Stati Uniti.[47]

Identificando correttamente sia noi europei che gli statunitensi come «occidentali», e osservando il progressivo declino delle economie europee, abbiamo pensato di poter estendere automaticamente questa sorte e questa etichetta anche agli Stati Uniti. Solo che nel 1990 gli Stati Uniti pesavano per il 43 per cento del PIL complessivo dei paesi del G7, mentre nel 2023 pesavano per il 52 per cento. Sempre nel 1990 il reddito pro capite degli statunitensi era il 49 per cento più alto di quello europeo; oggi è il 95 per cento più alto. Ancora nel 1990, soltanto quattro delle dieci aziende dal maggior valore al mondo erano statunitensi, le altre sei erano giapponesi; oggi sono nove su dieci.[48]

Un'economia che spinge con tutti i cilindri presenta un chiaro inconveniente: l'inflazione. I consumi aumentano e l'offerta fatica a tenere il passo della domanda. Chi fa i prezzi sa di poterli ritoccare verso l'alto. Produrre diventa più costoso, anche per le oscillazioni internazionali dei prezzi dell'energia. Trovare lavoratori diventa sempre più difficile, quindi bisogna pagarli meglio altrimenti se li accaparrerà qualcun altro. Tutto quindi costa di più. Peraltro quando i prezzi crescono, e gli stipendi pure, l'aspettativa che le due tendenze proseguano fa aumentare ulteriormente i consumi: e il cerchio riparte. Eppure l'inflazione statunitense è stata diversa da quella che nello stesso periodo ha coinvolto l'Europa.

In Europa l'aumento dei prezzi è stato largamente legato all'aumento del costo dell'energia, schizzato verso l'alto dopo l'invasione russa dell'Ucraina, e ai conseguenti aumenti dei costi di produzione di pressoché qualsiasi cosa. Negli Stati Uniti il ruolo dell'energia è stato marginale, viste le sue larghe risorse interne, e anzi il paese si è arricchito vendendo il gas naturale alle nazioni europee costrette improvvisamente a emanciparsi da quello russo: Regno Unito, Paesi Bassi, Francia, Spagna e Germania nel 2023 hanno comprato da sole più della metà di tutto il gas naturale esportato dagli Stati Uniti. Da quelle parti il grosso problema è stato invece il costo dei servizi: in altre parole, il costo delle persone. Ricordate il ricco contratto offerto da UPS ai propri corrieri pur di non rischiare di perderli? Ecco. Oggi negli Stati Uniti mancano infermieri e medici, cuochi e operai, autotrasportatori e agenti di polizia, pompieri e insegnanti. I dati demografici sono incoraggianti ma non aiutano, se il paese vuole mantenere questo ritmo: altrimenti prima o poi le grandi aziende torneranno a trasferire i propri stabilimenti all'estero in cerca di costi più bassi. Dal momento che la dimensione della sua economia sta crescendo troppo per la dimensione della sua popolazione, il paese avrebbe bisogno di più immigrazione: e al contrario di quanto accade alla Cina, milioni di persone da tutto il mondo in ogni momento sarebbero disposte a fare qualsiasi cosa pur di vivere negli Stati Uniti. Ci sono esperti che hanno proposto un'ambiziosa agenda di riforme per allargare la popolazione statunitense fino ad avere «un miliardo di americani»[49] (paura, eh?). Si potrebbe costruire un percorso per far ottenere la cittadinanza a chi da anni risiede irregolarmente nel paese, o a chi si laurea in un'università statunitense; si potrebbero facilitare i ricongiungimenti familiari, così come l'ottenimento di un visto. Ma non esistono le condizioni politiche per legiferare su queste materie, a causa della fortissima conflittualità tra Democratici e Repubblicani. E intanto l'inflazione a metà del 2023 era già scesa fino al 3 per cento, appena sopra il tasso obiettivo del 2 per cento, grazie un sensibile aumento della produttività[50] e a un ulteriore aumento della produzione di energia, mai così abbondante.[51] Ciliegina sulla torta: gli stipendi sono cresciuti anche più dell'inflazione.[52] A volte anche la capacità di andare avanti aggirando i problemi può essere una maledizione.

La pagina @PreachersNSneakers su Instagram raccoglie fotografie di pastori e predicatori religiosi statunitensi che indossano costosissime sneakers. Un pastore protestante di Houston che parla ai fedeli indossando un paio di scarpe Valentino da 980 dollari, uno di Tulsa che cammina durante una funzione con sneakers Lanvin da 1420 dollari e una pochette Louis Vuitton da 800 dollari. «Le scarpe proclamano il loro potere» ha scritto il «New Yorker»[53] «ma anche il desiderio di dimostrare dimestichezza in uno specifico idioma della cultura giovanile.»

Le percezioni dei cittadini sulle condizioni del paese hanno sempre avuto una qualche correlazione con parametri concreti come il tasso di disoccupazione o la crescita economica. I grafici che abbinano questi diversi indicatori mostrano però una grande divaricazione dal 2020 in poi, ha riportato l'«Economist», come se la pandemia avesse «compromesso» il rapporto tra le percezioni delle persone e la realtà.[54] «Sebbene gli americani riferiscano di essere preoccupati per le loro finanze» scriveva il settimanale britannico, «i loro comportamenti e i loro consumi sono più ottimisti che mai: e in economia i fatti parlano più delle parole. In passato osservare la fiducia e i comportamenti dei consumatori era un metodo efficace per comprendere e anche per prevedere le condizioni economiche del paese. Dall'inizio del Covid, la correlazione tra il *sentiment* e i consumi è completamente svanita.»

All'inizio del 2023 il rispettato istituto demoscopico Gallup ha chiesto a un campione di persone rappresentative della popolazione statunitense se fossero complessivamente felici delle proprie vite. L'83 per cento ha risposto di essere «felice» o «molto felice».[55] Chiedendo però allo stesso campione un giudizio su come andassero le cose negli Stati Uniti, sulla direzione generale del paese, soltanto il 18 per cento si è detto soddisfatto.[56] Un altro sondaggio ha chiesto un giudizio sull'istruzione dei propri figli ai genitori di bambini in età scolare. Il 76 per cento si è detto soddisfatto. Ponendo la stessa domanda a un campione rappresentativo di tutte le persone adulte del paese, a prescindere dal fatto che abbiano dei figli a scuola, la percentuale di soddisfazione è scesa fino al 32 per cento.[57]

Tolte le pochissime cose di cui possiamo fare esperienza diretta, le nostre opinioni sulla realtà si basano sulla mediazione che ne fanno le altre persone, la cultura popolare, i media, i social media. Non *sappiamo* quello che accade, se non in minima parte: ci viene raccontato da qualcuno. Sempre.

Con la fine dell'amministrazione Trump, si è concluso il periodo di maggior successo economico e di pubblico dei canali televisivi *all news* come CNN, Fox News e MSNBC, che dopo la tumultuosa uscita dalla Casa Bianca dell'ex presidente hanno perso oltre metà del loro pubblico quotidiano, tornando ai livelli del 2015.[58] Il «Washington Post», che in quegli anni era cresciuto così tanto da aver raddoppiato le dimensioni della sua redazione, ha perso abbonati e introiti pubblicitari per milioni di dollari, e ha annunciato centinaia di licenziamenti e prepensionamenti.[59] Qualcosa di simile è accaduto anche al mercato di libri di saggistica. Dal 2016 al 2020 sono stati pubblicati centinaia di libri su Donald Trump, sui suoi scandali, sulle azioni del suo governo e sui suoi alleati, con straordinari risultati di vendite: addirittura 47 libri a tema Trump sono arrivati in classifica. *Fuoco e furia*, il libro del leggendario giornalista Michael Wolff, ha venduto 1,7 milioni di copie nelle prime tre settimane dalla pubblicazione; *Pericolo*, il libro di Bob Woodward e Robert Costa, ne ha vendute oltre 400.000; un altro libro di Woodward, *The Trump Tapes*, ne ha vendute più di due milioni. In quegli anni sono finite in classifica addirittura due edizioni del Rapporto Mueller, il testo integrale in cinquecento pagine di legalese stilato a conclusione dell'indagine sulle presunte relazioni fra Trump e la Russia, oltre che delle finte memorie di Trump scritte da Alec Baldwin, l'attore che lo interpretava al «Saturday Night Live».

Al contrario, i libri usciti negli ultimi anni sull'amministrazione Biden, scritti da grandi firme del giornalismo statunitense e sostenuti da significative campagne promozionali, hanno ottenuto vendite irrisorie. Quello che ha venduto di più ha superato di poco le 5000 copie: sarebbero pochine anche per il mercato editoriale italiano, figuriamoci per quello statunitense e in lingua inglese. «Nei libri che parlano della sua amministrazione» ha scritto il giornalista David Weigel, «il presidente Joe Biden emerge come un leader lucido, energico e che segue ogni attività fin nei minimi dettagli. Peccato che quei libri non li legga nessuno.»[60]

Sulla stampa statunitense, i titoli che esprimono sentimenti di rabbia sono raddoppiati dal 2000 al 2019; i titoli che esprimono paura o timori sono cresciuti del 150 per cento.[61] Negli anni della pandemia, gli articoli avevano un taglio negativo anche quando raccontavano sviluppi positivi, come la riapertura delle scuole o il successo della campagna vaccinale. A metà del 2021 un articolo del «New York Times» sul grande calo del numero di persone morte a causa del coronavirus era intitolato: *Le cose con la pandemia vanno molto meglio, ma per queste famiglie il peggio comincia adesso*.[62] Alla fine del 2023, dando conto di come durante l'estate il PIL degli Stati Uniti fosse cresciuto addirittura del 4,9 per cento, il «Wall Street Journal» titolava: *L'economia è cresciuta del 4,9 per cento, ma non durerà*.[63] Di questi tempi negli Stati Uniti tutte le notizie sono brutte notizie, anche quelle buone, e il tono negativo con cui la stampa statunitense si occupa di qualsiasi cosa trascende ogni differenza: vale per i tabloid e per il «New York Times», vale per Fox News e per la CNN, vale per il «Washington Post» e per la stampa locale.

Le persone più pessimiste sulla direzione e le condizioni del paese negli Stati Uniti non sono le persone più povere, quelle della classe operaia, quelle che hanno di meno: sono le persone più benestanti o comunque senza grandi preoccupazioni economiche, sia a destra che a sinistra.[64] Le persone afroamericane, che il bianchissimo, influentissimo e intransigentissimo mondo della ricerca accademica di sinistra descrive come sistematicamente oppresse e destinate a restare tali, sono nettamente le più ottimiste del paese.[65] Le persone bianche e benestanti sono anche quelle che passano più tempo informandosi. Quando agli studenti universitari viene chiesto se sono coinvolti in qualche tipo di iniziativa politica, gli studenti afroamericani e i latinoamericani citano prevalentemente attività di volontariato per qualche organizzazione benefica. Gli studenti bianchi citano «parlare, leggere, pensare alla politica».[66]

Per oltre un secolo, il giornalismo statunitense ha avuto come primo obiettivo l'indagine, la comprensione e il racconto della realtà: il suo scopo era scoprire, capire e divulgare. Non era prendere posizione, non era lottare per questa o quella causa o «denunciare». Non c'era cinismo, dietro questo approccio, né freddezza rispetto alle ingiustizie e alle prepotenze che sarebbe stato possibile combattere una volta venute alla luce. Al contrario, proprio perché consapevole del suo potere e delle sue responsabilità, quel giornalismo si concentrava religiosamente sull'indagine e sul racconto della realtà, ingiustizie e prepotenze comprese, sforzandosi di non apparire mai fazioso, di non sconfinare negli appelli, nella denuncia, nella «battaglia»: chi faceva questo mestiere era convinto che la propria funzione fosse fornire strumenti e informazioni utili all'unico soggetto titolato a chiedere, costruire e ottenere cambiamenti, a «denunciare» e prendere posizione, e cioè la società, le persone, l'opinione pubblica. I personaggi più leggendari del giornalismo statunitense non sono associati alla vittoria di grandi battaglie politiche e sociali – quella sorte spetta agli attivisti, come Martin Luther King o Harvey Milk o Rosa Parks o Harriet Tubman – bensì a un'autorevolezza assoluta e quasi asettica, come Walter Cronkite o Edward Murrow; oppure al coraggio di infilarsi in situazioni pericolose, come Christiane Amanpour o Nellie Bly; o ancora sono ricordati per le informazioni di cruciale importanza che furono in grado di rivelare, come Bob Woodward e Carl Bernstein. Il loro lavoro trovava credibilità nella loro indipendenza, e quell'indipendenza andava protetta perché rafforzava le loro inchieste e ne estendeva le conseguenze. Woodward e Bernstein, i reporter del caso Watergate, non firmarono appelli per spingere Richard Nixon alle dimissioni, non fecero mai propria quella battaglia politica, perché il loro ruolo era un altro: scoprire e raccontare gli abusi di potere perpetrati dalla Casa Bianca. Il resto non gli competeva: l'unico affar loro era l'indagine della realtà. L'erogazione di un servizio fondamentale al funzionamento di una democrazia sana. Quando i cronisti confondono il loro ruolo con quello degli attivisti, l'indipendenza riconosciuta al loro lavoro viene meno, a prescindere dalle loro professionalità, dai loro rigori, dalle loro attenzioni. A quel punto i giornalisti perdono credibilità, perché il loro lavoro non viene più visto come un servizio affidabile di comprensione della realtà ma come parte di una battaglia politica; e gli attivisti perdono forza, perché non esiste più un set condiviso di fatti e dati su quello che ci circonda. Un giornalismo che abbia l'obiettivo di «denunciare» quelli che giudica i torti e i mali della società finisce inevitabilmente per misurare il proprio successo con quello delle proprie «denunce», e non con l'accuratezza e l'indipendenza del proprio lavoro: e quindi a subordinare a quell'obiettivo ogni altra scelta, e mettere il cambiamento della realtà davanti al racconto della realtà. Le informazioni che rafforzano le proprie battaglie troveranno più spazio di quelle che le indeboliscono, e la tentazione più o meno consapevole di non farsi del male da soli o di assecondare i desideri del pubblico aumenterà il rischio di ingigantire o di omettere, di cercare conferme alla tesi che si è già scelto di sostenere, di consultare fonti e testimoni sulla base dei punti di vista che esprimeranno. Una volta disancorato il proprio lavoro dall'idea che sia volto all'indagine e alla comprensione della realtà, hanno preso il sopravvento concetti aleatori come il «contraddittorio», cioè la creazione a tavolino di conflitti e risse verbali sotto la direzione artistica, diciamo, di un giornalista rigorosamente neutrale e amico del pubblico. Tutti dichiarano, nessuno spiega; tutti accusano, nessuno chiarisce; tutti si arrabbiano e tutti vogliono farci arrabbiare.

È una descrizione che dovrebbe esserci familiare, no? Oggi quasi tutto il giornalismo è giornalismo di denuncia, negli Stati Uniti e non solo. La crisi di vendite e di pubblico ha innescato una disperata ricerca di attenzione da parte delle testate, che hanno scoperto che è molto più facile ottenere quell'attenzione alzando il tono della voce, individuando un nemico dopo l'altro e intestandosi questa o quella battaglia. La fortissima e crescente concorrenza dei contenuti di intrattenimento – dalle piattaforme di streaming ai social media – ha esacerbato la disperazione di cui sopra, mentre il collasso dei vecchi modelli di business, le copie vendute, la pubblicità hanno eliminato le risorse necessarie per pensare di vincere questa nuova competizione attraverso la credibilità, l'autorevolezza e la qualità del proprio lavoro. Queste forze hanno agito come la corrente di un fiume: e per imbarcazioni sempre più piccole e precarie, come le aziende giornalistiche contemporanee, seguire la corrente è stato immensamente più semplice che provare a sfidarla. La corrente si chiama *negativity bias*, in italiano «pregiudizio della negatività», viene studiato fin dagli anni Settanta: nella definizione di Wikipedia, è «un pregiudizio cognitivo secondo cui, anche se di uguale intensità, le cose di natura più negativa hanno un effetto maggiore sullo stato e sui processi psicologici rispetto alle cose neutre o positive». Le origini di questo modo di guardare al mondo sono ancestrali e hanno a che fare con l'evoluzione degli esseri umani: le notizie negative ci interessano di più perché nel corso di decine e decine di migliaia di anni abbiamo sviluppato un'attenzione selettiva a ciò che può metterci in pericolo. Noi esseri umani siamo sempre stati così. Ma fuori da noi, le cose sono cambiate moltissimo. Negli ultimi anni abbiamo addirittura inventato una parola, *doomscrolling*, per dare un nome «allo scorrere e consumare una dietro l'altra notizie online drammatiche, deprimenti e tristi, sullo smartphone o sul computer».[67] La trasformazione dei media, insomma, è stata incoraggiata e alimentata da una clamorosa svolta tecnologica ma anche dalle richieste delle persone, del pubblico: le loro, le nostre.

Ciascuno di noi fa i conti in ogni momento con due livelli diversi di percezione. Il primo deriva dalle cose di cui facciamo esperienza concreta: fare una passeggiata nel nostro quartiere, prenotare una cena al ristorante, fare la spesa o una vacanza, guidare in autostrada, prendere un treno, comprare online, tutte le cose che accadono, tra gli altri, anche a noi. Queste esperienze contribuiranno nel tempo a costruire le nostre mutevoli opinioni sulle condizioni delle autostrade, sull'aumento dei prezzi, sull'affollamento delle mete turistiche, sulla puntualità dei treni e sulle spedizioni dei corrieri. Per quanto possano essere ricche e imprevedibili le nostre giornate, però, sappiamo di poter fare esperienza solo di una limitatissima porzione della realtà: anche quando si parla della sicurezza nella nostra città, figuriamoci di fenomeni ben più grandi, complessi, globali. Interviene allora il secondo livello di percezione, che si basa su ciò di cui non facciamo esperienza concreta ma che apprendiamo: qualcosa che ci viene raccontato o che leggiamo, un dato nazionale o una storia, tutto quello che ci arriva attraverso la mediazione di un soggetto terzo. È difficile dire, in ogni momento e per ciascuno di noi, quale dei due livelli di percezione conti di più nel definire la nostra idea della realtà, anche perché soffrono entrambi di pregiudizi, punti ciechi, fissazioni, oltre che ovviamente dello stesso pregiudizio della negatività. A volte le cose che vediamo ci convincono di qualcosa, altre volte notiamo solo quello che conferma le nostre idee, altre volte ancora non riusciamo a vedere fenomeni che avvengono davanti al nostro naso. È sempre accaduto. Quello che sta accadendo per la prima volta alle generazioni che abitano il pianeta in questo momento, invece, è trovarsi costretti a fare i conti con un flusso caotico e letteralmente infinito di informazioni e contenuti erogato da servizi sempre più invasivi e sofisticati, e alimentare il nostro pregiudizio della negatività con tutto questo carburante rinnovabile. Davanti a una percezione distorta della realtà, circondati da strumenti che in ogni momento ci riempiono di stimoli, di informazioni, di appelli, di *call to action*, immersi in un ambiente che ci chiede in continuazione di definire noi stessi attraverso le posizioni che prendiamo, le petizioni che firmiamo, le cause che abbracciamo, i traumi che abbiamo subito, le persone che decidiamo di seguire e quelle che disprezziamo, che ci insegna ogni giorno ad affermare noi stessi criticando gli altri, che davanti a ogni difficoltà ci invita a pensarci vittime prima che a rialzarci, abbiamo creato una società in cui solo gli ignoranti possono essere ottimisti, speranzosi o addirittura felici; in cui solo gli stupidi possono trovare conforto osservando i nostri problemi con la prospettiva della storia e dell'inesorabilità del progresso; in cui essere o anche solo mostrarsi tristi, arrabbiati, ansiosi, preoccupati, indignati, be', va molto di più. Non stiamo recitando, siamo sinceri, stiamo davvero così e le buone ragioni non mancano: ma in quale misura è un comportamento indotto? *If you're not angry, you're not paying attention*, dice uno degli slogan più popolari di questi anni. Se non sei arrabbiato, devi esserti distratto. D'altra parte, chi sei, se non sei arrabbiato per qualcosa?

Gli uffici marketing dei grandi giornali, le società di raccolta pubblicitaria, i dirigenti commerciali e quelli amministrativi dei network televisivi, i direttori delle testate, le persone che si occupano dei palinsesti, quelle che decidono i titoli degli articoli e tutte le altre che abitano quegli uffici, svolgono un lavoro che in ultima istanza non è così diverso da ogni altra professione: hanno degli obiettivi misurabili – di ricavi, di entrate pubblicitarie, di share, di abbonamenti, di clic, di vendite – e sanno che saranno valutati in base al raggiungimento o meno di quegli obiettivi. Vedono, per esempio, che ogni giorno gli articoli più letti e più condivisi sono quelli con un tono più negativo degli altri,[68] oppure che i giornalisti che attirano più pubblico e più investimenti pubblicitari sono i più incendiari, i più attivisti, i più faziosi.[69] Esattamente come succede o è successo o succederà prima o poi a chi ha in mano questo libro, queste persone sanno che otterranno la carriera, l'aumento o il lavoro che cercano, o finiranno sgridati dal capo e superati da un collega, in base al raggiungimento o meno di quegli obiettivi.

Il *negativity bias* del pubblico emerge dentro ogni singolo dato sulla base del quale vengono prese decisioni editoriali, e si trasforma in una montagna di fortissimi incentivi, diretti e indiretti, consci e inconsci, che vanno tutti nella stessa direzione. Le persone che lavorano al «New York Times» e a Fox News non sono segretamente parte di un complotto per far arrabbiare gli americani, né pensano che questo genere di strabismo soddisfi una qualche agenda politica: lo fanno perché funziona, lo fanno perché è quello che vogliamo. Non si può certamente mettere sullo stesso piano il lavoro del «New York Times», uno dei giornali più autorevoli e affidabili al mondo, con quello di Fox News, da anni soprattutto uno strumento di propaganda, radicalizzazione e intrattenimento della destra statunitense. Eppure, in modi diversi e non speculari, sia il «New York Times» che Fox News fanno la stessa cosa: danno ai loro lettori quello che vogliono. E quello che vogliono sentirsi dire è che le cose vanno male, in ogni caso.

I dati diffusi a febbraio del 2023 dal Centers for Disease Control and Prevention, l'equivalente statunitense del nostro Istituto Superiore di Sanità, mostrano che nel 2021 quasi tre ragazze adolescenti su cinque si sono sentite «permanentemente tristi», il doppio di quanto accaduto ai ragazzi, e che una ragazza adolescente su tre ha preso seriamente in considerazione l'idea di suicidarsi.[70] Entrambi i dati rappresentano il picco di curve che hanno iniziato a crescere in modo anomalo dal 2012,[71] quindi il problema non si deve soltanto alla pandemia o alle diseguaglianze economiche o al maschilismo o al cambiamento climatico. Il fatto che altre nazioni occidentali abbiano riscontrato dati simili suggerisce che non si tratti di un fenomeno peculiarmente statunitense. E l'aumento dei suicidi e delle ospedalizzazioni per autolesionismo fa escludere che i dati si debbano a una maggiore disponibilità a parlare della propria salute mentale, e quindi stia solo emergendo di più un fenomeno che è sempre esistito. Mettendo in relazione i dati sulla depressione dei giovani con le loro idee politiche, un altro studio ha riscontrato che le ragazze che si definiscono progressiste si dicono molto più depresse delle ragazze che si definiscono conservatrici, e che i ragazzi che si definiscono progressisti si dicono molto più depressi sia dei ragazzi che delle ragazze conservatrici.[72] Altri studi hanno offerto risultati simili.[73] Uno dei più importanti psicologi sociali statunitensi, che si chiama Jonathan Haidt, tiene traccia di tutti gli studi che hanno documentato un legame tra questi fenomeni e la diffusione e l'utilizzo dei social media.[74] Sono tanti.[75]

Una ragazza diciottenne del Texas ha scoperto di essere incinta due giorni prima che il suo Stato vietasse l'interruzione di ogni gravidanza dopo la sesta settimana; non è riuscita a trovare un appuntamento in tempo e a organizzare un viaggio fuori dal suo Stato, oggi è la mamma di due gemelli.[76] Una donna della Florida è stata costretta a portare a termine una gravidanza nonostante il feto fosse privo di reni: tutti sapevano che sarebbe morto un momento dopo la nascita, come poi è accaduto, ma anche in questo caso il suo Stato le aveva negato l'interruzione di gravidanza.[77] Una donna della Louisiana ha appreso alla decima settimana di gravidanza, troppo tardi per abortire nel suo Stato, che il suo bambino aveva una rara condizione che impediva la formazione del cranio. Sarebbe morto poco dopo la nascita, è volata in un altro Stato per interrompere la gravidanza.[78] La stessa cosa è successa a una donna in Texas.[79] Ma ci sono anche storie peggiori. In Ohio una bambina di dieci anni è rimasta incinta dopo essere stata stuprata: anche lei costretta ad andare in fretta fuori dal suo Stato per poter abortire.[80]

Negli Stati Uniti dei nostri anni, queste storie non hanno niente di straordinario: si leggono tutte le settimane sulla stampa locale, e le più atroci o simboliche arrivano anche su quella nazionale, da quando le donne statunitensi hanno perso il diritto di interrompere una gravidanza.

Gli Stati Uniti non avevano mai approvato una legge federale per regolare l'aborto e stabilire quindi chi avesse il diritto di prendere le decisioni intorno a una gravidanza, e come, e quali. Dominata dagli uomini, la politica nazionale aveva sempre preferito lasciare la materia ai singoli stati, un po' per la difficoltà di allineare sensibilità diversissime in un paese così vasto ed eterogeneo, un po' per liberarsi di quella che consideravano una grana e una distrazione. Le cose cambiarono nel 1973, con una sentenza della Corte Suprema il cui nome – «Roe v. Wade» – è molto più famoso della sua storia. Nessuno si chiamava «Roe», infatti, ma «Jane Roe» era lo pseudonimo utilizzato dai tribunali per proteggere la privacy di una donna che nel 1970 aveva fatto causa al suo Stato, il Texas, perché non le aveva permesso di interrompere una gravidanza. «Wade» invece era il procuratore che difendeva lo Stato, Henry Wade, già celebre per aver rappresentato, nel 1963, l'accusa di Jack Ruby, l'uomo che aveva ucciso l'assassino di John F. Kennedy a Dallas. La donna protetta dallo pseudonimo si chiamava Norma Leah McCorvey ed era una ventiduenne di Houston. Era stata convinta a far causa allo Stato da due avvocate e attiviste, Sarah Weddington e Linda Coffee, che le avevano offerto di rappresentarla gratuitamente. Nel contesto delle lotte femministe di quegli anni, fondate sulla libertà di disporre del proprio corpo e sulla necessità di rivedere il diritto di famiglia, Weddington e Coffee cercavano continuamente casi simbolici che potessero aprire un dibattito nell'opinione pubblica e mettere pressione sui legislatori, oltre a spuntare magari una sentenza favorevole. Quello di McCorvey sembrava perfetto: la legge texana, infatti, prevedeva la possibilità di interrompere una gravidanza dovuta a uno stupro o a un incesto, e lei diceva di essere stata stuprata; dal momento che non aveva prove, però, la sua richiesta era stata respinta e aveva dovuto portare a termine la gravidanza. Chi aveva ragione? McCorvey, cioè «Roe», o il tribunale? In ultima istanza, separare l'interruzione di una gravidanza dalla necessità di dimostrare uno stupro avrebbe di fatto affidato la decisione alla donna. Il tribunale distrettuale diede ragione a McCorvey, e Wade fece ricorso alla Corte Suprema.

La sentenza arrivò il 22 gennaio del 1973, con una decisione assunta a larga maggioranza da una Corte composta da soli uomini, quasi tutti nominati da presidenti conservatori. I nove giudici della Corte osservarono che i divieti all'aborto erano stati introdotti nel tempo per disincentivare atti sessuali considerati immorali, per proteggere la salute della donna e per proteggere il feto. Queste tre motivazioni erano compatibili con la Costituzione? I giudici scartarono subito la prima argomentazione, ma notarono che anche la seconda non stava in piedi: non solo lo sviluppo della medicina permetteva ormai di ridurre i rischi legati all'interruzione di una gravidanza, ma la «salute» da proteggere non poteva essere solo quella fisica, doveva essere anche psicologica, e quindi tenere in considerazione la volontà delle donne. La terza ragione reggeva ancora, ma come individuare il momento in cui un feto diventa un soggetto che la legge debba proteggere? La sentenza trovò un compromesso: le donne avrebbero potuto decidere se abortire senza dare spiegazioni, perché quel diritto è figlio del diritto alla privacy sulle questioni che riguardano la propria salute, ma l'aborto sarebbe stato possibile solo fino a un certo punto della gravidanza.

Dopo la sentenza accaddero molte cose. Per esempio, qualche anno dopo emerse che McCorvey si era inventata buona parte della sua storia: non era mai stata stuprata, e sia Coffee che Weddington sapevano che mentiva mentre la difendevano. Successivamente McCorvey aderì alla Chiesa evangelica e diventò per decenni una grande oppositrice del diritto all'aborto; prima di morire, nel 2017, disse che si era comportata così perché pagata da un'organizzazione religiosa. Ma ciò che conta, tornando al 1973, è che gli Stati si mossero in ordine sparso. Invece che risolvere la questione e farla scivolare così in fondo alle priorità dei partiti e delle persone, come sarebbe accaduto nel 2015 con la storica decisione che ha legalizzato il matrimonio egualitario, la sentenza della Corte Suprema l'aveva fatta diventare un caso nazionale: ora ogni Stato doveva e poteva decidere dove tirare una linea, entro quante settimane permettere di interrompere una gravidanza, se finanziare o no le cliniche abortive come ogni altra struttura sanitaria. Gli americani sono sempre stati molto divisi sull'aborto, che è uno dei temi su cui le loro opinioni sono cambiate di meno: ancora nel 2021 soltanto il 49 per cento dei cittadini si definiva *pro-choice*, cioè a favore della libertà di scelta, la stessa percentuale degli anni Novanta; e la percentuale di statunitensi favorevoli a una qualche forma di aborto legale – con o senza limiti, criteri e restrizioni – era del 75 per cento nel 1975 e dell'80 per cento nel 2021.[81] Le persone che pensano che l'aborto debba essere illegale in ogni circostanza sono sempre state tra il 12 e il 23 per cento del paese, più donne che uomini:[82] una minoranza piccola ma agguerrita che ha fatto di questa causa la sua ossessione decennale, con un lavoro indefesso di mobilitazione, raccolta fondi, pressione e attivismo.

La cosa interessante e paradossale è che il fatto che la Corte Suprema avesse sancito il diritto delle donne a interrompere una gravidanza non ha indebolito la causa degli antiabortisti più radicali, anzi: da una parte ha dato alla loro battaglia il fascino romantico delle cause perse, dall'altra ha permesso ai politici più conservatori di lisciare il pelo di questi movimenti senza temere conseguenze. Protetto dalla Corte Suprema, pensavano, il diritto all'aborto non sarebbe mai stato messo in discussione: nessuno avrebbe mai dovuto difendere davvero le orribili conseguenze di una sua abolizione, quindi perché non dare qualche soddisfazione a questi movimenti così organizzati e così aggressivi che promettono in cambio denaro, consensi e voti? Perché non dirle grosse, perché non esagerare? Come avrebbe fatto di nuovo nei nostri anni con le fazioni più estremiste che oggi hanno preso il controllo del partito, e con identici risultati fallimentari, la classe dirigente del Partito Repubblicano pensò con pavidità e cinismo di poter cavalcare la bestia: sfruttare l'energia delle correnti più intransigenti e radicali nel suo partito e sostenere la causa antiabortista senza prendersene mai la vera responsabilità. Finirono prevedibilmente sbranati. Pur non registrando mai grandi vittorie nelle sensibilità del paese, anzi, il movimento antiabortista a ogni giro ha conquistato un pezzetto più grande del Partito Repubblicano, dei suoi finanziatori, delle sue delegazioni parlamentari, dei suoi procuratori e dei suoi giudici, finché non è diventato egemone quando, nel timore che qualcuno esagerasse più di loro e li superasse a destra, i politici hanno iniziato a esagerare e superarsi a destra; quando ogni proposta è stata superata da un'altra ancora più radicale, semplicemente perché era un modo troppo facile di posizionarsi dentro il partito e fregare la concorrenza; quando la domanda sull'aborto è diventata *la* domanda da porre per capire se chi ti trovi davanti è o no un vero conservatore anche su tutto il resto, sulle armi, sulle tasse, sulla scuola. Stato dopo Stato, ovunque fosse possibile, i Repubblicani hanno promosso crescenti restrizioni al diritto all'aborto, fino a mettere in discussione l'accesso stesso alle interruzioni di gravidanza: il tutto nel tentativo deliberato e dichiarato di contraddire la Corte e innescare ricorsi che la portassero a prendere il tema di nuovo in considerazione; intanto ogni aspirante governatore e presidente conservatore componeva liste di giudici antiabortisti dalle quali prometteva di attingere per le nomine nei tribunali federali e alla Corte Suprema.

Poiché i giudici della Corte Suprema hanno un mandato a vita, e possono quindi scegliere il momento migliore per dimettersi salvo che non muoiano durante l'incarico, la composizione della Corte è determinata in una parte non irrilevante dal caso. Al presidente Donald Trump è capitato di nominare ben tre giudici su nove in un solo mandato: il primo per sostituire Antonin Scalia, perché dopo la sua morte nel 2016 i Repubblicani impedirono al presidente Barack Obama di sceglierne il sostituto, come sarebbe stato suo diritto, con un colpo di mano senza precedenti; il secondo per sostituire Anthony Kennedy, andato in pensione; il terzo per sostituire la progressista Ruth Bader Ginsburg, che nonostante avesse oltre ottant'anni e una salute più che precaria non aveva voluto dimettersi durante i due mandati di Barack Obama. In tutti e tre i casi Trump ha attinto alla lista di giudici che aveva presentato in campagna elettorale, proprio mentre una delle leggi più restrittive approvate dagli antiabortisti, ricorso dopo ricorso, arrivava dal Congresso del Mississippi fino all'esame della Corte Suprema. La nuova Corte, con una maggioranza conservatrice di sei giudici contro tre, ha stabilito che la Costituzione non prevede alcun diritto a interrompere una gravidanza, e che i singoli stati possono legiferare come vogliono, compreso vietarlo del tutto. Almeno 13 Stati lo hanno fatto, altri hanno ristretto moltissimo le loro norme.

È stato come vedere un incidente stradale al rallentatore.

Il pregiudizio della negatività esiste, insomma, così come esiste un vasto sistema di incentivi che porta media e social media a sfornare incessantemente contenuti che aumentano il senso di angoscia e di incertezza verso il futuro delle persone, soprattutto quelle più giovani. Ma questo è un paese in cui alcune cose possono andare molto male anche mentre altre vanno molto bene, peraltro con le stesse modalità dirompenti, eccessive, feroci. Taylor Lorenz, la giornalista del «Washington Post» che si occupa di social media e cultura digitale, ha scritto di recente un tweet diventato virale: «La gente si chiede perché gli adolescenti sono così depressi, "saranno quei cellulari", dicono. Non gli viene mai in mente che stiamo vivendo nell'inferno del tardo capitalismo mentre infuria una pandemia letale».[83] La popolare scrittrice femminista Jessica Valenti, intervenendo nello stesso dibattito, ha detto: «La vera crisi, il vero problema da risolvere, non è la salute mentale delle ragazzine. In mezzo a tutta questa violenza e deumanizzazione, la loro depressione è completamente ragionevole!».[84]

II

Ingenuità

Abbiamo scelto di andare sulla Luna entro la fine di questo decennio: non perché sarà facile, ma proprio perché sarà difficile.

John Fitzgerald Kennedy, 12 settembre 1962

A un certo punto, a Cleveland, in Ohio, prese fuoco il fiume.

Quando le scintille di un treno che passava su un ponte ferroviario erano finite sul Cuyahoga, il fiume nel quale per decenni gli stabilimenti avevano sversato qualsiasi cosa, le chiazze galleggianti di petrolio e prodotti infiammabili avevano iniziato a bruciare. Era il 1969. Il fuoco si era propagato lungo il percorso del fiume in un unico guizzo avvolgente, come una scossa elettrica: nel giro di pochi minuti le fiamme attraversarono un quartiere dopo l'altro arrivando fino al quinto piano dei palazzi, mentre un fumo nerissimo copriva il cielo della città. Gli abitanti non furono sorpresi, il Cuyahoga aveva già preso fuoco in passato almeno una dozzina di volte: d'altra parte le aziende lo utilizzavano come se fosse anch'esso un'infrastruttura industriale. Anzi, molti a Cleveland pensarono: meno male che qualcuno lo usa ancora. Nel decennio precedente, infatti, le fabbriche se ne erano andate una dopo l'altra: Cleveland aveva perso oltre centomila abitanti e del glorioso passato di grande potenza dell'acciaio erano rimasti soltanto l'aria irrespirabile e la patina grassa e giallastra che ricopriva il Cuyahoga. Stavolta però le immagini paurose del rogo erano state trasmesse dalle tv di tutto il paese, aprendo una grande discussione sull'inquinamento, nuovo e grave problema di cui Cleveland era appena diventata il simbolo nazionale.[1] Non ci volle molto per consolidare quell'immagine.

Quella che un tempo era la quinta città più popolosa del paese era ormai così decadente e malmessa che era diventata una specie di zimbello. Lo smog di Cleveland era tema di battute nei *late night show* televisivi, e la criminalità era così diffusa che dopo il tramonto un bel pezzo della città era infrequentabile. Le notizie più assurde e grottesche smettevano di essere sorprendenti quando si apprendeva che erano accadute a Cleveland: *it's Cleveland*. La lettera di una cittadina esausta a un giornale locale coniò un crudele soprannome usato ancora oggi: *the mistake on the lake*, l'errore sul lago, dal momento che Cleveland sorge sulle coste del gigantesco lago Erie, che è un lago ma è anche più grande della Sicilia (e uno dei più piccoli fra quelli che si chiamano, per l'appunto, i «Grandi Laghi»). I più gentili scrivevano che Cleveland era «la Charlie Brown delle città statunitensi», i più perfidi si davano di gomito dicendo che persino i gabbiani attraversano Cleveland volando a pancia in su, perché la città è così brutta che non c'è niente su cui valga la pena liberarsi.[2] È un chiacchiericcio che esiste ancora oggi, per esempio quando si parla delle squadre sportive di Cleveland, una più sfortunata e disgraziata dell'altra. O quando si racconta di come la piazza centrale della città sia così anonima, ma così anonima, anche dopo un recente ambizioso intervento di riqualificazione, che la Marvel ci ha girato una scena degli Avengers ambientata a Stoccarda.[3] Chi vuoi mai che la riconosca? *It's Cleveland*. Che vuol dire anche: è una di quelle città americane indistinguibili da ogni altra, con le sue downtown fatte da palazzoni e da parcheggi a forma di palazzoni, i suoi centri commerciali con negozi di fascia medio-bassa, il suo vecchio teatro con le assi di legno sulle porte e tanti, tantissimi tentativi disperati di inventarsi qualcosa che attiri interesse, turismo, rilevanza. C'è questa frase, che non si sa esattamente chi abbia pronunciato per primo, forse Mark Twain, forse Tennessee Williams, forse qualcuno con una connessione internet su un forum, non importa. La frase dice: «Ci sono soltanto tre città negli Stati Uniti: New York, San Francisco e New Orleans. Tutto il resto è Cleveland». Il problema di tutti gli aforismi: le cose sono più complicate di come le descrivono. Ci sono altre vere città negli Stati Uniti, metropoli globali dall'identità fortissima, come Boston, Los Angeles, Chicago, Philadelphia, e altre comunque uniche come Austin, Seattle, Atlanta, Nashville, Washington, Detroit, la lista è lunga. Ma è vero: negli Stati Uniti, quasi tutto il resto è Cleveland.

C'era quindi anche un piccolo desiderio di riscatto, probabilmente, nell'iniziativa che fu organizzata in città nel 1986. L'idea era venuta a United Way of America, una grossa associazione che raccoglie fondi per beneficenza. Un anno prima, il parco divertimenti di Disneyland in California era entrato nel Guinness dei primati per aver liberato in volo un milione di palloncini gonfiati con l'elio. Il progetto era semplice: Cleveland avrebbe battuto quel record. L'associazione pensava che le immagini incredibili della città invasa dai palloncini sarebbero arrivate in tutto il paese, facendo parlare di United Way e dei suoi progetti, sensibilizzando sulle sue cause, attirando interesse e donazioni. Inoltre, la città sperava finalmente di far parlare di sé per qualcosa di positivo, anzi, addirittura di *bello*. Chiamarono l'evento «Balloonfest '86», perché l'idea era chiaramente ripeterlo, da quel momento in poi, ogni anno, cercando ogni volta di battere il record precedente, ottenere nuova pubblicità e raccogliere nuovi fondi e nuovi volontari e nuovi progetti. Qualcuno sognava già la costruzione di un weekend di eventi attorno al lancio dei palloncini, dai concerti ai mercatini, e fiumi di turisti arrivare apposta per contribuire alla buona causa e godersi lo spettacolo. Ma intanto c'era da prendersi il record. Nei mesi che precedettero l'evento, la popolazione e le aziende avevano «comprato» uno o più palloncini in vista del grande lancio, contribuendo così alle attività di United Way ma anche al raggiungimento del record: i palloncini da liberare in cielo sarebbero stati ben due milioni. Uno dei dirigenti dell'associazione disse alla stampa locale: «Questo è il momento di Cleveland, perché questa è una città in cui succedono le cose. Qui tutto sta cambiando, Cleveland non è più materiale da barzellette. I miei amici di Los Angeles mi dicono che sono pazzo, ma io la frequento da sei mesi e quasi quasi mi trasferisco». Alla vigilia del grande giorno, fissato per il 27 settembre, quasi tremila ragazzini della città si riunirono in una Public Square completamente coperta da una gigantesca rete, e iniziarono a gonfiare i palloncini che pian piano spingevano la rete verso l'alto.

Non si può dire che fossero mancati, fin lì, i campanelli d'allarme. I fondi raccolti fino a quel giorno non erano stati sufficienti nemmeno a coprire i costi dei palloncini, della rete gigantesca e di tutto il personale coinvolto nel progetto: bisognava sperare nella visibilità generata dal lancio, ma d'altra parte quello era lo scopo fin dall'inizio. A forza di agganciare, sganciare e legare tre palloncini al minuto, cioè centottanta ogni ora, le dita dei bambini si erano coperte di ferite e vesciche: gli fu data istruzione di coprirle con dei cerotti e usare le altre dita. Inoltre, nessuno sapeva bene che fine avrebbero fatto i palloncini una volta liberati. Molti pensavano che raggiunta una certa altitudine sarebbero esplosi, polverizzandosi. In realtà i palloncini pieni di elio vanno verso l'alto finché non trovano un punto di equilibrio con la densità locale dell'aria, punto che scende progressivamente di quota man mano che l'elio esce dal palloncino, finché questo non ritorna a terra sgonfiandosi quasi del tutto, in un tempo che può andare da poche ore a pochi giorni. Ah, e c'era anche una tempesta in arrivo.

Ma tutto marciò come se niente fosse. Il problema di progetti come questo è che abbinano due circostanze separatamente innocue ma che insieme producono veri disastri: una certa propensione ad affrontare problemi inediti con soluzioni poco ortodosse e l'altruismo del mettersi al servizio di un bene superiore. Quando questi due elementi si presentano contemporaneamente, il fuoco sacro e la sprovvedutezza impediscono alle persone coinvolte di fermarsi, di sollevare per un attimo la testa, di far notare ai compagni di battaglia che forse quest'idea di liberare due milioni di palloncini sopra una grande città, in pieno giorno, con un temporale in avvicinamento, a pensarci bene... No, impossibile. Non vorrai mica tentennare di fronte alle persone più sfortunate di noi, o al bene che potrebbe trarne questo posto? Cosa penserà chi conta su di noi? E poi, hai capito cosa stiamo facendo? Stiamo gonfiando due milioni di palloncini per liberarli nel cielo di una grande città. Nessuno lo ha mai fatto prima, quindi non c'è un modo giusto per farlo. Cerchiamo di non essere la solita Cleveland banale e disfattista. Cosa farebbe San Francisco al nostro posto?

Il lancio fu anticipato di qualche ora, per evitare la tempesta. I palloncini gonfiati e liberati sarebbero stati alla fine un milione e mezzo e non due milioni: pazienza, comunque abbastanza da battere il record e produrre delle immagini meravigliose. Era chiaro che gli abitanti di Cleveland non fossero guidati solo dalla generosità e dalla filantropia. Il commentatore che raccontava il lancio in diretta sulla tv locale faticò a contenere l'entusiasmo, mentre la rete si apriva sollevandosi e i palloncini cominciavano a schizzare fuori, uno dopo l'altro, con gli altri ad aspettare il loro turno dall'altra parte della fessura. Col tono che siamo soliti ascoltare dai telecronisti negli ultimi istanti delle gare olimpiche, l'uomo urlò il suo entusiasmo dentro il microfono e dentro tutte le case della città. «Eccoli! Eccoli che vanno! Un record mondiale è appena stato battuto a Cleveland! Oltre un milione e mezzo di palloncini liberati in cielo, proprio in questo momento! Stanno coprendo completamente la Terminal Tower! Guardate! Incredibile! Tutti questi colori che salgono verso il cielo! Un urrà per Cleveland! Signori e signore, altro che "l'errore sul lago"! Cleveland è entrata nel Guinness dei primati per aver lanciato oltre un milione e mezzo di palloncini! È SUCCESSO A CLEVELAND!»[4] I palloncini avvolsero la Terminal Tower, il grattacielo più conosciuto e riconoscibile della città con i suoi 235 metri di altezza, e allargando la loro macchia si allontanarono verso nord. Poi incontrarono la tempesta. Un'area di bassa pressione, con pioggia e aria fredda, fermò il loro volo prima del previsto e li riportò rapidamente a terra.

Nel giro di poche ore, senza che si fossero spostati di molto – anche se alcuni finirono addirittura in Canada – gli stessi palloncini che erano volati su cominciarono a scendere giù. Scesero sulle strade, sulle autostrade, sulle tangenziali, con automobilisti e motociclisti che si distraevano per osservarli o che si scontravano cercando di evitarli. Scesero sulle piste dell'aeroporto di Burke Lakefront. Scesero sui giardini delle case, nei parchi e nei campi sportivi, nei cortili delle chiese, sui tetti dei palazzi e sulle fabbriche. Scesero in campagna, sui terreni coltivati, sugli allevamenti. Si incastrarono tra gli alberi, le grondaie, le antenne, nei caminetti, nelle ciminiere, nelle auto, tra le ruote, le staccionate, i cancelli, tutto. La Guardia costiera non riuscì a far volare i suoi elicotteri né a localizzare due pescatori di cui era stata denunciata la scomparsa, e che era stato impossibile avvistare sul lago dal momento che il lago era coperto di palloncini. Li trovarono che erano già annegati.

Nei mesi successivi, la città e United Way dovettero pagare risarcimenti alla moglie di uno dei due pescatori, all'aeroporto, a un maneggio che aveva denunciato l'infortunio inguaribile di un cavallo da corsa causato dai palloncini e ad altre attività che si considerarono danneggiate dall'iniziativa. Ci vollero giorni per recuperare i palloncini ormai sgonfi e ripulire le strade, il fiume, il lago, ma ancora a settimane di distanza, di tanto in tanto, da qualche parte saltava fuori un palloncino.

Era effettivamente successo a Cleveland.

Cercate le foto, siete autorizzati. Meritano. Basta che nel frattempo non vi facciate investire dal Cuyahoga infuocato delle notifiche prodotte dal vostro telefono. Anche perché la storia continua.

Il record di Cleveland finì nel Guinness dei primati, ma solo per un anno: poi la categoria fu abolita.

Gli articoli dell'epoca raccontarono quella giornata come un successo. Sì, c'era stato qualche incidente stradale, ma nessuno con gravi conseguenze. L'aeroporto aveva dovuto chiudere una pista, ma solo per mezz'ora, e comunque il Burke Lakefront era il secondo e meno affollato aeroporto della città. Quanto ai pescatori, al momento del lancio dei palloncini erano dispersi da almeno quattordici ore, forse diciassette: e la Guardia costiera li aveva già cercati a lungo. Le immagini spettacolari di Cleveland avvolta dai palloncini erano state viste in tutto il mondo. E grazie a quelle tanti giovani erano entrati in contatto con il volontariato.

L'attuale direttore del «Plain Dealer», il principale quotidiano locale di Cleveland, ha notato che solo negli scorsi anni si è iniziato a parlare di questa storia come del «disastro dei palloncini».[5] Sicuramente c'entra la consapevolezza odierna di quanto possa essere stupido e dannoso far volare in cielo un milione e mezzo di pezzi di plastica, certo. Ma forse c'entra anche come la storia del «disastro» sia più facile da confezionare e vendere sui social media, più efficace se arricchita di qualche esagerazione e privata di ogni sfumatura, più interessante della storia di un evento benintenzionato e sciocco che andò un po' bene e un po' male: in ultima istanza, più coerente con l'immagine presente e passata di Cleveland.

Quando l'eroe locale LeBron James diede alla città l'unica vera soddisfazione sportiva della sua storia, cioè la clamorosa vittoria dell'NBA ottenuta nel 2016 dai Cleveland Cavaliers, che è come se il Frosinone vincesse la Serie A, peraltro con una rimonta storica guidata da un giocatore nato dalle parti di Frosinone che è capitato che sia anche il più forte del pianeta, le enormi pareti esterne del palazzetto furono decorate con una sua gigantografia. Tutti sapevano che una cosa del genere, in quel modo lì, non era mai accaduta e non sarebbe accaduta mai più. Solo che nel giro di pochi giorni il palazzetto avrebbe dovuto ospitare la convention del Partito Repubblicano, che aveva bisogno di riallestire tutto. Quindi, tra molte proteste, la gigantografia fu rimossa.[6]

C'è una società texana che si chiama RealPage che vende un software usato da chi vuole trovare il prezzo migliore a cui mettere in affitto una casa. Il software analizza una montagna di dati – sull'immobile, sul quartiere, sulla città, sulle evoluzioni del mercato in ogni parte del paese – e poi attraverso un algoritmo suggerisce una cifra allo scopo di massimizzare i guadagni. Si stima che un terzo di tutti gli immobili in affitto negli Stati Uniti abbia un prezzo calcolato da RealPage, in alcuni quartieri si supera il 70 per cento. Il procuratore distrettuale di Washington DC, dove la penetrazione di RealPage è altissima, ha aperto un'indagine contro quattordici grandi società di gestione immobiliare accusandole di aver composto un cartello e concordare i prezzi attraverso l'utilizzo del software.[7]

Chi è stato a New York conosce l'enorme quantità di impalcature che occupano i marciapiedi e avvolgono i palazzi della città: si calcola che ce ne siano per 600 chilometri, a metterle una accanto all'altra.[8] Se ha fatto attenzione, chi è stato a New York ha anche notato come sulla gran parte dei ponteggi non lavori nessuno; oppure che in qualche caso le impalcature si interrompano già tra il piano terra e il primo piano, le chiamano *sidewalk sheds*, e servono a proteggere le persone sul marciapiede. La ragione è quello che contiene, o meglio, quello che non contiene il testo di un'ordinanza approvata negli anni Sessanta dopo la morte di una donna colpita dal pezzo di una facciata. La città intensificò le ispezioni e stabilì che i palazzi le cui facciate necessitavano di interventi dovessero provvedere alle riparazioni previste e intanto installare impalcature o *sidewalk sheds*. Quello che l'ordinanza non diceva era entro quanto tempo andassero fatti questi lavori. Da allora molti palazzi finirono per tenersi le impalcature perennemente – alcuni le avevano installate ancor prima che arrivasse l'ispezione – dal momento che ai proprietari costava meno che imbarcarsi in complicate ristrutturazioni. Le impalcature, tra l'altro, non hanno impedito al valore dei loro appartamenti di raddoppiare soltanto nell'ultimo decennio.[9] Le aziende che forniscono impalcature e *sidewalk sheds* investono molto nelle attività di lobbying e si oppongono con successo a ogni cambiamento delle norme in vigore. La politica ha il terrore di cambiare la norma e poi finire sotto accusa per un incidente. Quindi le impalcature restano lì.

Le autostrade interstatali statunitensi tagliano tutto il paese e sono numerate in senso progressivo. Quelle che tagliano il paese in orizzontale, diciamo, finiscono per 0: quindi la Interstate 10 è quella che attraversa gli stati più meridionali mentre la Interstate 90 è quella che attraversa gli stati più settentrionali. In mezzo ci sono la I-20, la I-30, la I-40, eccetera, come le righe di un quaderno. Le interstatali che vanno da nord a sud, invece, sono numerate a partire da ovest, cioè la parte sinistra della cartina geografica: la Interstate 5 collega infatti la California, l'Oregon e lo Stato di Washington, mentre la più orientale, la I-95, unisce Florida, Georgia, South Carolina, North Carolina, Virginia, Maryland, Delaware, Pennsylvania, New Jersey, New York, Connecticut, Rhode Island, Massachusetts, New Hampshire e Maine. In mezzo ci sono la I-15, la I-25, la I-35, eccetera.

In tantissime città statunitensi, soprattutto in centro, le strade sono numerate: e il numero è il loro nome. Se sei sulla settima e devi andare alla tredicesima, ti muovi come a casa anche se sei appena arrivato da un altro continente.

Guidare negli Stati Uniti, per una persona abituata a guidare in Italia, è per certi versi più facile, per altri più difficile. È più facile perché le strade sono molto larghe, c'è sempre molta visibilità agli incroci, lo spazio non manca mai. Le curve sono dolcissime, altrimenti c'è un semaforo o uno stop. Nella gran parte dei casi si può girare a destra anche con il semaforo rosso, ma se non lo si fa le persone dietro non suoneranno il clacson. Tutti rallentano non appena il semaforo diventa giallo, anche se riuscirebbero comunque a passare. Se a un incrocio c'è uno stop, invece, in molti casi c'è per tutti, a prescindere dalla direzione da cui si arriva. Chi ha la precedenza, se tutti hanno lo stop? La norma vuole che si passi nell'ordine in cui si è arrivati all'incrocio, dopo aver guardato ogni altra auto per accertarsi di essere stati visti. Dopo un po' si impara a farci attenzione. Ah, gli americani agli stop si *fermano*: anche per più di qualche istante, anche se dall'altra parte non c'è nessuno, sempre. I limiti di velocità sono più bassi che da noi e generalmente rispettati. Nessuno usa mai gli abbaglianti per far spostare chi ha davanti, nemmeno se questo viaggia abbondantemente sotto i limiti. Quasi tutti viaggiano a bordo di mezzi provvisti di *cruise control*, di sensori che tengono la macchina dentro la corsia, di sensori del punto cieco degli specchietti, di cambio automatico: le auto si guidano da sole. Ed è qui che arrivano i problemi: è tutto così comodo e facile che... gli americani non sanno guidare. È incredibile quanto riesca a guidare male un popolo che si sposta quasi esclusivamente in auto, che vive in auto, che quasi si identifica con le proprie auto, eppure tutte le operazioni che richiedono un minimo di attenzione e destrezza – cambiare corsia, immettersi in una highway, parcheggiare in retromarcia, eccetera – mettono gli statunitensi in grande difficoltà. Gli incidenti, per strada, avvengono più per incapacità che per spericolatezza. Sono distratti dai cellulari, ma quello anche noi. Ah, a ridosso delle città le varie uscite delle strade veloci sono labirintiche e allo stesso tempo non permettono indecisioni. Non vergognatevi se sbagliate uscita ogni volta e finite per allungare il vostro percorso di dieci chilometri: capita anche agli americani.

Se vieni fermato dalla polizia americana e non vuoi avere guai – o non vuoi avere *più guai* di quelli che eventualmente ti meriti – ci sono alcune cose che è bene sapere, fare e non fare. Dopo aver accostato in un posto sicuro, l'auto della polizia parcheggerà dietro o davanti alla tua: mai scendere dalla macchina. Bisogna invece spegnere il motore e abbassare il finestrino; se l'auto ha i finestrini oscurati, abbassare anche quelli; se è buio, accendere una luce interna all'abitacolo. Mai rovistare nei giubbotti o sul cruscotto o nelle tasche per cercare i documenti, mai allungare la mano verso il portaoggetti: tenere le mani sempre sul volante. Anche i passeggeri dovrebbero tenere le mani in vista. Quando l'agente chiederà di mostrare patente, assicurazione e libretto, meglio indicare loro dove si trovano prima di prenderli. Senza fare movimenti bruschi.

«La gente ha paura di buttarsi nel traffico delle autostrade a Los Angeles. È la prima cosa che sento dire al mio ritorno in città. Blair viene a prendermi all'aeroporto e la sento mormorare questa frase mentre sale la rampa d'accesso. Dice: "La gente ha paura di buttarsi nel traffico delle autostrade a Los Angeles". Questa frase non dovrebbe infastidirmi, ma non riesco a togliermela dalla testa.»

(Bret Easton Ellis, *Meno di zero*)

Ernesto Arturo Miranda era un venticinquenne che nel 1963 fu arrestato e poi condannato per il rapimento e lo stupro di una ragazzina. Miranda aveva grossi problemi di salute mentale, i poliziotti ne approfittarono per estorcergli una confessione e non lo informarono del suo diritto ad avere un avvocato. Dopo la condanna il suo caso arrivò davanti alla Corte Suprema, che stabilì che i suoi diritti erano stati violati dal momento che non gli erano stati comunicati. Miranda fu poi nuovamente processato e condannato, ma le formule indicate dalla Corte Suprema in quella sentenza diventarono quello che viene chiamato ancora oggi, da Ernesto Arturo Miranda, *Miranda warning*. «Hai il diritto di rimanere in silenzio. Tutto quello che dirai potrà essere usato contro di te. Hai il diritto a un avvocato. Se non puoi permetterti un avvocato, te ne sarà assegnato uno d'ufficio.» Il testo prosegue ancora per un paio di frasi, regolarmente ignorate dai film polizieschi.

Miranda morì accoltellato durante una rissa nel 1976. Nel frattempo era entrato e uscito di prigione più volte e si manteneva vendendo *Miranda warning* autografati.

A metà dell'Ottocento un piccolo gruppo di intellettuali e accademici britannici, frustrati dai limiti dei dizionari di inglese dell'epoca, formarono un'associazione allo scopo di promuovere la scrittura di un nuovo dizionario, un dizionario completo, il dizionario definitivo, quello che avrebbe contenuto tutte le parole esistenti in lingua inglese e per ognuna il suo significato, le sue origini, le sue applicazioni e almeno una citazione da un libro già pubblicato che ne mostrasse l'utilizzo contestualizzato. Progettavano un'edizione da almeno dieci volumi, ci misero vent'anni solo per trovare un editore. Il grosso del lavoro, in un'epoca che non poteva nemmeno immaginare le meraviglie della digitalizzazione e del comando CTRL+F, era trovare per ogni parola una sua menzione. I professori contavano sul lavoro di volontari sparsi soprattutto per le università, a cui venivano affidati libri che avrebbero dovuto leggere evidenziando le frasi utili come citazioni per questa o quella parola. Ci vollero cinquant'anni per finire il dizionario: né il professore sotto il quale erano iniziati i lavori né il suo successore sopravvissero fino alla pubblicazione dei volumi. Poco prima di morire, però, il primo direttore scoprì che il migliore tra le migliaia di volontari con cui aveva lavorato, un lettore che non aveva mai incontrato ma che aveva segnalato con precisione ed efficienza oltre diecimila frasi, contribuendo quindi alla scrittura di oltre diecimila voci nel dizionario inglese più completo di sempre, era un uomo statunitense detenuto in un ospedale psichiatrico inglese. Era un chirurgo con la passione dei libri e aveva partecipato alla Guerra civile americana, da cui era tornato pieno di psicosi croniche. Aveva lasciato gli Stati Uniti, nella speranza che questo potesse farlo star meglio, ma a Londra era finito in carcere dopo che aveva ucciso un uomo, convinto fosse un criminale che si era introdotto in casa sua. Fu giudicato malato di mente e non pericoloso, e quindi rinchiuso in un ospedale psichiatrico invece che in carcere; percepiva la pensione da reduce di guerra, quindi gli fu permesso di comprare e possedere libri. La moglie dell'uomo che aveva ucciso, che non serbava rancore nei suoi confronti e che lui aiutava finanziariamente, chiese addirittura di poterlo visitare, e gli portava un libro ogni volta che andava a trovarlo; altri se li faceva portare dal suo appartamento, dove aveva un'ampia biblioteca, o se li faceva comprare, o li chiedeva in prestito. I curatori del dizionario scoprirono la sua storia soltanto quando cercarono di contattarlo per conferirgli un premio, in quanto miglior volontario partecipante al progetto.

Questa è la storia di William Chester Minor e dell'Oxford English Dictionary.

Il dizionario, dopo cinquant'anni di lavoro, uscì nella sua prima edizione soltanto nel 1928. Una seconda edizione è uscita nel 1989. I lavori sulla terza edizione sono iniziati nel 2000 e dovrebbero durare fino al 2037. Costeranno l'equivalente di circa 40 milioni di euro.[10]

Subito dopo la vittoria degli americani nella Guerra anglo-americana, durante la quale i britannici bruciarono la Casa Bianca e nacque quello che oggi conosciamo come l'inno degli Stati Uniti, i politici locali del North Carolina decisero di far realizzare una grande statua di George Washington, per celebrare il generale che aveva ottenuto l'indipendenza dal Regno Unito e che era stato il primo presidente della nazione. Era il 1816.

La statua fu affidata a quello che all'epoca era considerato di gran lunga il miglior scultore al mondo, nonché quello che con le sue opere aveva contribuito a creare l'iconografia napoleonica del potere e del mito: il veneto Antonio Canova. L'incarico fu trasmesso a Canova dal console americano in Italia, l'opera fu completata due anni dopo. Alta 170 centimetri e realizzata in marmo di Carrara, mostrava Washington come non era mai stato: vestito da condottiero della Repubblica Romana, con la tunica e la corazza; ai suoi piedi il bastone del comando e la daga, una spada. Il Washington di Canova tiene in mano una tavola su cui è inciso l'incipit del discorso con cui annunciò di voler lasciare la presidenza dopo il suo secondo mandato, nonostante la Costituzione all'epoca non prevedesse limiti: un momento che gli americani considerano fondativo, vedendo nella rinuncia volontaria al potere e nella sua transizione pacifica – impensabile in un mondo in cui il potere si spostava soltanto per via familiare o con grandi spargimenti di sangue – la più grande prova della superiorità della democrazia repubblicana.

Sulla base della statua, in italiano, era inciso:

Giorgio Washington
Alla grande Nazione degli Stati Uniti di America
– Antonio Canova

L'uomo che aveva suggerito di chiamare Canova era stato Thomas Jefferson, terzo presidente degli Stati Uniti ma soprattutto architetto. Jefferson aveva viaggiato molto in Europa, amava l'architettura neoclassica, diceva che *I quattro libri dell'architettura* di Andrea Palladio erano la sua «bibbia» e pensava che le giovani istituzioni statunitensi avessero bisogno di riconoscersi in luoghi che manifestassero con il loro aspetto la solennità che non potevano ancora trarre dalla loro storia. Per questo motivo, nonostante siano stati costruiti in tempi relativamente recenti, i palazzi del potere statunitensi si richiamano allo stile classico europeo per elementi, simmetria e proporzioni: la Casa Bianca è ispirata al parlamento di Dublino; il Campidoglio ricorda un po' San Pietro e un po' l'Hôtel des Invalides di Parigi, dove è sepolto Napoleone; il palazzo della Corte Suprema assomiglia a un tempio corinzio, eccetera.

I committenti statunitensi amarono la statua, che però fu distrutta in un incendio già nel 1831. Il gesso originale di Canova, invece, è conservato ed esposto alla Gypsotheca canoviana di Possagno, in provincia di Treviso.

La cattedrale di Washington DC è una delle cattedrali più grandi al mondo e la seconda chiesa più grande degli Stati Uniti. È una cattedrale neogotica, uno stile popolare soprattutto fra la fine del Settecento e l'Ottocento, nonostante sia stata inaugurata nel 1990, e su una delle sue torri c'è un gargoyle a forma di Darth Vader, il cattivo di *Star Wars*. Su una chiesa, esatto. È piccolo, quindi è difficile notarlo a occhio nudo: ma se vedete qualcuno guardare la cattedrale col binocolo, probabilmente lo sta cercando.

A Long Island c'è un'oca alta sei metri, che una volta era un negozio di oche e uova. Oggi vende souvenir, si nota anche al buio, gli occhi dell'oca sono i fanali di una Ford. In una città dell'Illinois che si chiama Metropolis, invece, c'è una statua di Superman alta quasi cinque metri. La città non ha nulla a che fare col fumetto, ma dal momento che si chiama come la città di Superman ha voluto provare ad approfittarne. Ai piedi della statua c'è lo slogan di Superman: *Verità, giustizia e sogno americano*. Ovviamente l'hanno messa davanti al tribunale. A Nashville, invece, alla fine dell'Ottocento fu costruita una replica a grandezza naturale del Partenone. Quello di Atene. Ah, e avete presente la famosa fotografia del marinaio a Times Square che bacia un'infermiera sconosciuta dopo la resa del Giappone alla fine della Seconda guerra mondiale? A San Diego la scena è raffigurata in una statua alta sette metri e mezzo. Ce n'è una uguale a Sarasota, in Florida. Qualche anno fa qualcuno ha scritto con una bomboletta rossa sul polpaccio dell'infermiera: #metoo.

C'è un tratto culturale degli americani che si nota dopo quasi tutti gli altri. Ne vediamo da subito gli effetti nei loro comportamenti, nelle scelte che fanno, nel modo in cui reagiscono alle cose, nelle idee che abbracciano e in quelle che non attecchiscono, ma soltanto a un certo punto riusciamo davvero a unire i puntini e capire che in cose diverse stiamo osservando la stessa, a ricostruire l'origine di quello che a un primo sguardo è l'immagine disordinata di un certo modo di essere americani, di comportarsi da americani, di guardare al mondo da americani.

È una caratteristica difficile da mettere a fuoco, anche perché ci mancano le parole. Gli americani, quando vogliono avvicinarsi a quel concetto, usano la parola *ingenuity*, che però in inglese non vuol dire *ingenuità* bensì *ingegno, inventiva, abilità*. Fuochino. Quello che intendiamo noi per *ingenuità*, invece, significa – dal dizionario Treccani – «sincerità, innocenza, candore d'animo, semplicità e anche dabbenaggine». Fuochino anche qui. Questo tratto che vediamo sempre ma in controluce, che intuiamo ma non sappiamo definire, è un po' *ingenuity* ed è un po' *ingenuità*, ed è un po' un misto di entrambe, sincerità e guasconeria, innocenza e inventiva, e quello che viene fuori mescolando gli ingredienti. I palloncini di Cleveland, il gargoyle di *Star Wars* sulla cattedrale, il modo in cui nacque il Miranda Warning, il software che ha cambiato gli affitti. Ma non solo. Questo tratto si vede in John Fitzgerald Kennedy quando nel 1962 disse: «Andremo sulla Luna entro la fine del decennio».[11] Si vede nel pubblico davanti a lui che non reagì sghignazzando. Si vede nel paese che poi effettivamente mandò un uomo sulla Luna nel 1969. Si vede nell'incauta euforia con cui negli anni Novanta furono abbracciati i farmaci antidolorifici che finalmente facevano sparire i dolori cronici, e che però hanno trasformato milioni di americani in tossicodipendenti.[12] Si vede nel discorso improvvisato di George W. Bush col megafono sulle macerie del World Trade Center, il 14 settembre del 2001, quando i vigili del fuoco urlavano che non riuscivano a sentirlo e lui con prontezza rispose: «Io vi sento! Gli americani vi sentono! E presto vi sentiranno anche quelli che hanno tirato giù questi palazzi». Si vede nell'idea di mondo dietro la cosiddetta «esportazione della democrazia». Si vede in Kathrine Switzer, che diventò la prima maratoneta di sempre infilandosi nella gara di Boston e continuò a correre anche quando un ufficiale di gara tentò di fermarla e strapparle la pettorina. Si vede in Bernie Madoff, che condusse per decenni sotto gli occhi di tutti la più grande truffa finanziaria della storia, e in Jonas Salk, che sviluppò il vaccino contro la poliomielite e alla vigilia della prima storica vaccinazione di massa, decise di non depositarne il brevetto. Si vede in Elizabeth Holmes, la giovane imprenditrice che senza alcuna fatica imbrogliò investitori e banche convincendoli di aver inventato una macchina capace di analizzare il sangue prelevandone solo una goccia,[13] si vede nel leggendario attivista e politico afroamericano John Lewis che si fece picchiare e insultare dai suoi compagni per addestrarsi a incassare e non reagire, come avrebbe fatto poco dopo sedendosi al bancone del bar nel posto dei bianchi.[14] Ma si vede in molte altre cose più piccole, alcune quasi impercettibili, comuni, quotidiane, nello sguardo sul mondo e su se stessi, nelle condizioni di solitudine, sfarzo, degrado o cosmopolitismo in cui riescono comunque a essere riconoscibilmente americani, nel modo che hanno di andare al punto, nella loro aggressività infantile, nel patriottismo sguaiato, nella fiducia che sanno avere in se stessi e nel prossimo, a volte sventatamente. Le case americane sempre con la porta aperta non sono un espediente narrativo dei film o delle serie tv, reso necessario dal fatto che le gag di *Friends* o *Seinfeld* non avrebbero funzionato se ogni volta Chandler e Kramer avessero dovuto cercare le chiavi: moltissimi americani lasciano davvero aperta la porta di casa, a New York come in campagna. E certo, penserete, magari hanno anche una pistola nel cassetto del comodino: esatto. Parliamo esattamente di questo. Parliamo di come non trovino niente di ironico nel fatto che le persone straniere prima di entrare negli Stati Uniti debbano compilare un modulo in cui dichiarano che non hanno intenzione di organizzare attentati terroristici. Parliamo dei giocatori di basket che guardano sempre e solo il canestro e pensano a tirare non appena ricevono il pallone. Parliamo di come persone *così* semplici abbiano costruito mercati *così* sofisticati. Parliamo della fede assoluta nei processi e nella pianificazione: di come la capacità di trovare sempre la strada più breve, nel bene e nel male, possa incredibilmente andare di pari passo con burocrazie che a volte fanno impallidire le nostre.

Si possono solo fare delle ipotesi per individuare le origini di questa strana crasi fra purezza e malizia, scaltrezza e candore.

Qualcuno le identifica nelle conseguenze di una storia molto breve, di un passato che non ha lasciato in eredità tradizioni millenarie e aristocrazie ingombranti. Crescere in un contesto socioculturale simile avrebbe quindi prodotto questa diffusa propensione all'imprenditorialità, alla relazionalità, al cambiamento, alla persuasione e all'autopersuasione, al racconto e all'autoracconto. Nei luoghi dove quasi tutto è già successo un milione di volte, dove il passato è tale che quasi tutto è considerato sacro, dove la ricchezza è in mano alle stesse famiglie letteralmente da secoli,[15] le persone tenderanno a pensarsi fin dalla nascita come destinate a dare un contributo incrementale, quando non addirittura conservativo, al mondo che hanno trovato. Dove invece non si percepisce il peso della storia, dove non è esistito il feudalesimo e dove quasi tutto è vuoto, sarà più facile immaginarsi innovatori, conquistatori, costruttori, protagonisti. Negli Stati Uniti le cose vengono costantemente reinventate. Le chiese diventano *megachurch* guidate da intrattenitori televisivi. L'acqua minerale viene venduta in cinquanta sapori diversi. Lo sport diventa puro intrattenimento. Guidano macchine con sei ruote. Ci siamo girati un attimo e le fabbriche sono diventate uffici, un'altra volta e gli uffici sono diventati appartamenti.[16] In ogni momento tirano su e tirano giù, demoliscono e ricostruiscono, cancellano e rinnovano.

Altri credono che non possa esistere una società senza passato, e che in questo tratto peculiarmente americano si vedano piuttosto le culture dei popoli che hanno fatto gli americani, gli inglesi e gli irlandesi soprattutto: il puritanesimo e il calvinismo della cultura protestante avrebbero portato a questo strano miscuglio di idealismo fanciullesco e concretezza ferina, mentre l'insofferenza verso l'Impero britannico avrebbe generato moralismo, repubblicanesimo, senso di giustizia. La percezione di avere un destino irresistibile da compiere.

Altri ancora riconducono questa mentalità a una nazione che si è sviluppata nello stesso momento in cui nel mondo si sviluppava il capitalismo, e nella quale quindi un nuovo sistema economico destinato a orientare il pianeta per manifesta superiorità su tutti gli altri – esclusi quelli immaginari – poté incontrare meno resistenza e radicarsi più rapidamente che altrove, producendo una cultura centrata sulla risoluzione dei problemi, sulla replicabilità del successo, sulla ricerca delle nuove idee, sulla propensione al rischio, sulla praticità sopra l'astrattezza. Centrata sulla pretesa di una costante presunzione d'innocenza, fondata sulla legittimità e la purezza intrinseca di ogni azione che si possa presentare come volta al miglioramento delle proprie condizioni di vita o alla protezione dei propri interessi.

E, quindi, a un'altrettanto costante perdita dell'innocenza.

Di tutti i recenti casi di successo tra le città statunitensi, quello di cui si parla meno riguarda Nashville. Si trova in Tennessee, cresce a un ritmo sostenuto da tre decenni e negli ultimi anni ha intercettato i flussi di persone e investimenti in uscita da luoghi come New York o la California, che stanno rilanciando tante città meridionali come Phoenix, Atlanta e Miami. A Nashville i prezzi stanno crescendo velocemente ma sono ancora ben più bassi che nelle città di cui sopra, e ci sono gru e cantieri ovunque. Ci sono molte infrastrutture per ospitare eventi e congressi, un fiume degno di essere fotografato al tramonto, un parco grande con al centro il già citato Partenone e una panchina frequentatissima perché Taylor Swift l'ha citata in una sua canzone. La cosa notevole, infatti, è che la principale attrazione di Nashville è la musica. La città è sinonimo di country, di folk, di rock, di blues, di Johnny Cash, e su questo ha costruito la propria identità: nel centro di Nashville c'è qualcuno che suona dal vivo dappertutto e a qualsiasi ora, nelle hall degli alberghi, nei negozi, nei ristoranti, al mattino, di pomeriggio e di sera, sempre. Decine di migliaia di musicisti che sono arrivati da ovunque a Nashville, perché se vuoi fare musica negli Stati Uniti prima o poi devi passare da Nashville; con loro ci sono producer, discografici, fonici, manager e quindi, di fatto, un'intera industria. Gli americani hanno con la città un rapporto che non è molto diverso da quello che hanno con Las Vegas: un posto in cui si va per fare baldoria, in cui vestirsi come non ci si vestirebbe a casa, dove festeggiare un addio al celibato o un addio al nubilato o un compleanno importante. Solo che al posto del gioco d'azzardo e degli hotel di lusso la principale attrazione qui è la musica, che fa una gran differenza. Le strade dei locali sono molto più festose e molto meno squallide. E intorno all'industria del divertimento e del turismo non ci sono l'Area 51 e il nulla del deserto del Nevada, come a Las Vegas, bensì una decina di università e quindi anche decine di migliaia di studenti, con tutto l'indotto che ne deriva in termini economici e di vita culturale. «Il turismo dei weekend è fondamentale per la crescita della città» scrive la stampa locale. «Se vieni qui a 22, 24, 26 anni, hai l'età in cui l'idea di trasferirti a Nashville può diventare facilmente possibile.»[17] Chi viene a Nashville per fare festa, spesso se ne innamora, a volte fa un pensiero sul restare, ogni tanto lo realizza.

Da qualche anno, silenziosamente, una misteriosa società californiana sta comprando centinaia di terreni agricoli in un angolo della Bay Area, a nordest di San Francisco. È una zona di pale eoliche e di campi che rendono sempre meno, tra la siccità, gli incendi e le temperature che aumentano.[18] Gli agenti della società arrivano e offrono quattro o cinque volte il prezzo di mercato. Vanno da chiunque, che il terreno sia in vendita o no. In cinque anni la società ha concluso oltre 400 transazioni, spendendo più di 800 milioni di dollari. Gli indecisi vengono convinti lasciandogli il terreno in comodato d'uso ancora per qualche anno, o permettendogli di continuare a guadagnare dalle pale eoliche che hanno eventualmente installato. Le persone del posto all'inizio erano perplesse. Sarà un nuovo parco Disney? Uno stabilimento? Una centrale elettrica? Sono i cinesi? Ognuno aveva il suo retroscena. Poi una causa legale ha costretto i proprietari della società a venire allo scoperto. I misteriosi compratori seriali sono una specie di elenco telefonico della Silicon Valley: persone che hanno fondato o dirigono aziende le cui app risiedono stabilmente nei nostri telefoni, o che in quelle aziende hanno investito prima degli altri. E tra loro c'è Laurene Powell Jobs, la moglie di Steve Jobs, che da anni investe una gigantesca fortuna familiare in mille diversi progetti. Il piano è creare una nuova città, da zero. Qualche centinaio di chilometri quadrati di case, palazzi, strade, uffici, negozi: godibili a piedi come a Parigi, ricchi di trasporti pubblici, alimentati da energia rinnovabile, circondati da un milione di nuovi alberi e da 40 chilometri quadrati di parchi e spazi aperti. Dieci volte Central Park. Il tutto a due passi da San Francisco e dalla Silicon Valley, in uno dei mercati immobiliari più affollati e costosi del pianeta.

C'è solo un piccolo dettaglio: i terreni non sono edificabili. E si trovano nel luogo più impossibile degli Stati Uniti in quanto a burocrazie per chi vuole costruire. L'intera scommessa dietro l'investimento si basa insomma su qualcosa che sfugge al controllo degli investitori: sul tentativo di cambiare la destinazione d'uso di decine e decine di terreni. Una volta eventualmente convinta la politica, bisognerebbe poi vincere un referendum fra le persone che oggi risiedono nell'area. «Se i nostri piani dovessero anche solo andare vicini a realizzarsi» ha scritto uno degli ideatori ai suoi soci «questo sarà un investimento spettacolare.»[19]

Altrimenti avranno buttato i soldi.

C'è una scena dei «Soprano» in cui due scagnozzi del boss entrano in una caffetteria per chiedere informazioni su un tizio. Sono italoamericani e per attaccare bottone con una commessa provano a ordinare un caffè: un caffè *normale*. Si sentono proporre un caffè espresso *regulare*, così dice la commessa in finto italiano, niente moka; oppure il «gusto del giorno», un sofisticato caffè neozelandese. La caffetteria è una catena e la commessa non ha informazioni utili perché «ci sono negozi così in tutto il paese»; non ha un nome, nel contesto della serie, ma è piuttosto chiaro che sia Starbucks. Intanto arriva il caffè.

«Siamo sempre le solite teste di cazzo, noi italiani. Come abbiamo fatto a farci sfuggire questa cosa?»

«Che cosa?» chiede al mafioso ingrugnito il suo amico.

«Questi cazzo di "caffè espresso", il cappuccino... li abbiamo inventati noi, e ora questi stronzi ci stanno diventando ricchi. E non sono solo i soldi. È una questione di orgoglio. Usano tutto il nostro cibo. La pizza. Il calzone. La mozzarella di bufala. L'olio d'oliva. Non avevano niente. Mangiavano merda prima che arrivassimo noi. Ma questa del caffè è la peggiore.»

Joshua Foer era un ventitreenne giornalista alle prime armi quando propose alla rivista «Slate» di mandarlo come inviato ai Campionati statunitensi della memoria, e scrivere un articolo sul torneo in cui si sfidano persone capaci di memorizzare in un'ora una sequenza casuale di 1528 numeri, o impiegare meno di due minuti per imparare in che ordine sono posizionate le carte da gioco in un mazzo appena rimescolato. Doveva essere uno di quegli articoli che danno *colore*, come si dice in gergo, raccontando lo strano mondo di una nicchia di appassionati. «Slate» accettò, Foer andò e scrisse il pezzo.[20] Era il 2005. Tornato a casa, per giorni Foer continuò a pensare a questi grandi maestri della memorizzazione che avevano vite e talenti normalissimi, e a cui capitava comunemente, come a tutti, di dimenticare dove sono le chiavi. Cominciò a leggere libri e ricerche sul funzionamento della memoria. Imparò le principali tecniche di memorizzazione. Quindi decise che avrebbe cominciato ad allenarsi, e si iscrisse alla successiva edizione dei Campionati statunitensi della memoria.

Ci andò, un anno dopo la prima volta, e li vinse.

Lo so che adesso volete sapere come si fa. Il metodo si chiama palazzo della memoria o tecnica dei loci. Cercatelo su Google, poi tornate. Joshua Foer ha raccontato questa storia in un libro,[21] ne ha guadagnato qualche milione di dollari, una casa di produzione cinematografica ha comprato i diritti per farne un film.

Nelle scuole statunitensi non esistono le interrogazioni orali: si fanno solo esami scritti e presentazioni preparate a casa ed esposte in classe. L'idea è che il rendimento nelle interrogazioni sia eccessivamente legato a caratteristiche come l'estroversione o la timidezza o la capacità di improvvisare. Nonostante questo, l'offerta scolastica di attività pomeridiane è così ampia e mette a disposizione così tante opportunità di esibizione e contatto con la comunità – dagli spettacoli teatrali allo sport, dai giornali scolastici ai dibattiti sull'attualità – che tutti gli americani sanno parlare dignitosamente in pubblico e sanno come si sta davanti a una telecamera.

Negli anni Novanta, l'eccitazione un po' ingenua – appunto – attorno alle prime vere applicazioni collettive e popolari di internet trovò la sua migliore rappresentazione nella rivista «Wired», fondata a San Francisco nel 1993 allo scopo di raccontare come la tecnologia stava cambiando (e soprattutto avrebbe cambiato) la cultura, l'economia, la politica. Erano anni di passaggio, sappiamo oggi, ma all'epoca si pensava di vivere dopo la «fine della storia».[22] La Guerra fredda l'avevano vinta i buoni, il mondo era sempre più libero e pacificato, con la rivoluzione informatica un nuovo boom economico era alle porte. Nel 1997 la rivista uscì con un numero tematico, si intitolava *The Long Boom*. Promettendo una «storia del futuro», raccontava che «ci aspettano venticinque anni di prosperità, libertà e un ambiente migliore». Cosa pensare altrimenti, *come* pensare altrimenti, in quel contesto così promettente e privo di minacce visibili? Poi forse venne un dubbio, ai giornalisti: il dubbio che viene a chiunque abbia azzardato una previsione sul futuro nel momento preciso in cui finisce di formularla. E se qualcosa dovesse andare storto?

Quindi aggiunsero una pagina alla rivista e immaginarono in coda dieci potenziali variabili impazzite: dieci ragioni – all'epoca impensabili – per cui il futuro dal 1997 al 2020 avrebbe potuto deragliare e prendere tutt'altra piega. Eccole.[23]

1. Un'escalation di tensione fra gli Stati Uniti e la Cina porta a una nuova Guerra fredda, che per poco non diventa calda.
2. Le nuove tecnologie si rivelano deludenti. La produttività non aumenta quanto previsto, non c'è alcun boom economico.
3. La Russia diventa una cleptocrazia governata dalla mafia, e si ritira in un nazionalismo quasi sovietico che minaccia l'Europa.
4. Il processo di integrazione europea si arresta. L'Europa occidentale e quella orientale non riescono ad andare d'accordo e l'Unione Europea smette di allargarsi.
5. Una vasta crisi ambientale provoca un cambiamento globale del clima, che tra le altre cose distrugge le filiere agroalimentari: i prezzi del cibo aumentano ovunque, iniziano periodiche carestie.
6. Un grande aumento della criminalità e del terrorismo rende tutti più spaventati e diffidenti. Chi teme di saltare in aria o essere rapinato non ha molta voglia di essere accogliente e tollerante.

7. L'inquinamento provoca un grosso aumento dei tumori, che mettono sotto pressione i sistemi sanitari.

8. I prezzi dell'energia esplodono. Tumulti in Medio Oriente minacciano la produzione, e le fonti alternative non riescono a compensare.

9. Una malattia incontrollabile, come una nuova pandemia influenzale o qualcosa del genere, si propaga come un incendio e uccide oltre 200 milioni di persone.

10. Una reazione sociale e culturale ferma il progresso. Gli esseri umani devono scegliere di andare avanti. Potrebbero non volerlo fare.

C'è un nuovo servizio, non è ancora arrivato in Italia ma arriverà, si chiama Flip: è un'app di shopping costruita come un social media, una specie di via di mezzo fra TikTok e QVC, il canale delle televendite. Una volta entrati, si viene esposti a un feed di video in cui persone comuni che fingono di essere influencer – o influencer che si fingono persone comuni – mostrano un prodotto, nuove lenzuola o un mascara, un aspirapolvere o una caraffa filtrante. Se vuoi, tocchi lo schermo e lo compri; se no, avanti al prossimo video. Si entra solo per invito e ogni persona che si iscrive – dopo aver ceduto i suoi dati a Flip – fa guadagnare 140 dollari a chi l'ha invitata, spendibili sull'app.

Il fondatore e amministratore delegato di Flip è iracheno. I soldi sono di investitori privati, soprattutto israeliani, statunitensi e cinesi, e del fondo sovrano degli Emirati Arabi Uniti. La società è statunitense con sede a Los Angeles.[24]

Non esistono dati sui comportamenti antisociali come li abbiamo sugli omicidi o sugli incidenti stradali, in parte perché la definizione di «comportamenti antisociali» è sfuggente, irregolare. Risente di differenze culturali e generazionali, e comprende azioni molto gravi e altre sgradevoli ma che non abbiamo motivo di contare o perseguire. L'atteggiamento ostile o aggressivo nei confronti degli sconosciuti. Una litigata per un parcheggio o alla cassa del supermercato. Le risse dentro e fuori dai bar. Il disprezzo per le regole sulle quali si basa la nostra convivenza. Piccoli inganni, piccole manipolazioni, piccole violazioni: e poi inganni, manipolazioni e violazioni più grandi. Non esistono dati univoci e precisi, dicevamo. Ma quelli che abbiamo suggeriscono che negli Stati Uniti dopo il 2020 – cioè dopo la fase peggiore della pandemia e dopo l'amministrazione Trump – «ogni genere di comportamento antisociale sia in aumento».[25]

Sono aumentate le aggressioni violente contro il personale sanitario. Infermieri e medici subiscono più infortuni non mortali dovuti alla violenza sul posto di lavoro rispetto a qualsiasi altra professione, comprese le forze dell'ordine.[26] Gli incidenti stradali mortali sono in aumento: sono cresciuti persino nel 2020, nonostante il lavoro da casa e le restrizioni legate alla pandemia. Sono aumentati i casi di guida in stato di ebbrezza e di guida senza cintura di sicurezza. Lo stesso vale per i reati d'odio contro gli ebrei, contro i musulmani e contro le persone LGBT+. Starbucks ha chiuso decine di caffetterie, soprattutto nei centri delle città, per preoccupazioni legate alla sicurezza dei lavoratori. Le baruffe sugli aerei sono diventate più frequenti. Le scuole raccontano livelli mai raggiunti di aggressività e violenza fra gli studenti, i bagni pubblici vengono trovati in condizioni peggiori, le liti per qualcosa postato o non postato sui social sono in aumento.

È un fenomeno difficile da misurare andando oltre gli aneddoti e le testimonianze, e quindi anche da raccontare in un testo con delle ambizioni giornalistiche, ma nell'esperienza e nei racconti degli americani, o almeno di tanti americani, è come se in molti avessero alzato di due o tre punti sul telecomando il loro livello di ostilità, di aggressività, di incoscienza. Lo stesso fenomeno che osserviamo nei dati in aumento sui furti o sui reati violenti – dati abbondanti e inequivocabili, quelli – avrebbe insomma una parte sommersa, che non indaghiamo criminalmente o statisticamente perché non ha effetti altrettanto gravi. Ma ce li ha.

«Perché gli americani sono diventati così stronzi? [...] Alcuni dicono che c'entra la tecnologia: i social media ci stanno facendo diventare matti. Altri tirano in mezzo la sociologia: abbiamo abbandonato le nostre istituzioni collettive e comunitarie, viviamo sempre più soli e isolati. Altri ancora parlano di demografia: un paese a lungo dominato dai bianchi sta diventando sempre più variegato, e questo ha gettato nel panico milioni di statunitensi. Oppure è una questione di economia? Le diseguaglianze e le insicurezze lasciano le persone spaventate, alienate, pessimiste. Forse però la storia più importante sul perché gli americani sono diventati tristi e maleducati, credo, è anche la più semplice: viviamo in una società in cui le persone non sono più addestrate a trattare gli altri con gentilezza e considerazione. Nessuno ce lo insegna. In una società sana, esiste una rete di istituzioni – famiglie, scuole, gruppi religiosi, organizzazioni comunitarie, posti di lavoro – che aiuta a trasformare le persone in cittadini gentili e responsabili, il tipo di persone che si sostengono a vicenda. Viviamo in una società pessima nella formazione morale.»

(David Brooks, *How America Got Mean*, in «The Atlantic», 14 agosto 2023)[27]

I procuratori generali di 41 stati americani hanno presentato una causa congiunta contro l'azienda Meta, tra le altre cose proprietaria dei social network Instagram e Facebook; chiedono multe e interventi radicali sul funzionamento di queste piattaforme. I procuratori accusano l'azienda di aver costruito un sistema per «sfruttare i giovani utenti a scopo di lucro» attraverso funzioni che creano dipendenza nei suoi prodotti, anche ingannandoli sui loro rischi, per mantenere le persone sui loro servizi e raccogliere i loro dati. Meta ha negato le accuse e ha affermato di essere «delusa» dal fatto che la politica preferisca discutere in tribunale invece di collaborare per «creare standard chiari e adeguati all'età per le numerose app utilizzate dagli adolescenti».[28]

Nel corso del 2023 quattro ragazzi sono morti provando a viaggiare appesi all'esterno dei vagoni della metropolitana di New York. Il cosiddetto *subway surfing*, la sfida che consiste nel viaggiare appesi ai lati o al tetto dei treni, anche spostandosi da un vagone all'altro, esiste dagli anni Ottanta, ma i «surfisti» non sono mai stati così tanti: 565 nel 2022, oltre 450 nei primi sei mesi del 2023. Sono prevalentemente ragazzi molto giovani, meno che diciottenni, che poi caricano i video su TikTok.

Già che parliamo di New York: non è fumo, quello che esce dai tombini della città. È vapore acqueo. Dal 1877 infatti un pezzo significativo di Manhattan è riscaldato attraverso una fittissima rete sotterranea di tubature – di gran lunga la più estesa al mondo – che originano in sei centrali dove il vapore viene prodotto dal riscaldamento dell'acqua liquida, come dei giganteschi e potentissimi scaldabagno (il termine tecnico è «teleriscaldamento»). È una soluzione che riduce le emissioni inquinanti, è conveniente sul piano economico, in un posto così densamente popolato, e ha gli utilizzi più svariati: i vecchi ristoranti usano il vapore per lavare i piatti, per esempio, mentre gli ospedali ci sterilizzano attrezzature e materiali. Capita che di tanto in tanto uno di questi tubi abbia una perdita, ma nella gran parte dei casi non è quello il vapore che vediamo emergere dai tombini, altrimenti le persone si scotterebbero: quello che vediamo è il vapore generato dall'umidità e dall'acqua che cola giù per i tombini e viene a contatto con i suddetti tubi caldissimi. Per questo quando piove aumenta anche il vapore.

Una notte di settembre del 1956 un ventiseienne di New York, un ex marine di nome Thomas Fitzpatrick, rubò un piccolo aereo a elica dalla scuola aeronautica di Teterboro, in New Jersey. Erano le tre del mattino. Senza luci, senza radio e senza una licenza di pilota, Fitzpatrick atterrò su una stretta strada di Manhattan, di fronte al bar in cui lo stavano aspettando i suoi amici. Una sera di qualche giorno prima, dopo aver bevuto molto, aveva scommesso con loro che avrebbe potuto volare dal New Jersey a lì in un quarto d'ora. Ricevette una multa di soli 100 dollari per guida in stato di ebbrezza – non c'erano norme che regolassero infrazioni del genere – e il processo contro di lui si risolse quando il proprietario dell'aereo ritirò la denuncia. Finì su tutti i giornali del paese.

Due anni dopo, all'una del mattino del 4 ottobre 1958, Fitzpatrick lo fece di nuovo. Atterrò a pochi isolati di distanza da dove era arrivato la prima volta, sfoggiando un elegante abito grigio. Scappò via, poi fu trovato dalla polizia. Prima negò tutto, poi ammise di aver pilotato l'aereo ma si giustificò dicendo che al bar c'erano dei tizi che non credevano l'avesse già fatto in passato. Fu condannato a sei mesi di carcere. Nel bar ora c'è un cocktail in suo onore, il Late Night Flight: Kahlúa, vodka, Chambord, more, albume e sciroppo.

Tutti sanno benissimo *perché* Donald Trump ha vinto le elezioni presidenziali del 2016. È successo perché gli americani erano stufi dei Democratici. È successo perché la Russia lo ha aiutato. Perché gli americani sono dei bifolchi. Perché Hillary Clinton era impresentabile. Perché Trump dice le cose come stanno. Perché Obama era stato un disastro. Perché per gli americani è più facile votare un nero che una donna. Eccetera. Dal momento che si risolse con un margine microscopico, ogni singolo fattore può essere stato decisivo in quell'elezione:[29] e quindi tutti sono liberi di scegliere o immaginare quello più coerente con le proprie posizioni di partenza.

Gli esseri umani non si fanno mai sfuggire un'occasione per piegare la realtà allo scopo di farla combaciare col proprio sguardo. È normale. Ma scommetto che questa ragione della vittoria di Donald Trump non l'avete mai sentita.

Ogni storia richiede un salto nel tempo. In questo caso dobbiamo tornare al 2010. C'è un deputato eletto a New York che si chiama Anthony Weiner, un quarantenne del Partito Democratico la cui carriera appare in grande ascesa. Famiglia ebrea, origini popolari, molto spigliato, un suo appassionato discorso in difesa dei risarcimenti per i vigili del fuoco feriti negli attentati dell'11 settembre è appena diventato virale.[30] Molto ben inserito, anche: sua moglie, Huma Abedin, è la storica assistente personale di Hillary Clinton, all'epoca la donna più potente della storia statunitense nonché segretaria di Stato nonché prossima candidata alla Casa Bianca. Weiner si muove con disinvoltura tra le persone comuni e tra chi ha frequentato la Casa Bianca, ha sostenitori facoltosi e ogni mattina la rassegna stampa dice che un giorno diventerà il sindaco della città, oppure senatore, magari presidente. Era il suo momento migliore. Non sarebbe durato molto. La sera del 27 maggio del 2011 il profilo di Weiner su Twitter pubblicò un nuovo messaggio. Era indirizzato a un altro account, apparentemente quello di una studentessa universitaria, e conteneva un link a una fotografia. Era un primo piano di un uomo in mutande. Anzi, per la precisione, era un primo piano delle mutande di un uomo con un'erezione. La foto fu cancellata dopo pochi minuti, ma ovviamente era già finita dentro innumerevoli screenshot. Il giorno dopo Weiner disse che non aveva mai scattato né inviato quella fotografia, e che qualcuno aveva avuto illegalmente accesso al suo profilo. Solo che la ragazza destinataria del tweet diede qualche risposta ambigua alla stampa, e intanto si fecero avanti altre ragazze che raccontarono dei tentativi di abbordaggio da parte di Weiner dopo che loro lo avevano menzionato in tweet che parlavano di politica e attualità. Nessuna delle ragazze diceva di aver incontrato Weiner di persona, lui si limitava a scrivere loro messaggi e inviare foto non richieste dei suoi genitali, le contattava con un account fasullo intestato a «Carlos Danger». Negli Stati Uniti queste storie durano poco: nel giro di qualche giorno Weiner si presentò davanti ai giornalisti tenendo per mano la moglie, ammise che il tweet era suo, chiese scusa per i suoi molti errori e si dimise da deputato. Quando nel 2013, due anni dopo, Weiner tentò di tornare a fare politica, diffuse uno spot in cui appariva accanto alla moglie, a dimostrazione che era rimasta al suo fianco. Raccontò di essere cambiato e annunciò di volersi candidare a sindaco di New York. Nel giro di sei mesi venne fuori che nei due anni precedenti Weiner aveva continuato a mandare fotografie in giro. Fece un altro discorso di scuse, di nuovo accanto alla moglie, ma non si volle ritirare. Perse malissimo le primarie e la sua carriera politica finì lì.

Andiamo avanti di altri due anni, marzo 2015. Mancavano poche settimane all'annuncio della candidatura di Hillary Clinton alla presidenza degli Stati Uniti quando il «New York Times» uscì con uno scoop: l'FBI aveva aperto un'indagine sulla gestione delle sue email quando era segretaria di Stato. Era emerso, infatti, che Clinton aveva usato per quattro anni sempre e solo il suo indirizzo personale di posta elettronica, anche per tutte le comunicazioni di lavoro, perché all'indirizzo governativo avrebbe potuto accedere da un solo dispositivo. La corrispondenza professionale di chiunque lavori per il governo è considerata un atto pubblico, quindi dev'essere acquisita dalle autorità federali: dev'essere disponibile per eventuali indagini, verifiche, richieste di accesso da tribunali e stampa. La legge permetteva a Clinton di usare una propria casella di posta, ma ora il governo voleva venire in possesso delle sue email. L'indirizzo di Clinton era legato a un server privato, @clintonemail.com, e c'era un problema: nello stesso periodo, Clinton aveva usato lo stesso indirizzo anche per ogni altra faccenda personale. Le email con suo marito, le foto dei nipoti, gli abbonamenti ai servizi online, le comunicazioni con amici e conoscenti, qualsiasi cosa passi normalmente da una casella di posta elettronica. Lo staff di Clinton negò la consegna del server alle autorità federali, vista la presenza di informazioni così sensibili, ma consegnò 55mila pagine di email selezionate dal totale delle email archiviate nel server, tutte quelle che riguardavano questioni di lavoro, dissero; quelle personali, oltre 30mila, erano state invece cancellate in modo permanente. L'FBI non poteva verificare se lo staff di Clinton avesse detto la verità: davvero erano state cancellate soltanto le email personali? C'erano email di lavoro che non erano state consegnate? Erano state distrutte informazioni riservate? La sicurezza nazionale era stata messa in pericolo? Erano sospetti fragilissimi, al limite dell'inconsistenza: in primo luogo perché ogni email inviata esiste per definizione su almeno due caselle di posta, e quindi Clinton e i suoi avrebbero rischiato in ogni istante di venire sbugiardati dall'eventuale emersione di email lavorative non consegnate; in secondo luogo perché l'operazione di ricerca e selezione dei messaggi era stata affidata allo staff di uno studio legale, col grosso rischio che le eventuali irregolarità trapelassero sulla stampa.

L'FBI impiegò qualche mese a esaminare le email consegnate, non riscontrò anomalie o violazioni, rimproverò Clinton per la «negligenza» del suo comportamento ma negò che avesse intenzione di nascondere qualcosa. Intanto però era iniziata la campagna elettorale e la storia era diventata un caso mediatico e politico gigantesco. Donald Trump accusava ogni giorno Hillary Clinton di aver cancellato informazioni compromettenti, e l'FBI di esserne complice. La stampa, con cui Clinton ebbe sempre un pessimo rapporto, mise la questione delle email in relazione a quella delle donazioni ricevute dall'estero dalla fondazione benefica di famiglia mentre lei era segretario di Stato, e a quella dei suoi redditizi interventi agli eventi privati di grandi assicurazioni e banche di investimento. C'erano dei conflitti di interesse da nascondere? Dal momento che quelle email erano atti pubblici, ed erano anche al centro della campagna elettorale per il più importante incarico politico al mondo, tutti i giornali del paese chiesero di avere accesso a quelle consegnate: furono pubblicate a blocchi di qualche decina di migliaia, una volta al mese, senza che emergesse mai nulla di rilevante ma alimentando un fiume costante di retroscena e pettegolezzi che costrinse Clinton a parlare di questa storia e doversene difendere quasi ogni giorno.

Nell'estate del 2016, a due mesi dalle elezioni presidenziali, accadde un'altra cosa. La vicinanza a Hillary Clinton aveva portato nuove attenzioni anche sulla sua assistente Huma Abedin, che era sempre accanto a lei, e quindi a suo marito. Alla fine di agosto un giornalista si finse una bella donna e scrisse dei messaggi sui social a Anthony Weiner, che ci cascò con entrambe le scarpe e rispose spedendo una sua foto in mutande peggiore delle altre: sul divano, accanto al pacco, si vedeva suo figlio di quattro anni che dormiva. Il giornalista diffuse la corrispondenza con Weiner, sua moglie lo lasciò alla velocità della luce: il caso era diventato tossico e andava chiuso in fretta, il comitato Clinton non poteva fare i conti con un altro scandalo e magari portarselo dietro alla Casa Bianca. Pochi giorni dopo, però, l'FBI ricevette una denuncia e aprì un'indagine contro Weiner, sospettando che avesse mandato quel genere di fotografie anche a una quindicenne del North Carolina con cui avrebbe avuto una specie di relazione online. Le persone più attente tra voi potrebbero aver capito dove stiamo andando a parare. Nell'ambito di quell'indagine, infatti, dopo qualche settimana l'FBI sequestrò un computer portatile di Anthony Weiner. E cosa ci trovò dentro? Le email di Hillary Clinton.

Cioè, mica solo quelle. Ci trovò centinaia di migliaia di email: ma tra queste anche migliaia di email di Hillary Clinton e dei suoi collaboratori che Huma Abedin aveva girato al marito nel corso degli anni perché lui, che intanto era in casa, gliele stampasse. Si portava il lavoro a casa, insomma. Ma cosa c'era dentro queste email? C'erano informazioni riservate che non erano state adeguatamente maneggiate? C'erano email che Hillary Clinton si era rifiutata di consegnare al momento della prima inchiesta? C'erano documenti che aveva cancellato dal suo server di posta? Bisognava esaminarle. E quindi il 28 ottobre del 2016, a soli undici giorni dalle elezioni, l'FBI annunciò di aver riaperto la sua indagine sulle email di Hillary Clinton: a fronte di un corposo ritrovamento avvenuto durante una separata indagine, si rendeva necessaria una verifica supplementare. Fu una comunicazione molto irrituale. L'FBI non annuncia pubblicamente le indagini che apre e che chiude, e di solito è particolarmente cauta proprio con l'avvicinarsi delle elezioni presidenziali nel timore di condizionare il voto; inoltre fra gli addetti ai lavori era piuttosto condivisa l'opinione per cui la faccenda delle email di Hillary Clinton avesse già ricevuto attenzioni sproporzionate. Un paio di anni dopo, l'allora capo dell'FBI – ancora largamente criticato per quella decisione, sanzionato per non aver coinvolto i suoi superiori e accusato di non aver ufficializzato la contemporanea inchiesta su Trump e la Russia – disse che forse inconsciamente pensava che Hillary Clinton avrebbe stravinto le elezioni, e quindi fosse importante mostrare grande indipendenza verso la futura presidente e rendere pubblico il suo caso prima del voto.[31] Quel che importa è che la notizia della riapertura dell'indagine fu un evento politicamente cataclismico. Donald Trump, che sembrava aver iniziato una piccola rimonta nei sondaggi, gridò a uno scandalo «peggiore del Watergate». Clinton era in una posizione impossibile, dovendo difendersi da un'accusa particolarmente volatile: dal momento che nessuno conosceva il contenuto delle nuove email, ognuno poteva sostenere qualsiasi cosa, dalla corruzione ai conflitti di interessi a scambi di contenuti ben più torbidi, senza che lei potesse dimostrare il contrario. Il 6 novembre, a soli due giorni dal voto, l'FBI annunciò di aver concluso i suoi esami e aver verificato che le email di Clinton trovate nel computer di Anthony Weiner facessero tutte parte dei lotti consegnati nei mesi precedenti. Non c'era niente, insomma: ma intanto la storia delle email aveva dominato la copertura mediatica nelle ultime due settimane di campagna elettorale, e l'ultima comunicazione dell'FBI invece che migliorare le cose avrebbe tenuto la conversazione viva fino al giorno del voto. Fino all'ultimo momento, il paese aveva sentito parlare di una storia che rafforzava l'opinione di chi pensava che Clinton fosse disonesta e inaffidabile; fino all'ultimo momento, agli elettori conservatori ma scontenti di Trump era stato ricordato quanto Clinton fosse disonesta e inaffidabile; fino all'ultimo momento, agli elettori progressisti era stato ricordato quanto Clinton fosse disonesta e inaffidabile.

L'8 novembre del 2016 le elezioni presidenziali statunitensi furono vinte da Donald Trump, per un pelo, tanto che Hillary Clinton prese complessivamente ben tre milioni di voti in più di lui. Furono decisive le vittorie che Trump ottenne con un margine minuscolo in Pennsylvania, per 44mila voti; in Wisconsin, per meno di 23mila voti; in Michigan, per meno di 11mila voti. Un'analisi di Nate Silver, il più ferrato esperto di sondaggi negli Stati Uniti, ha concluso che la riapertura dell'indagine costò la vittoria a Clinton, dimostrando come il suo gradimento nei sondaggi fosse sceso repentinamente subito dopo l'annuncio dell'FBI, e che molti elettori Democratici delusi da questo e altri scandali non l'avessero votata pensando che tanto contro Trump avrebbe vinto comunque.[32] Uno studio del 2019 ha documentato il «sostanzioso» vantaggio acquisito da Trump dopo la riapertura dell'indagine.[33] Un altro studio del 2021 ha sostenuto che sia stato il singolo più importante fattore che abbia contribuito alla vittoria di Trump.[34]

Quindi, ora conoscete un'altra ragione per cui Donald Trump vinse quelle elezioni: Carlos Danger.

La cosa ulteriormente notevole di questa storia è che il significato gergale della parola *weiner* in inglese... no, dai, cercatevelo voi.

Ci sono due tipi di media negli Stati Uniti, secondo il direttore di «The New Republic», e ogni testata statunitense può essere collocata in uno di questi due cassetti.[35]

Il primo cassetto è quello dei cosiddetti «mainstream media». Contiene canali tv come CNN, MSNBC, ABC News e CBS News, quotidiani come il «New York Times», il «Washington Post», il «Wall Street Journal», il «Chicago Tribune», il «Philadelphia Inquirer», il «Los Angeles Times» o il «San Francisco Chronicle», riviste come «Time» o «Newsweek» o il «New Yorker», la radio pubblica della NPR e molte altre. Grandi testate, grandi aziende, grande storia, grandi business, nazionali o locali: e fino a qualche tempo fa, grande capacità di influenzare l'agenda politica e culturale del paese. Le testate di questo cassetto sono molto diverse tra loro per prodotti, linguaggio, stile, pubblico, provenienza e destinazione culturale. Sicuramente si considerano rivali. A volte lavorano bene, a volte lavorano male, alcune sono più partigiane di altre. Ognuna di queste ospita a sua volta una certa ampiezza di punti di vista. Tutte fanno parte di un'industria che premia l'allarmismo, la conflittualità, la polemica, il pettegolezzo, la zizzania. Le persone che ci lavorano possono avere opinioni molto diverse, ma spesso hanno provenienze comuni – le grandi università, le scuole di giornalismo – e una sensibilità progressista, sicuramente più vicina alla sinistra che alla destra. In alcune di queste testate, o almeno in parte delle loro scelte editoriali, quella sensibilità si vede e si nota.

Poi c'è il secondo tipo di media, il secondo cassetto: è quello dei media conservatori. Quindi innanzitutto Fox News, il colosso televisivo attorno al quale si è costruita e formata la nuova destra statunitense. Ma non solo: canali come One America, Newsmax e le moltissime tv locali del gruppo Sinclair, un enorme conglomerato che controlla quasi 200 canali, le *talk radio* ascoltate in ogni angolo del paese, tabloid dalla lunga storia come il «New York Post» e siti di news giovanissimi ma dal vasto pubblico come il «Daily Caller», «The Blaze», «Breitbart», «The Gateway Pundit». Anche le testate di questo gruppo si considerano rivali, e sono diverse tra loro: sono però molto *meno* diverse di quelle del primo cassetto, per punti di vista, linguaggio, stile e priorità. E soprattutto, interpretano il loro ruolo con un livello di partigianeria imparagonabile a quello delle testate del cassetto precedente. Non c'è gara.

Le testate del primo cassetto non sono tutte degne dei premi Pulitzer, certo; e conoscono eccessi e partigianerie, certo; ma quando Hillary Clinton ha un guaio con le sue email, sono le prime a definirlo tale e a occuparsene ossessivamente, pubblicando uno scoop dopo l'altro e incalzandola, persino ingigantendolo pur di creare «la storia», «il caso»; se un deputato del Partito Democratico è credibilmente accusato di corruzione o di molestie, non lo risparmiano e anzi ne chiedono le dimissioni; se un politico progressista dice bugie, lo fanno notare al loro pubblico. Se Hillary Clinton dopo aver perso le elezioni si fosse messa in testa che il voto era stato truccato, come ha fatto Donald Trump nel 2020, e avesse cominciato a lamentarsene lanciando accuse senza prove, le testate del primo cassetto avrebbero denunciato l'iniziativa come infondata e ridicola; se Joe Biden mettesse le mani addosso a una donna, lo scaricherebbero all'istante; se emergesse che Barack Obama ha evaso le tasse, non gliela farebbero passare liscia. Non sono ipotesi: è quello che hanno fatto ed è quello che fanno già in casi paragonabili. Al contrario, sarebbe impossibile immaginare Fox News raccontare con determinazione uno scandalo che riguardi Donald Trump o un qualsiasi politico conservatore, o «Breitbart» scrivere che un politico ultraconservatore dice cose dimostrabilmente false. Anche in questo caso, non sono congetture: parliamo di quello che è successo e che non è successo.

Non è una questione di buoni contro cattivi, anche se esistono certamente sia il buon giornalismo che il cattivo giornalismo. È una questione di identità, di modello di business, di industria. Le testate del primo cassetto sono piene di voci critiche e autocritiche proprio perché hanno costruito nel tempo la loro rilevanza attorno a questa capacità di trasformare qualsiasi storia in un «caso», anche gonfiandola se serve, e guadagnare dalle attenzioni ricevute da quel caso. La loro inclinazione culturale e politica – che con mille sfumature possiamo definire liberale, progressista, di sinistra – si traduce in un'idea intransigente e persino un po' macchiettistica del proprio ruolo nei confronti del potere, nella severità rivolta ai conservatori, nell'attenzione particolare dedicata ad alcuni temi – democrazia, diritti, diseguaglianze – e per il rispetto sacrale del politicamente corretto, ma non si traduce mai nell'elogio acritico della propria parte, che anzi su queste testate, quelle del primo cassetto, subisce quotidianamente il suddetto trattamento fatto di allarmismo, polemica, pettegolezzo e zizzania, nonché dell'eterno dibattito sulla controversia del giorno. Se la controversia riguarda la sinistra, per i giornali considerati di sinistra, tanto meglio: le «tensioni nel Partito Democratico» sono un genere letterario anche da quelle parti, mica soltanto da noi.

I media del secondo cassetto, invece, parlano con una sola voce. Quello che li lega non è una visione omogenea del mondo o la fedeltà a un unico leader, che non hanno, bensì una grande disponibilità al compromesso allo scopo di ottenere e conservare il potere, il culto dell'aggressività e della violenza e la forte consapevolezza di cosa unisca il pubblico conservatore oltre qualsiasi differenza ideologica: l'odio per i Democratici, per i progressisti, per la sinistra, per il politicamente corretto, per ogni forma di sguardo critico sul passato e sul presente degli Stati Uniti. E la convinzione che quasi ogni mezzo sia lecito per fermarli. Anche in questo caso, l'approccio di cui parliamo non è solo una bussola politica o editoriale: è un modello di business.

In ogni momento del 2017, in piena amministrazione Trump, i media del primo cassetto raccontavano le azioni e i progetti del presidente enfatizzando errori, guai, polemiche e critiche, mentre quelli del secondo cassetto proponevano una difesa costante e monolitica della Casa Bianca, anche a costo di perdere la faccia difendendo le sue dichiarazioni più assurde o di negare l'evidenza. In ogni momento del 2022, invece, i media non si erano scambiati di ruolo. Quelli del primo cassetto non erano diventati i pretoriani dell'amministrazione Biden, come non lo sono oggi. Ne raccontano azioni e progetti con molta meno ostilità di quanto facessero con Trump, certo, ma senza nessuna difesa monolitica, e anzi enfatizzando come sempre errori, guai, polemiche e critiche, cercando continuamente «casi» che possano mettere in imbarazzo il presidente. Esistono moltissimi giornalisti progressisti, e moltissime testate con una visione del mondo vicina a quella dei Democratici: ma il loro ruolo culturale e la loro strategia industriale non hanno mai puntato a diventare ottusi pappagalli del leader del momento e difendere a oltranza i politici progressisti. Semmai, al contrario, quel ruolo è consistito nella costruzione di un'immagine indipendente, con tutta la solenne retorica della «schiena dritta» e dei «cani da guardia del potere», anche attraverso il pungolo e la critica un po' intransigente e un po' pretestuosa esercitati nei confronti dei Democratici.

«Joe Biden potrebbe trovare la cura per l'Alzheimer» ha scritto il direttore del «New Republic», «e quelli direbbero che Joe Biden ha fallito contro il Parkinson.»

Quando Anthony Weiner tornò alla vita pubblica dopo il primo scandalo e si candidò a sindaco di New York, doveva essere molto sicuro del fatto suo: tanto che accettò la proposta di due registi che volevano seguire e registrare ogni momento della sua vita e della campagna elettorale per farne un documentario. Nelle intenzioni di Weiner, doveva essere l'amplificatore della sua storia di riscatto. Per i registi fu come comprare un biglietto della lotteria. Furono fortunati. Quando emerse il *secondo* scandalo, quando Weiner dovette affrontare sua moglie, quando veniva preso in giro per strada, quando il suo staff si riunì per decidere come parlare pubblicamente di «Carlos Danger», quando vide le sue nuove fotografie sui giornali... le telecamere erano accese. Il documentario si intitola *Weiner*, è uscito nel 2016 ed è strepitoso.

Dopo aver eletto alla presidenza il rozzo, goffo, caloroso e texanissimo George W. Bush, gli americani hanno scelto uno dei presidenti più eruditi ed eleganti di sempre, Barack Obama, nonché il primo presidente afroamericano. Dopo Obama, si sono affidati a un politico ideologicamente bianco – seppur con la faccia coperta di autoabbronzante – che non ha mai letto un libro nella sua vita.[36] Quattro anni fiammeggianti con Donald Trump sull'ottovolante e poi... ecco il presidente più anziano e noioso che avessero mai scelto. Balbuziente, addirittura, dopo quattro anni di parole scandalose. Un'altalena così estrema si deve in parte a un'illusione ottica: quando commentiamo i risultati elettorali diciamo che «l'America ha scelto», come se ogni volta fosse appunto «l'America» a parlare ed esprimere una sua univoca volontà; ma volta per volta il risultato premia questo o quel candidato per via di pochi punti percentuali, quando non di uno zero virgola. Due briciole in più di là nel 2016, e ora ci staremmo avvicinando al termine della presidenza di Hillary Clinton. Quattro briciole più in qua nel 2020, e oggi il presidente Donald Trump starebbe cercando di cambiare la Costituzione per ottenere un terzo mandato.

Una ragazza statunitense ha usato una strategia particolarmente creativa per permettere all'FBI di rintracciare e arrestare uno dei sostenitori di Donald Trump che partecipò all'assalto violento contro il Congresso statunitense del 6 gennaio 2021. La ragazza vive a Washington DC e nei giorni successivi all'assalto prese il suo smartphone, aprì Bumble, un'app di incontri, e cambiò la sua affiliazione politica in «conservatrice». Poi cominciò a scorrere i profili degli uomini della zona che l'algoritmo le suggeriva, uno *swipe* dopo l'altro, iniziando a chattare con molti di loro. Lei faceva capire subito di essere molto fan di Trump e bastava pochissimo, raccontò poi, perché alcuni di questi uomini iniziassero a vantarsi delle loro gesta a Capitol Hill: e quando la ragazza si fingeva entusiasta, incuriosita, affascinata dai loro racconti, loro mandavano foto e video per mostrare che c'erano stati davvero, a mettere a ferro e fuoco il Parlamento, mica scherzavano. Guardami mentre salgo con i piedi sulla scrivania di Nancy Pelosi! La ragazza faceva gli screenshot e quando gli uomini dichiaravano il loro nome e le davano il loro contatto, sperando di proseguire altrove quella conversazione, girava tutto al numero di telefono messo a disposizione dall'FBI per cercare informazioni sui manifestanti violenti. La ragazza consegnò ai federali le generalità di una decina di uomini, uno è già stato condannato.[37]

Durante l'estate del 2023 un gruppo di imprenditori e manager molto vicini al Partito Repubblicano ha pagato milioni di dollari a una società di comunicazione e sondaggi perché testasse una serie di messaggi e slogan contro Donald Trump, allo scopo di capire quali siano i più efficaci per convincere l'elettorato conservatore più militante, quello che finanzia i politici, che va ai comizi, che vota alle primarie. Quelle persone molto ricche vogliono che il prossimo presidente sia Repubblicano, perché vogliono tasse più basse sulle imprese e sulle famiglie più ricche, da finanziare tagliando i programmi sanitari pubblici, la previdenza sociale e i sussidi di disoccupazione, e un atteggiamento più benevolo del fisco e della giustizia sui loro affari: e pensano che Donald Trump sia d'intralcio a questo progetto. Pensano che sia inaffidabile e incompetente, trovano che averci a che fare sia un incubo e una costante minaccia di grane mediatiche e legali. Pensano che un qualsiasi *normale* politico conservatore vincerebbe facilmente contro Joe Biden, e avrebbe anche maggiori possibilità di realizzare i suoi progetti, mentre Trump è una persona impossibile, un generatore di caos e presto sarà anche un pregiudicato. Se vogliono evitare che Trump si ricandidi, quelle persone molto ricche devono evitare innanzitutto che vinca le primarie del Partito Repubblicano: e per questo hanno provato a capire su quali argomenti valga la pena puntare per convincere l'elettorato conservatore a scegliersi un altro cavallo.

Dopo aver confezionato più di quaranta finti spot televisivi con argomenti costruiti su misura per piacere all'elettorato del Partito Repubblicano, attaccando Trump da destra e accusandolo di non aver costruito il muro al confine, di aver promosso i vaccini contro il Covid, di aver fatto esplodere il debito pubblico, e dopo molti altri mesi di focus group e sondaggi per testarne la loro efficacia, le conclusioni dello studio sono state descritte in un documento sconcertante, condiviso tra la società di comunicazione e il gruppo di persone molto ricche. «Anche quando mostri a questi elettori il presidente Trump che dice qualcosa con cui loro non sono d'accordo» si legge «trovano sempre un modo di razionalizzarlo e non dargli peso, pur di non cambiare idea. Ogni singolo spot realizzato e testato per colpire Donald Trump agli occhi degli elettori Repubblicani è risultato fallimentare, quando non controproducente.»[38]

Aprile 2021. La prima primavera dopo la campagna vaccinale: l'inizio della fine della pandemia. Tutti i giornali del mondo pubblicano lo stesso video. Le immagini erano un po' sgranate, dominate da un colore tra il grigio, il giallo e il marrone. La telecamera fissa su uno sfondo di sabbia e rocce. Sembrava uno di quei servizi sulla Guerra del Golfo delle televisioni degli anni Novanta, durava appena 37 secondi, eppure era un video straordinario: quella sabbia e quelle rocce, infatti, si trovavano su Marte. Al centro della scena c'era una scatoletta con quattro gambe in fibra di carbonio, sormontata da un'elica e da un piccolo pannello solare: un drone. Durante quei 37 secondi, la scatoletta si sarebbe sollevata in volo per spostarsi di qualche metro e poi tornare giù.

Lanciata dalla NASA insieme col robot automatico che aveva filmato il volo – il primo volo con motore a elica avvenuto su un mondo diverso dal nostro, per quel che ne sappiamo – la scatoletta non serve per condurre esperimenti scientifici: la scatoletta *è* un esperimento scientifico, per permettere agli americani di imparare come volare su Marte nonostante la sua atmosfera molto rarefatta. Dopo tre anni di esperimenti e oltre settanta voli – la scatoletta era stata spedita con l'idea che non avrebbe funzionato per più di un mese – i danni subiti da una delle sue ali hanno portato gli scienziati a dichiarare conclusa la sua missione.

«Lo storico viaggio del primo veicolo a volare su un altro pianeta è finito» ha detto l'amministratore della NASA Bill Nelson. La scatoletta, ha aggiunto, «ha volato più in alto e più lontano di quanto avessimo mai immaginato e ha aiutato la NASA a fare ciò che fa meglio: rendere l'impossibile possibile».

Il suo nome è Ingenuity.

III

Identità

Gli americani forse non hanno un'identità, però hanno denti stupendi.

Jean Baudrillard, *America*, 1989

Erano le dieci di un sabato sera e i grandi schermi appesi sopra i banconi dei bar non avevano niente di sportivo da mostrare, nemmeno una partita universitaria, solo repliche: era piena estate, il 13 luglio del 2013. Gli unici canali nei quali succedesse qualcosa erano quelli di notizie, e ne era appena arrivata una grossa. Una giuria della Florida aveva assolto George Zimmerman, un ventinovenne ispanico che un anno e mezzo prima, mentre partecipava a una ronda armata di quartiere, durante un alterco aveva sparato al diciassettenne afroamericano inerme Trayvon Martin. Sedici ore di camera di consiglio non erano bastate alla giuria per raggiungere una conclusione unanime: Zimmerman, che aveva sempre sostenuto di aver sparato per autodifesa, era stato scagionato. La sentenza era molto attesa. Nei mesi precedenti, la dinamica dell'omicidio era stata discussa per ore negli studi televisivi. Il presidente Barack Obama aveva detto che Trayvon Martin avrebbe potuto essere lui. La stampa aveva aperto grandi dibattiti sul sistema penale statunitense e sulla composizione della giuria: sei donne, cinque bianche e una nera. Ogni singolo passaggio dell'inchiesta era stato commentato intensamente sui social media. Tutti consideravano quella storia emblematica di qualcosa. Per alcuni, della violenza gratuita e casuale che negli Stati Uniti subivano ancora le persone afroamericane, uccise per un pregiudizio o anche per niente, senza conseguenze, come se non fossero persone. Per altri, dell'ossessione in malafede di chi vede il razzismo anche in un tragico ma banale incidente, e dei tentativi di approfittare della morte di un ragazzo per restringere il diritto a possedere armi o quello alla legittima difesa, oltre che inculcare nei bianchi un senso di colpa ancestrale per le responsabilità dei loro avi nella schiavitù o nella segregazione. Nel contesto della storia statunitense, l'omicidio di Trayvon Martin è una vicenda allo stesso tempo eccezionale per la sua gravità e consueta per la sua scandalosa ricorrenza: ogni evento è unico di per sé ma la discussione nazionale è sempre la stessa.

Quella stessa sera di luglio, sulla costa opposta del paese, i bar erano pieni anche se il sole doveva ancora tramontare. Oakland è una città piena di storia, soltanto un ponte la separa da San Francisco; ed è anche una delle poche città nel Nord della California a non essere popolata in larghissima maggioranza da bianchi. Non è povera, a guardare i dati, ma la popolazione si sta riducendo e ci sono quartieri nei quali tutti sconsigliano di entrare. Si spara molto, i tassi di criminalità sono fra i più alti dell'intera regione. E c'è una forte tradizione di radicalismo di sinistra, culturale e politico. Dentro uno di quei bar, sotto uno di quegli schermi, una trentaduenne attivista locale, Alicia Garza, nata a Oakland e cresciuta solo dalla madre, ebrea afroamericana sposata con un uomo transgender, ascoltava la televisione raccontare i dettagli di contorno, le proteste fuori dal tribunale, le dichiarazioni degli avvocati di Zimmerman, le reazioni della politica. Prese il telefono, aprì Facebook e scrisse:

Black people. I love you. I love us. Our lives matter.

Le nostre vite contano, sono importanti, aveva scritto. Poi pubblicò il post. Una sua amica, Patrisse Cullors, anche lei un'attivista trentenne afroamericana queer nata in città, lo commentò scrivendo: #BLACKLIVESMATTER. Due giorni dopo Cullors fondò un gruppo chiamato «Justice-4Trayvon», annunciandolo con un post su Facebook che riportava ancora quell'hashtag. Voleva organizzare una manifestazione in città, chiese aiuto a Garza che lavorava per una non profit e aveva più esperienza. Intanto un'altra attivista ventottenne afroamericana, Opal Tometi, che viveva in Arizona e aveva visto i post su Facebook, aveva contattato Garza e Cullors proponendo di registrare il dominio www.blacklivesmatter.com e i relativi account sui principali social media. Nei giorni seguenti Garza fece stampare lo slogan su un po' di cartelli e li distribuì in alcuni negozi di Oakland che sapeva sensibili alla causa, perché li esponessero. Cullors finì per guidare tre piccole marce antirazziste, una a Oakland, una a New York e una su Rodeo Drive, la famosa strada con le boutique di lusso a Beverly Hills, Los Angeles, ogni volta gridando e mostrando quelle tre parole.

Lo slogan cominciò ad attecchire, fu citato dai media, le persone lo utilizzavano sui social. Negli anni seguenti, crescendo e diffondendosi per fiammate ogni volta più penetranti, spesso in coincidenza con altre uccisioni di altre persone afroamericane, da Michael Brown a Ferguson nel 2014 a George Floyd a Minneapolis nel 2020, sarebbe diventato un motto universale di giustizia e il nome del moderno movimento statunitense per i diritti civili delle persone afroamericane.

Black Lives Matter è tre cose diverse. La prima è uno slogan, anzi, un hashtag.

La seconda cosa è un'organizzazione decentralizzata e spontanea di gruppi antirazzisti, alcuni molto grandi e altri piccolissimi, nati a migliaia negli ultimi dieci anni nelle città, nei quartieri e nelle aziende, nelle facoltà universitarie e nei luoghi di lavoro. I gruppi più grandi vengono chiamati *chapters*, e sono più o meno una quarantina in tutti gli Stati Uniti: coprono soprattutto le principali aree urbane del paese e si sobbarcano il grosso delle iniziative, l'attivismo faticoso delle proteste e dei volantini, l'assistenza legale e i rapporti con la politica, la raccolta fondi e gli eventi culturali. Il primo *chapter* è stato fondato a Los Angeles proprio nell'estate del 2013 da una trentina di persone, ma chiunque può fondare un gruppo locale e chiamarlo Black Lives Matter, ed è capitato che nascessero equivoci e polemiche quando le iniziative o le dichiarazioni di un singolo gruppo locale venivano attribuite all'intera organizzazione. È difficile misurare l'efficacia e i risultati ottenuti da questi gruppi, ma è certo che hanno concorso a pressoché ogni iniziativa antirazzista che in questi anni abbia ottenuto qualche risultato, anche solo mettendo in moto i social media e creando indirettamente le condizioni di contesto perché quel risultato diventasse raggiungibile. Le intense proteste proseguite per giorni in tante città statunitensi dopo l'omicidio di George Floyd, a giugno del 2020, ne hanno mostrato peraltro la capacità di mobilitare un pezzo della popolazione che va molto oltre il ristretto segmento di chi partecipa alla vita del movimento, frequenta picchetti e riunioni o si riconosce integralmente nelle proposte degli attivisti. Black Lives Matter ha cambiato la società statunitense in modi tanto evidenti quanto contestati, portando nella politica e nelle aziende – per esempio attraverso i corsi di *diversity and inclusion*, diventati comunissimi benché secondo alcuni controproducenti –[1] le idee radicali che fino a pochi anni fa restavano confinate dentro le aule di *black studies* delle università, costringendo i media a complicate rese dei conti con la propria storia e con i loro stessi organici, aprendo ovunque un gran numero di delicate e inevitabili discussioni collettive. Cambiando le cose, insomma; e in meglio.

La terza cosa è una ricchissima e opaca società non profit. Si chiama Black Lives Matter Global Network Foundation, che per iscritto i giornali sintetizzano usando l'impronunciabile acronimo BLMGNF. È nata nel 2013 dalle tre donne che avevano creato e reso popolare lo slogan, cioè Patrisse Cullors, Alicia Garza e Opal Tometi, che nel frattempo ha scelto di farsi chiamare Ayo in omaggio alle sue origini nigeriane. L'obiettivo dichiarato della BLMGNF era mettere in collegamento i vari gruppi locali, condividere le forze e le esperienze, promuovere iniziative nazionali e ottimizzare la raccolta fondi creando un soggetto-ombrello che potesse intrattenere relazioni con la politica e con le aziende. La fondazione non ha nessun potere sull'uso del nome Black Lives Matter, ma i gruppi locali che vogliono ricevere sostegno logistico e finanziario devono sottoscrivere una dichiarazione di principi e obiettivi, così da entrare nel network nazionale e diventare dei *chapters*. Essere o non essere riconosciuti dalla casa madre, insomma, fa un'enorme differenza: e tutto questo è abbastanza unico. Negli anni Sessanta esistevano tante organizzazioni antirazziste, e tante persone partecipavano a iniziative e proteste pur non facendo parte di alcuna organizzazione: quando si parlava di «movimento per i diritti civili» si voleva descrivere generalmente l'insieme di questi soggetti così eterogenei, da Martin Luther King a Malcolm X, da Angela Davis a James Baldwin. Non esisteva, insomma, un'organizzazione non profit chiamata Movimento per i Diritti Civili, con proprietari, dirigenti, portavoce e *fundraiser* professionisti; così come esistono il femminismo e i gruppi femministi ma non esiste la Fondazione Femminismo a coordinarne i lavori. Nel caso di Black Lives Matter, invece, uno slogan universale di liberazione è anche il nome di una società ben precisa; il nome del variegato movimento antirazzista statunitense è anche il nome di una fondazione che ne rappresenta la causa. E soprattutto, che raccoglie denaro.

Nei giorni successivi all'omicidio di George Floyd, l'organizzazione ricevette donazioni da pressoché ogni angolo del pianeta, da milioni di persone addolorate da quello che era successo e desiderose di fare la loro parte, o di poterselo raccontare. Ricorderete poi quanti in quei giorni pubblicarono sui social media una fotografia quadrata e interamente nera, di solito accompagnata dall'hashtag #blacklivesmatter. Voleva essere un modo benintenzionato per mostrarsi solidali con le persone afroamericane, forse anche per confortarsi reciprocamente in un momento di solitudine e disperazione collettiva; ma era anche un gesto vuoto, autoriferito, privo di conseguenze. L'esempio perfetto dell'attivismo social che diventa performance individuale, un pezzo come tanti altri nella costruzione dell'immagine che scegliamo di dare di noi sui social media, peraltro portato a casa con lo sforzo di un copia e incolla. Anche molte grandi aziende listarono a lutto i propri profili social, ma il cordoglio digitale per quei colossi non era sufficiente. Le giornate erano frenetiche, Trump ne diceva una ogni due ore, le persone erano confinate in casa e incollate agli schermi, a tutti era richiesto di schierarsi, di dire qualcosa, di fare qualcosa. Le aziende dovevano reagire rapidamente, fornire ampie garanzie del proprio trovarsi dalla parte giusta della storia, comunicare i propri valori... non fosse altro che per proteggere il business, ma comunque sempre proclamando sincerità e impegno solenne per la comunità. E se vuoi che i tuoi clienti ti sappiano al loro fianco nella lotta antirazzista, cosa c'è di più facile da comunicare e rapido da realizzare di una ricca donazione a Black Lives Matter? Dopo l'omicidio di George Floyd, la fondazione BLMGNF ricevette donazioni per milioni e milioni di dollari da Coca-Cola, Amazon, Airbnb, Google, Intel, Microsoft e moltissime altre. Persino due milioni dalla band sudcoreana dei BTS. Briciole, certo, per chi ragiona in miliardi di dollari: fu la loro versione del quadrato nero da pubblicare sui social. Tanto che nella foga di quei giorni, tradendo la fretta e una certa eloquente impreparazione, aziende come Apple, Google e Microsoft fecero donazioni per quattro milioni di dollari anche a un'altra organizzazione sconosciuta che non aveva alcun legame con la BLMGNF, solo perché aveva un nome simile.[2] Ma questa è un'altra storia.

L'unica cosa che si potesse dire della vera BLMGNF, all'epoca, è che esisteva. La fondazione aveva una sola dirigente e amministratrice, Patrisse Cullors. Non era chiaro se ci fossero altri dipendenti o dirigenti, Garza e Tometi erano andate via due anni prima. Soprattutto non era chiaro quali fossero le sue attività al di là del garantire quella striminzita presenza sul web e sui social, che dava visibilità alle iniziative locali e pubblicava di tanto in tanto materiali di comunicazione e comunicati stampa, e raccogliere montagne di denaro.

A novembre del 2020 dieci gruppi locali di Black Lives Matter pubblicarono una lettera aperta alla BLMGNF, chiedendo trasparenza e condivisione nella gestione dei fondi, dopo che per mesi erano circolate lamentele e proteste perché solo una piccola parte dei soldi incassati dalla fondazione era arrivata effettivamente ai *chapters*, che intanto facevano il lavoro sporco sul territorio.[3] Gli attivisti locali trovavano particolarmente odioso che quel denaro venisse raccolto anche utilizzando le fotografie e le storie di persone uccise dalla polizia, visto che ai gruppi locali che si occupavano di quei casi, con spese tecnologiche, logistiche e legali, spesso non arrivava nulla.[4] Tre mesi dopo, in una dichiarazione obbligatoria resa al fisco statunitense, la fondazione rese pubblico di aver ricevuto donazioni per oltre 90 milioni di dollari; di questi, 20 erano stati distribuiti ai gruppi locali e poco meno di 9 erano andati in «spese operative», tra cui un milionario contratto con una società di sicurezza privata fondata a luglio del 2020 dal fratello di Cullors, che fino a quel momento lavorava come artista di strada,[5] e un altro per la produzione di «eventi live» con una società intestata al padre di suo figlio. Cullors non si era data un salario, il resto era rimasto sui conti correnti. Ad aprile del 2021 la storia arrivò sulla stampa nazionale quando emerse che Cullors, che si definisce marxista, aveva comprato in poche settimane quattro case per 3 milioni di dollari. Lei chiarì di aver usato i propri soldi, frutto di contratti appena sottoscritti con case editrici e di produzione cinematografica per lavorare a libri, film e serie tv, cosa che non placò la furia dei gruppi locali. Senza contare che Cullors aveva effettivamente comprato una casa con i soldi della fondazione, e che casa: una villa californiana da seicento metri quadrati con dodici stanze, svariati caminetti, una piscina, un bungalow e un parcheggio in grado di accogliere venti automobili, pagata tutta in una volta con 6 milioni di dollari raccolti dalla BLMGNF.[6] L'acquisto peraltro non era mai stato annunciato né incluso nei moduli fiscali, come sarebbe stato necessario. Mentre affioravano irregolarità nella gestione dei conti,[7] la fondazione tentò di evitare che la notizia finisse sui giornali, anche incaricando un investigatore privato di pedinare i giornalisti che indagavano sulla storia, e poi avanzò spiegazioni contraddittorie: la casa sarebbe servita per organizzare eventi culturali e ospitare *content creators*, ma anche per proteggere persone a rischio di ritorsioni e violenze. Spiegazioni non particolarmente convincenti, anche perché per un anno e mezzo la casa non era stata usata per nessuna di queste attività: Cullors l'aveva usata come set per i video del suo canale YouTube e ci aveva organizzato una festa di compleanno per suo figlio. Oggi non ricopre più nessun incarico dentro la fondazione, e la BLMGNF viene gestita da tre suoi ex collaboratori.

Come si diceva, non c'è azienda, ente, organizzazione, associazione, facoltà universitaria, ufficio, che dal 2020 non sia stata costretta a fare i conti con le sue discriminazioni, del passato e del presente. Decine di città hanno tagliato i fondi alla polizia, come chiedevano i movimenti di sinistra, per poi ripristinarli e anzi aumentarli quando omicidi e reati violenti sono più che raddoppiati nel giro di pochi mesi.[8] Ma intanto è diventato normale per le persone afroamericane registrare ogni incontro con le forze dell'ordine, e molti commissariati hanno vietato pratiche violente come l'immobilizzazione a terra con il ginocchio o le perquisizioni condotte «senza bussare», cioè sfondando la porta. Il dipartimento di Giustizia del governo federale ha aperto indagini su vari commissariati locali di polizia, riavviando un'attività di supervisione e indagine che era stata interrotta negli anni di Trump. La raccolta dei dati sulle aggressioni subite dalle persone non bianche è migliorata in accuratezza e qualità. Sono state rimosse decine di statue che omaggiavano colonizzatori e schiavisti, erette spesso in anni recenti in reazione al passaggio di riforme egualitarie; i nomi dei generali confederati, che durante la Guerra di secessione combatterono per difendere il diritto di possedere schiavi, sono stati cancellati dalle basi militari statunitensi. Le scuole e le università hanno aggiornato i loro programmi per includere autori, testi e punti di vista più eterogenei e diversi.

È cambiato tutto? No. Ma è cambiato molto.

Nell'anno successivo alle proteste legate all'omicidio di George Floyd, le cento aziende a maggiore capitalizzazione quotate sui mercati statunitensi hanno assunto insieme più di 300.000 persone.

Il 94 per cento non erano bianche.[9]

Un altro grande destinatario di attenzioni e donazioni in questi anni è Ibram X. Kendi, autore di una serie di libri di grande successo a metà tra il manifesto politico e il manuale di auto-aiuto: *Come essere antirazzista*, *How to Raise an Antiracist* (Come crescere un antirazzista), *Goodnight Racism* (Buonanotte razzismo), *Antiracist Baby* (Bambino antirazzista). A lungo noto soltanto nel mondo accademico, Kendi è riuscito a fondere due dimensioni: quella di professore universitario e quella di personaggio pop, quasi di influencer. Dal 2020 capita che i suoi libri – usciti anche in edizioni illustrate per bambini – vengano letti nelle scuole, o che lui vada a parlarne alla tv del pomeriggio; e non c'è corso aziendale di *diversity and inclusion* che non si basi anche sui suoi testi. Kendi promuove quella visione del mondo nota come *critical race theory*, che fa litigare gli americani da anni: l'idea che il razzismo sia talmente integrato in ogni meccanismo della società che porsi l'obiettivo di eliminarlo, di raggiungere una società *color blind*, che non veda il colore della pelle, sia illusorio nel migliore dei casi e pretestuoso nel peggiore, un modo come un altro per far finta di adottare provvedimenti mentre si protegge il privilegio dei bianchi. La tesi parte da un assunto incontestabile: il razzismo pervade le società contemporanee in profondità, e in un posto con la storia degli Stati Uniti esiste a prescindere dalle scelte e dai comportamenti delle persone. Le regole del gioco sono truccate a loro sfavore, quindi la condizione di svantaggio delle minoranze è sistematica. I più radicali sostenitori di questa tesi ritengono però che questa realtà renda il razzismo un problema insuperabile, irrisolvibile: e in alcuni casi hanno teorizzato che siano elementi caratteristici della cultura bianca anche il culto del pensiero razionale e le relazioni causa-effetto, l'idea di etica del lavoro, l'importanza data al metodo scientifico, la supremazia dei dati sulle emozioni delle persone, persino l'idea che sia meglio arrivare puntuali agli appuntamenti. Lo sosteneva per esempio un pannello esposto al Museo di storia afroamericana dello Smithsonian, a Washington DC, prima che la cosa arrivasse sui giornali e venisse frettolosamente rimosso.[10] In un contesto del genere, i bianchi sono intrinsecamente oppressori e i non bianchi sono intrinsecamente oppressi: ogni forma di diseguaglianza, ogni squilibrio, ogni ingiustizia, ogni conflitto, in sostanza ogni fatto del mondo, non può che spiegarsi innanzitutto con il razzismo. La società integrata descritta da Martin Luther King, che sognava il giorno in cui i bambini neri avrebbero giocato con i bambini bianchi, secondo il pezzo più influente del moderno movimento antirazzista statunitense sarebbe un imbroglio, poiché sarebbe impossibile in quel contesto trattare le persone allo stesso modo a prescindere dal colore della loro pelle, sia sul piano personale che negli interventi politici. L'unica società giusta possibile sarebbe quindi una società che preveda rigidi sistemi di quote, discriminazioni positive, vantaggi sistematici e spazi sicuri – tradotto: separati – per le persone a vario titolo oppresse. Che richieda una continua polizia delle parole e del linguaggio, che escluda la possibilità di cambiare la cultura dei bianchi ma contemporaneamente li costringa a una perenne ammissione di colpa. Potremmo discutere a lungo su come sia accaduto che questa sia oggi la proposta offerta dalla sinistra statunitense: non è questo il luogo adatto, ma non sarebbe giusto nemmeno far finta di niente. Prendiamone atto, e andiamo avanti.

A giugno del 2020, durante le giornate elettriche delle proteste seguite all'omicidio di George Floyd, l'Università di Boston annunciò la creazione del Center for Antiracist Research, un ambizioso centro di ricerca antirazzista la cui direzione sarebbe stata affidata a Ibram X. Kendi allo scopo di formare una nuova generazione di americani pronta a superare razzismo e diseguaglianze. In tre anni il centro ha raccolto finanziamenti per oltre 50 milioni di dollari, ma alla fine del 2023 ha licenziato la metà del personale, i dipendenti lamentano di essere stati sfruttati e l'università ha aperto un'inchiesta per la cattiva gestione dei fondi.[11]

Anzi, facciamolo quel discorso sulla sinistra statunitense e sull'identità, perché altrimenti è impossibile capire questo paese. Per via di una lunghissima serie di ragioni storiche, economiche e culturali, su alcune delle quali siamo già inciampati in questo testo, molte peraltro ancora oggetto di discussione e indagine, negli Stati Uniti la sinistra non ha mai davvero avuto un impianto politico e culturale socialista, marxista, come accaduto in gran parte del mondo e ovunque in Europa; in particolare ha preferito fare ricorso a categorie diverse dalle classi economiche e sociali come strumento di lettura e interpretazione della società, soprattutto a quelle legate alle caratteristiche innate delle persone.

L'immigrazione di massa da ogni parte del mondo, la schiavitù, il capitalismo come unica vera religione, il bipartitismo sono alcune di quelle ragioni. Ma fatto sta che negli Stati Uniti i partiti socialisti e comunisti non hanno mai contato granché, e la sinistra alle classi ha sempre preferito le identità. Quella etnica innanzitutto, ma non solo. L'intera o quasi elaborazione culturale globale attorno alle questioni di genere arriva dalle università statunitensi, così come la scienza dei pronomi e le lettere che periodicamente allungano in tutto il mondo l'acronimo che comincia per LGBT. E avrete notato quanto i media statunitensi siano ossessionati dalle generazioni, quando raccontano la società: i millennial, la Gen Z, i boomer, eccetera. È sempre una questione di identità più che di soldi; di identità più che di idee; di identità più che di comportamenti; di identità più che di ogni altra cosa; di chi sei più che di cosa fai, di cosa ti succede, di quanto hai.

In un questionario somministrato nel 2022 a oltre mille docenti universitari di ruolo e a contratto dell'Università di Harvard,[12] il 45 per cento si è definito «di sinistra» e un altro 37 per cento si è descritto come «molto di sinistra». Il 16 per cento si è definito «moderato». Solo l'1,4 per cento si è definito «conservatore». Nessuno si è definito «molto conservatore».

L'influenza globale delle università statunitensi sulle questioni identitarie e razziali si intuisce anche dalla penetrazione di espressioni e teorie accademiche nel gergo dell'attivismo internazionale, nei caroselli pubblicati su Instagram dagli influencer, sui cartelli esposti durante le manifestazioni, nei prodotti culturali e di intrattenimento, anche a oceani di distanza, anche in Italia. Formule e concetti come *racial profiling* o il suo calco italiano «profilazione razziale», l'invenzione del verbo «razzializzare» come calco di *racialized*, la vittimizzazione secondaria, il *tone policing*, il *similarity bias* e il *confirmation bias*, il *body shaming*, i *trigger warnings*, il *white privilege*, il *mansplaining*, il concetto di intersezionalità e quello di abilismo, parole come «alleati», «validare», «neurodivergenza», Karen, *BIPOC*, *latinx*, *gaslighting*, *cisgender*... vengono tutte, ma proprio tutte, dagli Stati Uniti.

Le ricette, le strategie e le soluzioni proposte dalla sinistra accademica statunitense possono piacerci o meno, ma non si può negare che il razzismo e le questioni identitarie pervadano in profondità ogni aspetto della società statunitense. Altrimenti non sarebbe possibile, per esempio, sovrapporre una mappa delle odierne preferenze di voto dei cittadini dell'Alabama con una dei sedimenti del Cretaceo sullo stesso pezzo di terra. Sovrapporle perfettamente.

Nel Cretaceo gli animali che dominavano il mondo erano i dinosauri, i primi ominidi non sarebbero apparsi ancora per decine di milioni di anni. Non esisteva nemmeno il continente americano, cento milioni di anni fa: la parte orientale e quella occidentale del Nordamerica erano separate dal mare. Quando l'acqua si ritirò e le due zolle diventarono un solo continente, restò un terreno insolitamente ricco di calcare e altri minerali. Nel pezzo di terra che oggi conosciamo come Alabama, i sedimenti del Cretaceo sono disposti su una fascia che taglia lo Stato orizzontalmente: è la terra nota come *Blackland Prairie*, la prateria della terra nera, perché quei sedimenti hanno reso il suolo particolarmente fertile. Per lo stesso motivo, è la stessa fascia di terra nella quale dal Settecento in poi sono sorte le fattorie e le piantagioni più grandi, incidentalmente anche quelle con il più alto numero di schiavi. Per lo stesso motivo, è ancora oggi la stessa fascia di terra con la maggior presenza di persone afroamericane in quello Stato. Per lo stesso motivo, visto che le persone afroamericane oggi votano in larga maggioranza per il Partito Democratico, è la stessa fascia di terra – e l'unica, in Alabama – in cui Joe Biden nel 2020 ha battuto Donald Trump. Non è il modo più pratico per ottenere questa risposta, ma ecco: chi vuole sapere in quali contee del sud vincano i Democratici e in quali vincano i Repubblicani può cercare la mappa dei sedimenti del Cretaceo.[13] E tutto per via del colore della pelle delle persone.

Quando l'attività politica si sviluppa quasi esclusivamente attorno a temi legati all'identità personale, *things are bound to get ugly*, direbbero gli americani: non può che andare a finire male. La politica è fatta di alleanze strategiche, di accordi e compromessi, di mediazioni tra posizioni diverse allo scopo di ottenere un risultato, di pragmatismo, di conquiste che comportano sempre anche rinunce, altrimenti non sarebbero possibili: di miglioramenti incrementali. Ma quali compromessi saranno mai accettabili, se non riguardano le idee delle persone ma le loro caratteristiche intrinseche, quello che sono? Quali compromessi saranno mai accettabili se la purezza ideologica è l'ingrediente indispensabile di ogni lotta, e ogni negoziato diventa una resa dei conti, e ogni concessione o imperfezione è considerata il più imperdonabile dei tradimenti? È impossibile per un movimento adottare nelle sue lotte il criterio della massima intransigenza senza che i suoi aderenti utilizzino il medesimo criterio nella vita interna del movimento stesso, nonché le stesse strategie basate sul *call out*, sullo *shaming*: sulla pubblica esposizione e denuncia di un problema come unica e necessaria soluzione per risolverlo. E quindi non c'è organizzazione di sinistra che negli ultimi anni non abbia affrontato gravi tumulti, lacerazioni e contestazioni interne, che in qualche caso ne hanno determinato la paralisi proprio durante momenti cruciali della vita del paese o hanno fatto parlare apertamente di «implosione».[14] È accaduto, per esempio, al Guttmacher Institute e a Planned Parenthood, due fra le principali organizzazioni per la salute riproduttiva delle donne, e a organizzazioni ambientaliste come il Sunrise Movement e il Sierra Club; a gruppi antirazzisti come Color of Change e ad altri femministi come Time's Up. Invece che rallegrarsi della popolarità di Alexandria Ocasio-Cortez, la famosissima e seguitissima giovane deputata socialista, i Democratic Socialists of America hanno discusso se espellerla dal gruppo per via della sua collaborazione con l'amministrazione Biden; e al senatore socialista Bernie Sanders, dopo una lunga serie di agitazioni interne al suo comitato durante la campagna elettorale del 2020, capitò di dare un'istruzione precisa ai suoi collaboratori: «Basta reclutare attivisti nei nostri staff».[15]

Visto che non prevede sfumature, non è raro poi che questa precisione dogmatica provochi di tanto in tanto un corto circuito. È accaduto nel 2017, quando l'American Civil Liberties Union, una storica organizzazione che per oltre un secolo ha protetto il principio della libertà di espressione, costruendosi un rispetto trasversale attraverso la difesa di chiunque fosse minacciato di censura per le proprie idee, anche se quelle idee erano impresentabili, ha difeso in tribunale i gruppi di estrema destra che volevano organizzare un corteo. Ci fu una ribellione interna dei dipendenti e volontari più giovani: i dirigenti più esperti parlarono di una generazione «che non attribuisce grande valore alla libertà di parola, rendendo più difficile per loro stessi esprimere opinioni divergenti dall'ortodossia progressista».[16] Ed è accaduto ancora nel 2023, quando anni di campagne contro le violenze sessuali nei campus universitari e sull'importanza di non mettere in discussione le testimonianze delle donne – *believe all women* era lo slogan – sono andate a schiantarsi contro gli stupri delle donne israeliane da parte dei miliziani di Hamas, messi ampiamente in discussione dal mondo accademico statunitense; e quando, dopo aver scritto nei regolamenti di facoltà che «usare i pronomi sbagliati» costituisce «abuso» e che il «ciseterosessismo» è una forma di «violenza», le università hanno tentennato di fronte alle richieste di condannare le aggressioni contro gli studenti ebrei, il negazionismo della Shoah e gli inviti alla cancellazione di Israele.[17] Anche questa è stata un'implosione, è ancora in corso: le università più prestigiose hanno perso centinaia di milioni di dollari di fondi da aziende e filantropi statunitensi, le audizioni parlamentari dei rettori sono state giudicate imbarazzanti da Repubblicani e Democratici, la presidente della University of Pennsylvania si è dimessa, la rettrice di Harvard pure, la stampa di tutto il paese ne ha parlato per mesi.

Le nazioni da cui arrivano le maggiori donazioni alle università statunitensi, miliardi di dollari ogni anno, sono Qatar e Arabia Saudita.[18]

Un documentario prodotto da Netflix nel 2023 racconta la storia della famosa regina egizia Cleopatra. Per interpretare Cleopatra è stata scelta un'attrice nera, e gli storici e archeologi egiziani hanno protestato moltissimo: Cleopatra aveva origini greche e aveva la pelle chiara.[19] La risposta della produzione angloamericana è stata rivelatoria, nel suo candore: il documentario voleva raccontare la storia di una «regina nera», e pazienza se Cleopatra non lo era, visto che era «culturalmente nera» e comunque «esempio di oppressione, sfruttamento e sopravvivenza».[20] Cleopatra. Qualcosa di simile è capitato in Tunisia per un film su Annibale, anche in questo caso interpretato fra molte polemiche da un attore afroamericano, Denzel Washington.

Diego è un nome immaginario, ma la storia è vera.[21] Diego è un adolescente che vive in una piccola città statunitense indistinguibile da mille altre. Suona la chitarra, scrive canzoni, ascolta Taylor Swift. Indossa le Jordan, ogni settimana impara un nuovo *trick* per lo skateboard, va in campeggio con i genitori d'estate – lui bianco, lei no. A sedici anni, Diego ha fatto una grossa cazzata. Una sera d'estate si era ubriacato a una festa, non gli capitava spesso, non sapeva gestirsi. Era su di giri e non aveva freni. Circondato da tre o quattro ragazzi, aveva estratto il cellulare dalla tasca e aveva mostrato una foto della ragazza con cui stava uscendo, Fiona. Nella foto Fiona era nuda. Gliel'aveva mandata lei, e non perché la mostrasse agli amici. Diego e Fiona avevano cominciato a uscire durante la pandemia, nei pomeriggi trascorsi insieme dopo le lezioni a casa davanti a uno schermo. La festa del disastro era stata una delle prime occasioni di socialità dopo diciotto mesi di isolamento forzato, ma quella sarebbe stata l'ultima estate a casa: il nuovo anno scolastico sarebbe iniziato in presenza. Ci fu un po' d'agitazione a scuola, nei primi giorni, come se qualcuno avesse messo mano al livello del volume. I ragazzi e le ragazze erano sovreccitati, qualcuno cantava nei corridoi, altri litigavano. Ai docenti capitò di notare una regressione delle loro abilità sociali, nella reazione a una battuta sarcastica o a una domanda complessa, nella tolleranza per qualsiasi cosa potesse metterli a disagio. Nel giro di poche settimane, cominciò a circolare una voce su quello che Diego aveva fatto alla festa, d'estate. Stava ancora con Fiona, che fu raggiunta dalla storia ed era comprensibilmente furiosa. Diego si scusò e poi si scusò ancora, disse che si vergognava del suo comportamento, che aveva fatto una cosa sbagliata, che non sarebbe più accaduto; Fiona lo mollò comunque, e come darle torto. Nel giro di pochi giorni, però, la voce su Diego alla festa raggiunse tutta la scuola. I suoi amici smisero di parlargli. A scuola veniva segnato come presente e poi mandato a studiare in biblioteca, perché le classi si rifiutavano di fare lezione se c'era lui. Nei corridoi tutti si giravano dall'altra parte o gli rivolgevano delle occhiatacce. Sui social circolavano post con il suo nome e una sua foto, lo indicavano come un molestatore da cui stare alla larga, una minaccia. Ragazzi e ragazze li facevano circolare tra loro con il messaggio *stay safe*, fate attenzione, oppure per arringare compagni e compagne di lotta: fare finta di niente vuol dire condonare la cultura dello stupro. Diego smise di andare a scuola e non uscì da camera sua per giorni, mangiando poco, dormendo meno; un po' odiava se stesso e un po' odiava quello che gli stava succedendo. I suoi genitori andarono a parlare con il preside, inutilmente. Un mese dopo, a novembre, qualcuno tappezzò i muri dell'istituto con decine di volantini sormontati da una grande scritta rossa: FUORI I MOLESTATORI DALLA SCUOLA. Erano decine, nei corridoi, nei bagni, sulle bacheche, ed erano parte di una protesta organizzata nei giorni precedenti. Gli studenti avrebbero marciato fuori dalla scuola durante l'orario delle lezioni, per manifestare quanto non si sentissero «al sicuro» e contestare i fragili strumenti adottati dalla scuola per proteggere alunni e alunne dalle molestie sessuali (una delle richieste era inserire «un Linktree» nella bio del profilo Instagram della scuola, per rendere raggiungibili informazioni e servizi per chi ha subito violenza). Molte ragazze si erano vestite di rosso, come erano state invitate a fare sui social nei giorni precedenti; alcune si erano scritte sulle braccia slogan come VOGLIAMO SCUOLE SICURE o SONO UNA SOPRAVVISSUTA. Nel bagno delle ragazze, poi, qualcuna aveva scritto su un muro con un pennarello: PERSONE DA CUI STARE ALLA LARGA. Seguiva una lista di sette nomi, Diego c'era. La lista fu fotografata e nei giorni seguenti circolò moltissimo sui profili degli studenti, intanto qualche nome veniva aggiunto e qualche altro cancellato, altri venivano menzionati sui social, alla fine furono una ventina. Nonostante continuasse a scusarsi e a dirsi cosciente della gravità di quello che aveva fatto, Diego fu cacciato anche dagli incontri di un'organizzazione giovanile che frequentava. La madre andò a protestare, disse che nessuno aveva mai accusato formalmente Diego di molestie sessuali. Le risposero che il punto non era cosa Diego avesse o non avesse fatto, perché purtroppo gli altri ragazzi dicevano di non sentirsi al sicuro in sua presenza e non avrebbero partecipato se ci fosse stato lui. Gli incontri si tenevano tutti online.

Fra gli altri ragazzi i cui nomi erano apparsi nella lista, in maggioranza non bianchi come Diego, le cose non stavano andando meglio. Uno era scappato di casa due volte. Un altro si ritrovò la madre a dormire in camera con lui, perché non si facesse del male. Ogni tentativo di costruire un «percorso riparativo» andava a vuoto: l'idea che la scuola potesse creare e supervisionare le occasioni per un chiarimento o delle scuse era considerata provocatoria, scandalosa, un modo per traumatizzare nuovamente le vittime, che comunque non potevano certo essere obbligate a partecipare a quegli incontri. Un consulente esterno chiamato dalla scuola rinunciò all'incarico. Il preside spiegò ai genitori che gli studenti non nutrivano necessariamente rancore nei confronti di Diego e gli altri, «ma le pressioni sociali che subiscono sono così forti che essere associati a loro gli causerebbe troppi problemi».

Diego vedeva di tanto in tanto solo due amici, Jenni e Dave. Conoscevano la situazione – tutta la città la conosceva – ma frequentavano altre scuole. Jenni si copriva la faccia con il giubbotto, quando era in macchina con Diego, ma una volta un compagno di scuola li fotografò insieme su un autobus e nel giro di poco smisero di parlare anche con lei. Dave invece fu «cancellato» – questa è l'espressione che usano gli americani – perché dopo una gita scolastica aveva pubblicato un paio di foto buffe che si era scattato con Diego. Iniziò a pranzare da solo in macchina. Un giorno Diego andò a fargli compagnia davanti alla sua scuola, un tizio lo riconobbe e minacciò di picchiarlo se non se ne fosse andato. Durante le feste di Natale tornò a casa la sorella maggiore di Diego, che frequentava il college in un'altra città. La formazione politica della sorella era recente ed era avvenuta tra il college e i social: quindi suo padre era un bianco privilegiato e suo fratello era un molestatore. Glielo aveva urlato in macchina tornando a casa con l'albero, i suoi l'avevano fatta scendere perché tornasse a piedi. A febbraio uno studente sputò su Diego incrociandolo per le scale, Diego lo denunciò ma non c'erano testimoni e le immagini delle telecamere di sicurezza non erano chiare. Anche sua madre perse qualche amica. Tutti erano esasperati. Sia la preside che il vicepreside della scuola di Diego diedero le dimissioni, la preside disse di voler lasciare del tutto il mondo della scuola; anche il preside della scuola di Dave lasciò l'incarico. Soltanto in primavera Diego ricominciò a costruirsi un giro di amici, nonostante a scuola fosse ancora confinato in biblioteca, da solo dalla mattina alla sera, a studiare e svolgere solo prove scritte: un giro di amici che, come lui, erano stati cancellati per qualche ragione nei mesi precedenti. Una ragazza era colpevole di non aver lasciato il fidanzato, nonostante il suo nome apparisse nella famigerata lista scritta col pennarello in bagno. La voce che circolava era che il suo fidanzato avesse rapito una ragazza e l'avesse violentata minacciandola con una pistola, ma lei non lo aveva denunciato e lui l'aveva fatta franca. Qualche settimana dopo era emerso che quel nome era stato scritto per errore: chi lo aveva aggiunto si riferiva a un altro ragazzo che si chiamava come lui, ma intanto quella lista era arrivata su tutti i telefoni della scuola. Un'altra ragazza era stata cancellata perché un giorno aveva detto a un suo compagno di classe afroamericano che aveva delle «orecchie da scimmia», un commento imbecille per il quale si era subito scusata, e da allora era «la razzista»; per gestire l'ansia aveva preso a fumare erba tutti i giorni.

Quando mancavano pochi mesi alla fine delle lezioni, una nuova marcia degli studenti «contro la cultura dello stupro» raccolse poche decine di adesioni. Al ballo di fine anno Diego portò una ragazza di un'altra scuola. Durante la serata una ragazza la prese in disparte chiedendole se sapeva che Diego era un molestatore. Ritornando a casa, all'una del mattino, un gruppo di compagni di classe ubriachi lo aspettava solo per mandarlo a fanculo prima di ridersela e andare via. Diego non andò alla cerimonia di consegna dei diplomi: ancora pochi mesi e sarebbe partito per il college, a centinaia di chilometri di distanza. La ragazza dell'erba e delle «orecchie da scimmia» spiegò alla giornalista che ha indagato e raccolto questa storia per la rivista «The Cut», Elizabeth Weil, che tutta la situazione le sembrava esagerata e crudele. «Il mio cervello non è ancora nemmeno completamente sviluppato» disse. «Anzi, tutti i nostri cervelli non sono ancora completamente sviluppati. Eppure, se fai uno sbaglio, allora sei una persona cattiva. Tutti si sforzano tantissimo di essere severi, di fare quelli che sanno come bisogna comportarsi. Gli piace sentire di avere ragione. Ma non c'è nessuno spazio per crescere.» Queste comunità si occupano solo della denuncia, concluse Weil, del *call out*, ma a nessuno interessa dare alle persone lo spazio per imparare, per cambiare. Chi può sopravvivere all'adolescenza, in condizioni come queste?

Pochi anni fa, durante le ricerche propedeutiche alla scrittura di una monumentale biografia di Barack Obama, lo storico premio Pulitzer statunitense David J. Garrow trovò un testo che il futuro presidente aveva scritto non ancora trentenne, poco prima di laurearsi a Harvard all'inizio degli anni Novanta, insieme a un collega destinato a diventare un professore di economia, Robert Fisher. Duecentocinquanta pagine, mai pubblicato, si intitola *Transformative Politics* ed è un manifesto politico appassionato e diretto: molto più diretto di quanto probabilmente Obama sia poi stato durante la sua carriera politica. È rivolto innanzitutto alla sinistra statunitense, giudicata ipocrita nella sua strombazzata difesa della democrazia nonostante la continua richiesta alla magistratura di consegnarle in tribunale, un ricorso dopo l'altro, le vittorie che non riusciva a ottenere politicamente. «I progressisti parlano bene della democrazia» scrivevano Obama e Fisher, «ma non sembrano crederci davvero.» Eppure, proseguivano, «proprio perché la società statunitense è razzista, non possiamo realisticamente aspettarci che l'America bianca faccia grandi concessioni nei confronti dei neri. Proprio i neri che insistono con più fervore sulla pervasività del razzismo bianco, poi adottano una strategia la cui efficacia dipende interamente dal senso di colpa dei bianchi», con l'idea che un giorno si combatterà lo scontro finale tra buoni e cattivi – non accadrà: le cose si conquistano un passo per volta –, oppure che «un giorno i bianchi si sveglieranno, si renderanno conto dei loro errori e ci riempiranno di risarcimenti e scuse». Uno scenario più fragile dell'altro. Per ottenere risultati bisogna invece diventare maggioranza, scrivevano Obama e Fisher, e per diventare maggioranza bisogna costruire coalizioni e alleanze con chi non la pensa su tutto come noi. Quanto ai neri: anche con i bianchi. Si può *fare* senza parlare solo di identità e di razzismo, scrivevano. Per esempio puntando sull'economia, sul lavoro, sulla classe, promuovendo politiche economiche neutre sul piano dell'etnia ma rivolte alle persone più deboli e svantaggiate. I benefici avrebbero raggiunto gli afroamericani ma anche i bianchi più poveri, consolidando le condizioni per raggiungere altri obiettivi politici comuni. L'unico problema, notavano Obama e Fisher, è che spesso sono proprio i bianchi più poveri, quelli della classe operaia, ad avere le opinioni più ostili sugli afroamericani e le norme a loro favore. «Almeno in parte» scrivevano «questo sentimento deriva da una valutazione accurata: sono loro che rischiano di perdere terreno in ogni eventuale redistribuzione delle opportunità.» Mica i bianchi ricchi.

I parchi nazionali statunitensi hanno un problema che non riescono a risolvere: sono frequentati quasi esclusivamente da bianchi. Tra le centinaia di milioni di visitatori annuali, la percentuale di visitatori non bianchi è minima, soprattutto quella degli afroamericani, che stanno tra l'1 e il 5 per cento pur essendo quasi il 14 per cento della popolazione. I dati non si smuovono dagli anni Sessanta, nonostante attorno sia cambiato molto e nonostante gli sforzi dei parchi per attrarre un pubblico più vario e più rappresentativo delle persone che abitano il paese. Le ragioni sono molte, e sono legate alle discriminazioni e alla violenza subite per secoli dagli afroamericani. Salvo pochissime e recenti eccezioni, i parchi nazionali sono stati pensati da bianchi per bianchi, che ci hanno costruito sopra tradizioni, riti, culture che tra gli afroamericani non sono mai esistite. I costi e la possibilità di viaggiare furono un grande fattore di ghettizzazione, ma la stessa idea della natura selvaggia e incontaminata come affascinante, accogliente, da esplorare e ammirare, è stata a lungo ed è ancora un'idea di bianchi per bianchi. Per secoli, infatti, la natura selvaggia e incontaminata è stata anche il contesto dei linciaggi, delle esecuzioni sommarie, degli stupri, delle frustate. In uno dei focus group organizzati dall'ente nazionale dei parchi per immaginare nuove iniziative inclusive, una diciannovenne di Denver ha spiegato: «Mio nonno mi diceva che il Ku Klux Klan in montagna ci impiccava la gente. Perché dovrei andarci?».[22]

La risposta alla domanda «chi sono gli americani?» cambia con più velocità di quanto accada agli spagnoli, ai francesi o agli italiani. Innanzitutto perché gli americani aumentano: erano 315 milioni dieci anni fa, sono quasi 336 milioni adesso, le proiezioni li vedono raggiungere i 370 milioni nel 2080, ma politiche più permissive sull'immigrazione potrebbero portarli anche oltre i 400 milioni.[23] Non è soltanto una questione numerica. Dal 2000 a oggi la popolazione statunitense è cresciuta del 18 per cento, ma quella afroamericana è cresciuta del 31 per cento, quella latinoamericana dell'80 per cento, quella di origini asiatiche addirittura del 104 per cento.[24] Gli Stati Uniti stanno diventando sempre meno bianchi: tra i più giovani le minoranze sono già maggioranza, così come in quasi tutte le città più grandi. In Texas già oggi i bianchi non sono più il gruppo maggioritario, superati dai latinoamericani.[25] Da qui a vent'anni gli interi Stati Uniti diventeranno un paese con *majority-minority*: cioè in cui le minoranze insieme sono maggioranza.[26]

La regione che cresce più rapidamente è il Sud, che sta diventando quello che era stato il Nord del paese per quasi tutto il Novecento: il posto che attrae magneticamente persone da ogni altro Stato e dal mondo, quello che traina l'economia del paese. E a sud i luoghi più attrattivi e in crescita sono quelli più variegati e mescolati sul piano etnico. Gli stati che crescono sono Texas, Florida, Georgia, Arizona. Quelli che perdono popolazione sono New York, California, Illinois, Pennsylvania: la vecchia guardia. Anche la popolazione statunitense sta invecchiando, ma l'immigrazione ha un effetto ringiovanente: già oggi la generazione più numerosa del paese è quella dei millennial, che hanno superato i baby boomer.[27]

Quando si va a votare, negli Stati Uniti i Democratici vincono tra le donne e nelle città, stravincono fra gli afroamericani e sono i preferiti dai due terzi dei latinoamericani.[28] Sono il partito preferito dalle persone nella fascia da 18 a 29 anni e in quella da 30 a 44, nonché dalle persone laureate, da quelle non sposate e da quelle che guadagnano meno di 50.000 dollari l'anno (quante volte avete sentito dire negli ultimi anni che Trump piace soprattutto agli americani più poveri?). I Repubblicani vincono invece tra gli uomini e in provincia, tra i bianchi e tra gli elettori dai 45 anni in su, tra le persone non laureate, tra quelle sposate e tra quelle che guadagnano più di 100.000 dollari l'anno.[29]

Per quanto utili a capire qualcosa della società statunitense, però, queste informazioni possono essere lette in mille modi diversi, anche perché le persone scelgono per chi votare per mille ragioni diverse, non tutte completamente indagabili, non tutte completamente razionali. E poi, nel determinare le preferenze di voto di una donna cinquantenne afroamericana non laureata, o quelle di un uomo celibe laureato che guadagna più di 100.000 dollari l'anno, quale fra questi tratti pesa di più? Intrecciando dati economici e demografici con la distribuzione delle preferenze di voto, emergono chiaramente due caratteristiche in grado di prevedere meglio delle altre l'orientamento politico di una persona statunitense. La prima è l'etnia, e questo è sempre stato vero: e questo peraltro ha oggi un effetto moderatore sul Partito Democratico, il partito di gran lunga più votato dagli afroamericani, molti dei quali hanno idee conservatrici ma votano per i Democratici perché considerano il Partito Repubblicano ancora ideologicamente bianco.[30] La seconda è l'istruzione, e questa è invece una grossa novità degli ultimi dieci anni, tanto che sta ridimensionando il peso della prima.[31] I trend politico-elettorali più importanti di questi ultimi anni vedono le donne bianche e laureate delle periferie suburbane, a lungo un pilastro della base sociale benestante e borghese dei Repubblicani, passare rumorosamente con i Democratici, mentre i Repubblicani stanno facendo grossi progressi fra gli uomini afroamericani e latinoamericani non laureati.

La coalizione sociale dei Democratici è oggi sensibilmente più numerosa di quella dei Repubblicani, infatti i candidati alla Casa Bianca del Partito Democratico hanno vinto nel voto popolare in sette delle ultime otto elezioni presidenziali: non era mai accaduto nulla del genere dal 1828, cioè da quando esiste il sistema bipartitico statunitense. Da almeno trent'anni i Repubblicani sono minoranza nel paese, ma i risultati elettorali non riflettono questo predominio: sia il sistema con cui si elegge il presidente sia quello con cui si elegge il Senato prevedono correttivi che fanno pesare di più il voto degli elettori di provincia e degli stati più piccoli, mentre alla Camera la pratica di ridisegnare strumentalmente i confini dei collegi assegna da almeno dieci anni un vantaggio strutturale ai Repubblicani.

Il *nevroticismo* è uno dei tratti fondamentali della personalità umana, identificato dai più avanzati e condivisi modelli teorici della psicologia moderna. È una caratteristica innata, che possediamo innanzitutto per ragioni biologiche, ma che può essere alleviata o aggravata dalle circostanze della vita. Gli individui con una maggiore tendenza nevrotica, dice la voce italiana di Wikipedia, «hanno più probabilità della media di essere emotivamente instabili e di provare sentimenti come ansia, preoccupazione, paura, rabbia, frustrazione, invidia, gelosia, senso di colpa, umore depresso e solitudine». Il dibattito politico statunitense di questi anni non può essere adeguatamente compreso, sostiene il celebre economista Tyler Cowen, senza mettere in primo piano il concetto di nevroticismo. «Essere nevrotici non vuol dire necessariamente avere torto!» chiarisce Cowen.[32] Ma vuol dire avere paura del presente e del futuro, sentirsi soli e senza speranze, ed elaborare di conseguenza le proprie idee e azioni: «interpretare le situazioni ordinarie come minacciose e le frustrazioni minori come disperatamente difficili», per tornare alle definizioni ufficiali. È uno stato d'animo diffuso in tutto l'elettorato statunitense, ma che secondo gli studi coinvolge gruppi diversi in modo diverso. Le persone giovani sono più depresse di quelle adulte. Le donne sono più depresse degli uomini. Le persone di sinistra sono più depresse di quelle di destra.[33]

Per trovare il tratto che descrive meglio il comportamento degli elettori conservatori, dobbiamo attingere invece all'antropologia: è il tribalismo. Ovvero, dice Treccani, «l'esito identitario di gruppi in lotta per il controllo di risorse nei nuovi contesti contemporanei spesso segnati dalla dissoluzione di ideologie e istituzioni unificanti». Nel 1996 gli elettori Repubblicani che dicevano di avere un'opinione «molto negativa» del Partito Democratico erano meno del 20 per cento, oggi sono più del 60 per cento.[34] Il disprezzo per gli avversari rappresenta spesso il più forte incentivo al voto, un fenomeno che contemporaneamente sdogana i comportamenti più aggressivi, perché cantargliele diventa più importante di ottenere questo o quel risultato politico; sminuisce il valore delle proposte e dei programmi, a favore dei gesti simbolici o dal solo significato identitario; ribalta i più basilari meccanismi persuasivi della politica, perché lo stesso comportamento diventa accettabile se adottato dai miei e inaccettabile se adottato dagli altri.

Nei mesi successivi all'elezione di Donald Trump, la domanda di contenuti e prodotti culturali che spiegassero «com'è potuto accadere» era più alta che mai: e ci fu un romanzo che più degli altri fu giudicato capace di descrivere il sentimento di alienazione e rabbia della classe bianca impoverita che molti legavano alla vittoria di quell'improbabile nuovo presidente degli Stati Uniti. Il libro si intitola *Hillbilly Elegy*, in Italia è uscito col titolo *Elegia americana*, lo ha scritto un ex dirigente d'azienda che si chiama J.D. Vance. È un testo autobiografico, un memoir, come si dice, in cui Vance racconta l'infanzia vissuta in una regione dell'Ohio povera e piena di problemi, devastata dalla deindustrializzazione e dalla tossicodipendenza: una vicenda esemplare delle condizioni di un pezzo di paese a lungo dimenticato dalla politica e dai media. Il libro diventò rapidamente un caso nazionale e internazionale, raggiunse i primi posti delle classifiche, Ron Howard ne fece un film con Glenn Close e Amy Adams. Dalla sera alla mattina, Vance diventò uno dei personaggi più richiesti dalle tv e dai talk show: l'unico che avesse la credibilità per commentare il consenso popolare per Donald Trump, dal momento che quasi tutti gli altri non avevano voluto prenderlo sul serio. La reputazione di Vance non nasceva soltanto dalla sua conoscenza di quella che i media definiscono pigramente «l'America profonda», ma anche dalle sue posizioni: si definiva conservatore ma non era un tifoso di Trump, e anzi sosteneva che i piani della nuova amministrazione andavano «dall'assurdo all'immorale». Tutto piuttosto lineare.

Finché J.D. Vance non ha deciso di fare politica e di candidarsi al Senato, in Ohio. E con la stessa rapidità con cui era diventato noto in tutto il paese per il suo equilibrio, per lo sguardo critico su Trump e sul Partito Repubblicano... Vance ha cambiato idea. Su tutto. Ha cancellato i suoi tweet critici su Trump e ha iniziato a sostenere posizioni sempre più estreme, dicendosi contrario all'aborto anche in caso di stupro, esprimendo ammirazione per l'autocrate ungherese Viktor Orbán, avallando con allarmismo la teoria della «sostituzione etnica» cara ai suprematisti bianchi e unendosi a chi ha sostenuto senza prove che le elezioni presidenziali del 2020 siano state truccate a vantaggio dei Democratici. Be', ha funzionato. Oggi J.D. Vance è un senatore dell'Ohio, eletto con il Partito Repubblicano. Se Donald Trump dovesse vincere le elezioni del 2024, potrebbe far parte della sua amministrazione. Un giorno si candiderà alla Casa Bianca.

Mitt Romney, che sfidò Barack Obama alle elezioni del 2012 per il Partito Repubblicano, è uno dei pochissimi parlamentari conservatori statunitensi che considera Donald Trump un problema. Quando l'«Atlantic» gli ha chiesto di commentare l'improvvisa metamorfosi di J.D. Vance, ha detto: «Non credo di poter rispettare qualcuno meno di quanto rispetti lui».[35]

Dopo oltre un ventennio, la birra più venduta negli Stati Uniti non è più la Bud Light. Il crollo è iniziato nella primavera del 2023, con la scelta dell'azienda di coinvolgere una donna transgender come testimonial per una campagna pubblicitaria sui social media. Nel video che ha dato inizio al patatrac, l'influencer Dylan Mulvaney, vestita come Audrey Hepburn in *Colazione da Tiffany*, beveva una Bud Light da una lattina con riprodotto il suo volto e augurava buona fortuna in vista della stagione di football universitario. Mulvaney era stata arruolata dalla gigantesca multinazionale belga che controlla il marchio, Anheuser-Busch InBev, allo scopo di svecchiarne un po' l'immagine e rivolgersi ai consumatori più giovani e alle donne. Pur essendo la birra più venduta, infatti, il giro d'affari attorno a Bud Light era in declino da tempo, e i dati suggerivano che gli uomini sceglievano sempre più spesso altri marchi o altre bevande. Ma la destra statunitense è molto affezionata al marchio Bud Light e negli anni, anche grazie ai vasti investimenti dell'azienda nel marketing attorno al football e agli sport motoristici, ne ha fatto un elemento identitario: soprattutto in provincia, dove girando tra i canali con l'autoradio una stazione su tre trasmette sempre quel country contemporaneo nei cui testi banalotti appare immancabilmente la *cold beer*. La passione per la Bud Light dell'America rurale viene costantemente presa in giro dalle persone di città, e ormai avete capito il meccanismo, no? L'irrisione dei nemici l'ha consolidata ancora di più come simbolo dei «valori semplici», della «vita autentica», di quello stereotipo nel quale la destra americana cerca di identificarsi nonostante ne sia lei stessa lontanissima. La campagna di Bud Light con Dylan Mulvaney è apparsa quindi come un tradimento, una provocazione: un tentativo di trasmettere surrettiziamente un qualche messaggio sociale e infilare la politica dove non dovrebbe arrivare. Un esercito di opinionisti e influencer di destra non vedeva l'ora di dimostrare le proprie credenziali litigando con un qualche rappresentante dei poteri forti, la birra più venduta del paese non sarà Disney ma è comunque la birra più venduta del paese: e quindi ha fomentato e cavalcato le proteste dei consumatori conservatori, proclamando la necessità di un boicottaggio. Il musicista e star del country moderno Kid Rock si è fatto filmare mentre sparava a una cassa di Bud Light. I politici conservatori hanno dato il loro sostegno con qualche tweet, arrivando come sempre dopo tutti gli altri. L'azienda ha ricevuto moltissimi messaggi di insulti e minacce, qualcuno ha telefonato per dire di aver messo una bomba nella sede nazionale.

In questi casi è spesso difficile stimare le dimensioni di un fenomeno. A nome di quanti consumatori parlano, i boicottatori? I polveroni mediatici tendono a ingigantire cose molto piccole, se sono in grado di generare polemiche molto grandi. È una minoranza rumorosa? Quanto è minoranza? Nel caso di Bud Light, la risposta è arrivata dai dati di vendita. Oggi Bud Light non è più la birra più venduta del paese. Il suo marchio era il più amato dai consumatori, oggi è al quattordicesimo posto.[36] Le vendite sono scese del 28 per cento anno su anno, anche gli altri marchi del gruppo ne hanno risentito, in generale un calo senza precedenti.[37] Le grandi catene sono state costrette a fare grossi sconti pur di liberarsi delle lattine, fino a venderle a 14 centesimi l'una, e gruppi come Walmart e 7-Eleven hanno minacciato di ridurre lo spazio per Bud Light sugli scaffali.[38] L'azienda, che ha ritirato la campagna e ha gestito male le successive comunicazioni con i clienti e la stampa, ha licenziato due dirigenti del settore marketing. Il suo amministratore delegato vorrebbe evidentemente avere il potere di tornare indietro nel tempo. «La birra è sinonimo di relax» ha detto nei giorni del disastro. «Le persone non vogliono una birra a cui segua un dibattito.» Quando è sembrata prendere le distanze da Mulvaney e dalla campagna, Bud Light si è attirata critiche e boicottaggi anche da sinistra.

I diritti delle persone trans hanno preso, nel discorso pubblico statunitense, il posto che negli anni Ottanta e Novanta avevano i diritti delle persone gay e lesbiche: e non solo perché quest'ultima è considerata ormai dai movimenti conservatori una causa persa, visto che oltre il 70 per cento degli americani oggi si dice favorevole al matrimonio egualitario.[39] Qualcosa sta cambiando. Dal 2016 al 2019 il numero delle persone che negli Stati Uniti si sono sottoposte a interventi chirurgici legati alla transizione di genere è triplicato,[40] e i dati suggeriscono che da allora la crescita sia ulteriormente aumentata; nello stesso triennio è triplicato anche il numero delle persone adolescenti che si definiscono trans,[41] e i medici raccontano di un nuovo forte aumento delle richieste di aiuto avvenuto subito dopo la pandemia, che coinvolge soprattutto adolescenti di sesso femminile.[42] Cosa sta succedendo?

La spiegazione più logica di questo fenomeno è la crescente visibilità e accettazione delle persone trans da parte della società: c'è ancora moltissima strada da fare ma un paese che diventa pian piano più accogliente e inclusivo è anche un paese in cui le persone diventano pian piano più libere di rivendicare la propria identità. Il numero delle persone mancine crebbe moltissimo all'inizio del Novecento, per poi stabilizzarsi dagli anni Sessanta in poi: non perché nacquero improvvisamente molte più persone mancine di prima, ma solo perché il mancinismo non veniva più represso come in passato. Se questa risposta è convincente, però, non è possibile considerarla esaustiva. In primo luogo perché si sta osservando una grossa sproporzione fra le persone giovani che chiedono di iniziare la transizione: quelle di sesso femminile che vogliono fare una transizione verso il genere maschile sono molte di più di quelle che vogliono fare il percorso opposto. È un divario completamente nuovo – il rapporto è sempre stato più equilibrato, semmai con prevalenza opposta – e medici e scienziati finora non hanno trovato spiegazioni persuasive.[43] Inoltre, molte fra le persone che in questi anni hanno chiesto di cominciare un percorso di transizione avevano anche diagnosi di depressione, ansia, deficit dell'attenzione e disturbi alimentari o autismo, e non è sempre possibile ricostruire cosa venga prima e cosa dopo; altre sostenevano di avere disturbi di cui i medici non trovavano riscontro, dalla sindrome di Tourette alle personalità multiple.[44] Un'ipotesi è che in alcune di queste disforie di genere pesi anche una sorta di contagio sociale, soprattutto in ambienti particolarmente progressisti: è capitato che più ragazze appartenenti allo stesso giro di amiche chiedessero contemporaneamente di iniziare la transizione, anche senza aver manifestato fin lì evidenti disforie di genere. Ma siamo nel campo dell'aneddotica. Un'altra ipotesi è che almeno in qualche caso siano i problemi di salute mentale a determinare una situazione di temporaneo disagio con la propria identità di genere, soprattutto perché si parla di adolescenti: esseri umani che attraversano cambiamenti disorientanti e tumultuosi, e in cui la corteccia cerebrale non si è ancora completamente formata. È fuori discussione che tantissimi ragazzi e ragazze abbiano trovato nella transizione di genere la possibilità di riconoscersi, sollievo, speranze: e i dati mostrano quanto le persone trans siano quelle a più alto rischio di depressione e suicidio, soprattutto quando gli è impedito di esprimere liberamente la propria identità. Dall'altra parte, è altrettanto fuori discussione che sia sensato sottoporre una persona adolescente a un accurato screening psicologico prima di iniziare terapie dalle conseguenze potenzialmente irreversibili: nessuno sostiene il contrario. Ma quanto screening è abbastanza screening? E come dovrebbero comportarsi i professionisti sanitari quando la disforia di genere si accompagna a problemi di salute mentale? Come riconoscere eventuali forme di contagio sociale? Trovare le risposte a queste domande sarebbe molto complicato anche affrontando la questione col solo desiderio di ottenere risposte fondate sui fatti, accantonando le proprie opinioni politiche o le proprie posizioni di partenza, ma al momento è impossibile.

La destra statunitense, infatti, pensa di aver trovato nei

diritti delle persone trans un tema su cui segnare facilmente dei punti, e i suoi progetti sono un concentrato di violenza e transfobia. Sia tra i politici che tra gli opinionisti conservatori, un'idea granitica e infondata del binarismo di genere viene difesa con lo stesso furore con cui un tempo si parlava dei tagli alle tasse, fino a negare l'esistenza stessa delle persone trans. Decine di Stati hanno deciso di vietare l'accesso delle persone minorenni a ogni forma di transizione, a prescindere dal risultato di esami e diagnosi, con tutte le drammatiche conseguenze del caso. La necessità di difendere gli adolescenti, proclamata da chi avanza questo tipo di opinioni, è evidentemente pretestuosa: lo dimostra la richiesta sempre più frequente di vietare le transizioni di genere *tout court*, anche per gli adulti,[45] persino la libertà di scegliere il nome con cui farsi chiamare, nonché il volgare accostamento di un tema così delicato a questioni come gli spettacoli di drag queen o la censura di saggi e romanzi considerati diseducativi. Lo dimostra l'abuso strumentale di spauracchi come il detenuto stupratore che si dice donna per farsi mettere nell'ala femminile del carcere, o quello dell'atleta che sbaraglia la concorrenza ai campionati studenteschi essendo stata uomo fino a poco prima: casi che meritano sicuramente attenzione ma che altrettanto sicuramente non sono rappresentativi della grandissima parte delle persone trans né un valido motivo per liquidare le loro richieste di diritti e di aiuto. Come si può facilmente intuire, poi, un dibattito cinico sulle vite di persone fragilissime, condotto durante uno scontro ideologico da battaglia campale, non è esattamente il clima ideale per cercare risposte dalla comunità scientifica. Costrette ad affrontare una domanda in costante aumento di visite e terapie, le cliniche statunitensi si sono affidate sempre più spesso a psicologi e psicoterapeuti esterni, reclutati alla bisogna con colloqui a volte non particolarmente approfonditi, o privi dell'esperienza necessaria nelle disforie di genere. Gli studi che indagano l'evoluzione della vita dei pazienti dopo la conclusione medica del percorso di transizione sono pochissimi. Non ci sono dati che permettano di confermare o smentire definitivamente l'ipotesi sul contagio sociale, così come non ci sono sulle persone che decidono di interrompere il percorso di transizione, i cosiddetti casi di *detransition*: sarebbe utile capire quante sono, conoscere le loro storie, capire se il ripensamento è dipeso da loro o dalle molte crudeltà rivolte dalla società alle persone trans, individuare eventuali pattern, ma è impossibile farlo mentre vengono usate come corpi contundenti nella polemica politica del giorno. Anche perché, nel frattempo, i movimenti e gli attivisti che si battono per i diritti delle persone trans considerano la situazione così grave da giudicare transfobico anche solo porre queste domande, sostenendo che facciano il gioco della destra: e condannano come intrinsecamente pericolose le ipotesi che esista un contagio sociale o che sia meglio limitare l'accesso ad alcune terapie ai minorenni.

«Rischiamo di nuocere alle persone che vogliamo aiutare» ha detto Erica Anderson,[46] che è una delle psicologhe cliniche più autorevoli del paese, fa parte del comitato che redige le linee guida sulle transizioni di genere per l'American Psychological Association ed è a sua volta una donna transgender. Insomma, dice, dobbiamo indagare ancora. Eppure in questi anni gli studi che ci hanno provato sono stati oggetto di forti contestazioni da parte di movimenti e attivisti LGBT+, al punto da spingere autorevoli riviste scientifiche a ritrattare o correggere articoli dalle conclusioni incerte, provvisorie e parziali, ma privi di evidenti debolezze o mancanze,[47] sulla scorta di lettere aperte dai contenuti più politici che scientifici,[48] soprattutto quando i risultati di quegli studi non combaciavano con le opinioni di gruppi con forte capacità di pressione.[49] E ci sono ricercatori e scienziati che hanno lamentato come le fortissime ingerenze sul proprio lavoro rendano scoraggiante, diciamo, andare alla ricerca di risposte se queste possono essere potenzialmente sgradite al movimento: nessuno vuole vedere la propria faccia e il proprio nome eternati sul web accanto all'aggettivo «transfobico».[50]

Negli ultimi anni è cresciuto anche il numero di adolescenti che manifestano tic molto evidenti, come movimenti incontrollabili del corpo o suoni involontari. Anche in questo caso, si tratta prevalentemente di ragazze. Anche in questo caso il fenomeno è stato osservato negli Stati Uniti ma anche in buona parte dell'Occidente. Anche in questo caso si pensa che le sofferenze inferte dalla pandemia abbiano il grosso delle responsabilità; anche in questo caso la differenza di genere resta difficile da spiegare; anche in questo caso mancano dati uniformi e precisi. «Dopo aver trascorso mesi a studiare i pazienti e consultarsi tra loro» ha scritto però il «Wall Street Journal», «i medici specializzati dei migliori ospedali pediatrici degli Stati Uniti, del Canada, dell'Australia e del Regno Unito hanno scoperto che molte di queste ragazze avevano una cosa in comune: TikTok.»[51] Sono prevalentemente ragazze, infatti, anche le popolari influencer che raccontano su TikTok la loro vita con la sindrome di Tourette, con video che hanno miliardi di visualizzazioni. A volte esasperano i loro tic, o ne mostrano di incompatibili con la sindrome di Tourette, eppure le loro pazienti raccontano che i tic si sono intensificati o sono iniziati dopo aver visto quei contenuti su TikTok.

Le società moderne stanno finalmente liberandosi – con gran fatica ed esiti ancora contraddittori – dello stigma associato ai disturbi mentali, che sono moltissimi e diversissimi e in molti casi non impediscono di vivere una vita proficua e piena, ma tra gli adolescenti capita sempre più spesso che vengano trattati come un distintivo da indossare, un'etichetta: espressioni mediche dal significato preciso come «disturbo bipolare» e «ADHD» vengono accostate ai propri interessi nelle bio di Instagram, spesso prima dell'arrivo di una qualsiasi diagnosi ufficiale, mentre diventano virali video di valore scientifico nullo come «Soffri di ADHD se...» (una delle possibili risposte è: arrivi in ritardo).[52] Sempre in questi anni, poi, e sempre in questa intersezione tra social media, attivismo, giovani, scienza e movimenti di sinistra, si è diffusa un'interpretazione particolarmente ampia, sbrigativa e superficiale del benefico e normalizzante concetto di «neurodivergenza»: una definizione estrema che porta a mettere ogni diagnosi nello stesso calderone, a prescindere dalla sua gravità, e secondo cui *tutti* i disturbi mentali andrebbero accolti e celebrati come tali invece che, nei casi più invalidanti, richiedere cure e terapie. Per la disperazione di molti genitori, soprattutto di quelli con figli con gravi forme di autismo, che oggi vedono la ricerca arenarsi mentre esplode il numero di diagnosi.[53]

Quando le questioni identitarie rivestono quest'importanza capitale, finendo per schiacciare tutto il resto, le conseguenze non restano nel campo della teoria accademica o del dibattito fra scienziati. Uno degli esempi più eclatanti degli ultimi tempi risale a quei mesi in cui festeggiavamo i compleanni mettendo la torta davanti alla luce fredda del computer, usando la solitudine come giustificazione per soffiare davanti a uno schermo, poi avvicinavamo i bicchieri di vino alle webcam. Ricordiamo bene quei giorni, no? Faccende banali come andare al supermercato d'un tratto comportavano grandi pianificazioni. Ogni giorno una qualche bizzarra teoria ci raggiungeva sotto forma di messaggio vocale *inoltrato più volte*. A un certo punto abbiamo fatto decollare un elicottero per seguire un tizio che correva da solo in campagna. Ci siamo messi a disinfettare la spesa. Ma che dico la spesa: le strade. Ma che dico le strade: le spiagge. Ognuno può aggiungere i propri personali aneddoti sui mesi tragici e surreali in cui abbiamo attraversato l'improvvisa interruzione di ogni forma di normalità, mentre intorno a noi le persone morivano come mosche. Vedevamo il treno andare a schiantarsi e non avevamo idea di dove fosse il freno d'emergenza: nemmeno di come fosse fatto, sempre che poi esistesse, un freno d'emergenza. Urlavamo dai balconi. Ogni comportamento che oggi ci appare esagerato, paranoico o bizzarro, nel contesto dell'epoca era più che comprensibile: sapevamo pochissimo di quello che stava succedendo, di come ne saremmo potuti uscire, di quando l'avremmo fatto e in quali condizioni. Mentre adottavamo misure estreme e inedite, imponendoci sacrifici e privazioni senza precedenti e facendo i conti con ogni errore del passato, con ogni impreparazione frutto di sciatteria e burocrazia, con ogni debolezza strutturale, con tutto questo capitombolare, insomma, di nodi verso il pettine, i governi si trovavano costretti a cavalcare vecchie e nuove forme di mobilitazione comunitaria: gli hashtag associati ai decreti ministeriali che imponevano il coprifuoco, le lenzuola esposte dal balcone, le costanti narrazioni eroiche, il patriottismo da tv del pomeriggio. A volte si sono spinti oltre, facendo ricorso a una propaganda esplicitamente nazionalista. Proprio in quel contesto nervoso e precario, infatti, in quella che da tempo veniva descritta come una «nuova Guerra fredda» fra le due più grandi superpotenze mondiali, mentre le sofferenze di centinaia di milioni di persone innescavano una rabbiosa ricerca di colpevoli, al presidente degli Stati Uniti capitò più volte di parlare del nuovo coronavirus definendolo «il virus cinese» o il «virus di Wuhan». D'altra parte, quando il virus aveva cominciato a circolare fuori dalla Cina, una delle prime reazioni delle persone nelle città occidentali era stata evitare i ristoranti cinesi, poi i quartieri cinesi, poi gli acquisti online provenienti dalla Cina. Seguirono cose peggiori. Nel 2020 i reati d'odio commessi contro le persone di origini asiatiche negli Stati Uniti aumentarono del 124 per cento rispetto all'anno precedente. Nel 2021 crebbero di un ulteriore 339 per cento rispetto al record del 2020.[54] Nell'autunno del 2023 una persona su tre, tra quelle di origini asiatiche che vivono negli Stati Uniti, ha detto di aver subito una qualche forma di aggressione, abuso o violenza per via della propria etnia.[55]

A fronte di un simile pentolone di risentimento, ostilità, destabilizzazioni internazionali e dolore collettivo, furono più che sensate le precauzioni adottate in quei mesi dalle persone di responsabilità e buon senso allo scopo di limitare la retorica più bellicosa e violenta, le azioni discriminatorie, le teorie del complotto e la disinformazione che seminavano veleno, sfiducia, odio e desiderio di vendetta. Si voleva evitare che ai già complicati guai causati da un nuovo coronavirus potessero aggiungersi rivolte popolari, disordini, violenze di strada, tensioni razziali. Si voleva anche evitare che in un momento così delicato, in cui era necessario prendere decisioni complesse con rapidità, si mettessero in mezzo più del dovuto la polemica, la zizzania, le logiche conflittuali della comunicazione di massa. Abbiamo persino coniato l'orribile parola *infodemia*, no? Di questo parlavamo: di come una comunicazione irresponsabile a ogni livello – di alcuni politici, di alcuni medici, di alcuni giornalisti, di alcuni influencer – avesse peggiorato una situazione già impossibile. Nel giornalismo e tra gli scienziati qualcuno ha fatto da prezioso argine, o almeno ci ha provato, ma c'è stato un antipatico effetto collaterale. Tutte quelle sacrosante cautele, infatti, ci hanno impedito di indagare adeguatamente l'origine della vicenda che aveva innescato l'intera, spaventosa esperienza. E anzi, al contrario, hanno creato le condizioni perché diventasse impossibile studiare l'origine del virus con la stessa curiosità e determinazione che dedichiamo ai fatti più importanti, a quelli che non ci accontentiamo di spiegare con ipotesi e teorie, a quelli per cui mobilitiamo la ricerca o i tribunali, a quelli per cui chiediamo le prove. Non siamo mai andati davvero a guardare, e il dibattito nella comunità scientifica è stato chiuso prima ancora che potesse cominciare. Com'è iniziata la pandemia? Il virus si è evoluto naturalmente fra gli animali prima di fare il salto di specie verso gli esseri umani? In quali animali esattamente, e in quali condizioni? Il fatto che almeno un miliardo di persone viva in regioni del mondo dove è comune il commercio di animali vivi, ma il virus sia emerso a pochi chilometri da uno dei più grandi laboratori al mondo tra quelli che cercano, custodiscono e studiano esattamente i coronavirus, era solo una sfortunata coincidenza? E soprattutto: queste domande meritano una risposta? Ci sono cose che sarebbe il caso di imparare?

Uno degli articoli scientifici più letti e influenti di sempre si intitola *The Proximal Origin of SARS-CoV-2*, cioè l'origine prossimale del SARS-CoV-2.[56] Lo ha pubblicato la rivista «Nature Medicine», è stato letto quasi sei milioni di volte, è stato citato da migliaia di testate giornalistiche in un momento di attenzione planetaria massima attorno al suo contenuto.[57] Scritto da cinque importanti scienziati, il paper si basava sull'analisi comparativa dei dati genomici – in parole povere, sul confronto fra questo e altri virus – per concludere che, tra le origini possibili del nuovo coronavirus, «non possiamo considerare plausibile nessuno scenario che coinvolga un laboratorio». Il virus, secondo il paper, si era sviluppato in modo naturale nei pipistrelli ed era poi transitato in un'altra specie animale, un «ospite intermedio» non ancora individuato, dal quale aveva contagiato gli esseri umani.[58] Lo studio fu uno spartiacque. Il dottor Anthony Fauci, immunologo di fama mondiale e principale scienziato del governo federale statunitense, lo menzionava rispondendo a ogni domanda sull'origine del virus, che arrivasse dai cittadini, dalla stampa o dalla Casa Bianca. I siti di fact-checking lo tenevano a portata di mano, brandendolo quotidianamente contro chi alludeva a teorie del complotto e presunte responsabilità cinesi. I giornali ne raccontarono il contenuto con toni che non lasciavano spazio a ulteriori discussioni: «Una volta per tutte: il coronavirus non viene da un laboratorio».[59] Poche settimane prima un'altra autorevole rivista scientifica, «The Lancet», aveva pubblicato una lettera firmata da 27 importanti scienziati internazionali e da oltre 20mila persone comuni. La lettera, destinata anche quella ad avere diffusione e influenza globale, esprimeva sostegno ai professionisti sanitari cinesi e condannava le «teorie del complotto» che circolavano sull'origine del virus.

Gli schieramenti erano chiari, a quel punto. Da una parte gli scienziati con la loro perentoria conclusione, presentata come definitiva, raggiunta «una volta per tutte», rafforzata da una caratteristica di rassicurante comodità: non ci avrebbe avvicinati alla Terza guerra mondiale e avrebbe tenuto tutti un po' più buoni. Dall'altra il bugiardo seriale Donald Trump e i suoi sostenitori oggettivamente complottisti e intolleranti, seminatori di disinformazione e odio razziale per i propri cinici obiettivi politici. Logicamente, da quel momento in poi ogni tentativo di indagare seriamente l'origine del virus è stato etichettato come infondato e quindi pretestuoso, pericoloso, discriminatorio, oppure non è mai nemmeno cominciato nel timore di ricevere accuse così gravi e squalificanti. Qual è il problema? Ce ne fosse soltanto uno.

Era troppo presto, per cominciare. Lo studio sull'origine del coronavirus era stato pubblicato il 17 marzo del 2020, e quindi scritto nelle settimane precedenti. La lettera del «Lancet» era stata pubblicata ancora prima, addirittura il 19 febbraio, quando la pandemia non era stata ancora neanche dichiarata. Ne sapevamo pochissimo, quasi nulla, eppure sostenevamo di essere venuti a capo di una questione che avrebbe richiesto analisi ben più approfondite e complesse. Inoltre, sia lo studio che la lettera contenevano poca scienza, tutto sommato, e molte più ipotesi, descrizioni generali, dichiarazioni di principio. Mancavano prove, fatti, dati: non c'era niente, in realtà, che si potesse davvero considerare conclusivo. È sicuramente plausibile che il virus si sia evoluto naturalmente fra gli animali, e da lì abbia raggiunto gli esseri umani con un salto di specie. Ma non abbiamo mai individuato l'animale che avrebbe fatto da «ospite intermedio» tra noi e i pipistrelli, cosa piuttosto strana perché avremmo dovuto vedere intere epidemie tra gli animali prima che il virus raggiungesse noi, sulla base di quanto accaduto in passato con altri virus respiratori.[60] I primi casi di Covid documentati in Cina precedono il focolaio del mercato di Huanan, al centro delle ipotesi ufficiali sul salto di specie, e riguardano persone che non avevano avuto alcun contatto con quel luogo.[61] Non è stata trovata alcuna traccia del virus nemmeno nelle centinaia di animali testati fra quelli al mercato all'inizio del 2020, appartenenti a diciotto specie diverse.[62] Su alcuni stalli fu rilevata la presenza del virus, ma erano di venditori di pesce, frutta e verdura, e le tracce tutte riconducibili a trasmissione umana; niente sugli stalli di chi vendeva carne o animali vivi. Insomma, la teoria della trasmissione naturale del virus dagli animali agli esseri umani è plausibile, forse persino probabile: ma è appunto una teoria. E se è andata così, non abbiamo prove in grado di suggerire quando e dove nel mondo sia avvenuto il salto di specie.

Sappiamo molte altre cose, però. Sappiamo che il virus ha trovato la sua prima diffusione su larga scala fra gli esseri umani a Wuhan, in Cina. Sappiamo che a Wuhan c'è un Istituto di virologia che studia e cataloga i coronavirus;

i suoi laboratori hanno il livello di sicurezza BSL-4, previsto quando si lavora con i virus più pericolosi conosciuti per gli esseri umani. Sappiamo che il 12 settembre del 2019 il database delle decine di campioni e delle sequenze virali custodite dall'Istituto, normalmente accessibile alla comunità scientifica internazionale, è stato messo offline ed è rimasto inaccessibile per mesi.[63] Sappiamo che nei mesi immediatamente successivi, dopo aver subito un'ispezione governativa che ne aveva evidenziato grossi problemi di sicurezza, l'Istituto aveva comunicato al governo di aver rimediato aggiornando le proprie procedure.[64] Sappiamo che già dall'autunno del 2019 in molti ospedali occidentali era diventato più complicato acquistare dispositivi di protezione come mascherine e camici, a causa di ordini di inusuali dimensioni provenienti dalla Cina.[65] Sappiamo che la Cina ha sviluppato i suoi primi vaccini con una velocità considerata irrealistica o impossibile da diversi esperti, superando nei primi step anche le grandi case farmaceutiche occidentali: uno scenario ulteriormente implausibile a fronte del noto successivo fallimento dei vaccini cinesi. E l'intelligence statunitense ha detto al Congresso di avere elementi per supporre che a novembre del 2019 almeno tre ricercatori dell'Istituto di virologia di Wuhan siano stati ricoverati con sintomi simili a quelli dati dal Covid-19.[66]

Posso immaginare alcuni dei vostri pensieri. Le più forti contestazioni a quella che chiamiamo «versione ufficiale» sono effettivamente arrivate da gruppi e personaggi estremisti e paranoici, guidati soprattutto dal desiderio di attirare l'attenzione facendo scalpore, distorcendo la realtà. Gente che non crede alla tesi del mercato di Wuhan così come non crede che Barack Obama sia cristiano e che Donald Trump abbia perso le elezioni. D'altra parte, negli scorsi decenni tante pericolose malattie, dall'AIDS alla SARS alla febbre emorragica da virus ebola, sono state oggetto di infondate teorie del complotto. Le credenziali contano, ma le prove contano di più: aderire ciecamente a qualsiasi «versione ufficiale» in quanto tale non è molto diverso dall'aderire ciecamente a qualsiasi «versione alternativa» in quanto tale. Al contrario, è proprio la ricerca delle prove a smontare moltissime «versioni alternative»: l'attenzione per i fatti, la disponibilità a mettere in discussione le proprie convinzioni di partenza sulla base dei dati di realtà. Nessuna seria persona di scienza – o di giornalismo – scarterebbe a priori tutte le ipotesi tranne una, in un contesto così delicato e fumoso: anche perché i fatti di cui sopra sono effettivamente accaduti. E perché non è necessario ipotizzare fantasiosi scenari da guerra batteriologica per trovare risposte alle domande sull'origine del virus, né sostenere la tesi spericolata per cui il governo cinese avrebbe rilasciato deliberatamente un agente patogeno così pericoloso fra la propria popolazione. Il virus potrebbe essere stato scoperto tra i pipistrelli, in natura, dai ricercatori dell'Istituto di Wuhan, che lo avrebbero isolato, custodito e studiato: era il loro mestiere, e ci sono anche indizi che negli anni precedenti avessero lavorato su un virus simile al SARS-CoV-2.[67] Da quei laboratori il virus sarebbe potuto uscire, prima o dopo essere stato sottoposto a esperimenti e analisi, a causa di un errore umano o del mancato rispetto delle procedure. Non sono eventi rarissimi: è accaduto decine di volte in passato,[68] e la struttura di Wuhan aveva noti problemi di sicurezza.[69]

Siccome la realtà esercita una forza inevitabile come la gravità, col tempo le istituzioni hanno cambiato atteggiamento. Dopo una prima frettolosa indagine che aveva escluso l'ipotesi del laboratorio, condotta con mezzi limitatissimi e con l'aperta ostilità del governo cinese, e che per questo fu condannata dall'Unione Europea e dagli Stati Uniti, l'Organizzazione Mondiale della Sanità ha chiesto ufficialmente alla Cina di collaborare e aprire una nuova, approfondita inchiesta sull'origine del virus. Il direttore generale dell'OMS, Tedros Adhanom Ghebreyesus, ha detto già nel 2022 che l'ipotesi del laboratorio è stata scartata troppo in fretta e ha chiesto di poter disporre ispezioni e audizioni in Cina. «Un impiegato del laboratorio potrebbe essersi infettato anche all'esterno, mentre prelevava campioni dai pipistrelli in una grotta» ha detto Peter Ben Embarek, capo del team investigativo dell'OMS. «Tecnicamente questo scenario sarebbe comunque un incidente di laboratorio, ma confermerebbe anche le nostre ipotesi iniziali di una trasmissione diretta dai pipistrelli agli esseri umani.» Il governo cinese si è sempre opposto. A settembre del 2023 l'OMS ha reso pubblica una sua nuova urgente richiesta al governo cinese di consegnare tutte le informazioni e i dati in suo possesso sull'origine del virus. «Lo abbiamo chiesto in privato e non hanno collaborato» ha detto Tedros, «quindi siamo costretti a chiederlo pubblicamente. Non è una questione di interesse storico: conoscere l'origine del virus potrebbe aiutarci a prevenire la prossima pandemia.»[70] Robert R. Redfield, virologo che durante la pandemia ha diretto la più importante istituzione sanitaria statunitense, i Centers for Disease Control and Prevention (CDC), ha detto di giudicare la fuga di laboratorio come lo scenario più probabile, «senza implicare alcuna intenzionalità»,[71] (in base a quanto condiviso dall'FBI con la Casa Bianca, il governo cinese non era a conoscenza del rischio di una pandemia prima che il virus iniziasse a circolare tra gli esseri umani).[72] Marcia McNutt, già direttrice della rivista «Science» e oggi presidente dell'Accademia Nazionale delle Scienze degli Stati Uniti, sostiene che gli scienziati che studiano l'ipotesi della fuga di laboratorio non dovrebbero essere etichettati come complottisti.[73] Nel tempo è cambiato anche l'atteggiamento di diversi scienziati firmatari della lettera di «Lancet» che all'inizio della pandemia avevano escluso categoricamente l'ipotesi del laboratorio.[74] Alcuni sostengono, dopo nuove riflessioni, di giudicare quello scenario come minimo plausibile. Altri oggi pensano che il laboratorio sia addirittura l'ipotesi più probabile. Quasi tutti dicono di aver capito che all'epoca sapevano troppo poco per esprimere conclusioni perentorie come quelle. Ma allora perché lo fecero? Perché affrettarsi a escludere un'ipotesi tecnicamente plausibile pur non avendo elementi concreti, prove, fatti, dati? Perché fare, da scienziati, il contrario di quello che sarebbe la scienza?

Pur con grandi cautele, possiamo dare qualche risposta a questa domanda.

Nell'ultimo anno, infatti, una commissione d'inchiesta parlamentare statunitense sul Covid ha avuto accesso alle comunicazioni intercorse nelle settimane precedenti alla pubblicazione tra gli scienziati firmatari dello studio *The Proximal Origin of SARS-CoV-2* del 2020. Dalla lettura dei loro messaggi emerge che gli scienziati erano effettivamente pieni di dubbi e domande senza risposta, mentre con notevole pelo sullo stomaco si apprestavano a scrivere sulla più nota rivista scientifica del pianeta che «non possiamo considerare plausibile nessuno scenario che coinvolga un laboratorio».[75] L'ipotesi della fuga di laboratorio veniva descritta nelle loro comunicazioni private come «tutto sommato super probabile, perché stavano facendo esattamente quel tipo di lavoro e i dati molecolari sono perfettamente compatibili con quello scenario»; altri dicevano: «Non possiamo dimostrare né l'una né l'altra tesi» e che nell'origine del virus ci sono passaggi «difficili da spiegare». Questi scienziati potrebbero aver cambiato idea dopo aver scritto quei messaggi ma *prima* della pubblicazione dello studio, in un normale processo di apprendimento basato sul metodo scientifico? Crederlo è difficile, e non solo perché non è chiaro quali nuovi elementi avrebbero determinato questa convinzione, ma anche perché le comunicazioni acquisite dalla commissione d'inchiesta mostrano che alcuni scienziati partecipanti allo studio continuarono a considerare plausibile l'ipotesi della fuga di laboratorio anche mesi dopo la pubblicazione dello studio. E mostrano che sapevano benissimo quello che stavano facendo, mentre lo scrivevano. Il biologo britannico Andrew Rambaut scrisse ai suoi colleghi: «Visto il merdone che scoppierebbe se qualcuno accusasse davvero i cinesi di aver diffuso il virus, anche accidentalmente, credo che dovremmo dire: dal momento che non abbiamo prove che il virus sia stato creato in laboratorio, non possiamo sbilanciarci su quando si sia sviluppato in natura». Come se questi fossero i due unici scenari possibili. Il suo collega danese Kristian G. Andersen rispose: «Sono completamente d'accordo, è una conclusione ragionevole. Detesto quando le questioni politiche condizionano la scienza, ma è impossibile evitarlo, in queste circostanze».[76]

Torniamo alla domanda di prima: perché comportarsi così? Il dibattito che è seguito alla diffusione di questi messaggi, sia sulla stampa che nella comunità scientifica, ha individuato tre ragioni principali. La prima è la più umana e banale: la necessità di proteggere i propri posti di lavoro. La plausibilità della fuga di laboratorio – senza contare l'eventuale emersione di prove e indizi a suo sostegno – avrebbe inevitabilmente avuto grosse conseguenze nell'opinione pubblica e nella politica, portando a grandi cambiamenti nel lavoro degli istituti di virologia e dei laboratori, sia nelle procedure che nei dirigenti e nei loro poteri, oltre che plausibilmente un taglio dei fondi per le sperimentazioni sui virus. In secondo luogo, i molti progetti di collaborazione tra università cinesi e statunitensi sarebbero stati messi seriamente a repentaglio. Infine, la terza ragione: «Le eventuali prove trovate a sostegno della fuga di laboratorio avrebbero confermato le teorie espresse pubblicamente da Donald Trump e dai Repubblicani».[77] Di certo, però, la prima preoccupazione degli scienziati fu la paura delle conseguenze: il timore di quello che sarebbe accaduto cercando qualcosa, e figuriamoci se poi l'avessero trovato. È l'origine di ogni deroga ai valori in cui normalmente diciamo di credere, l'alibi che diamo sempre a noi stessi e mai al prossimo: la convinzione che in nome di un qualche «bene superiore» sia necessario fare quello che non andrebbe fatto, quello che altrimenti si giudicherebbe sbagliato. Il fisico premio Nobel Steven Weinberg disse una volta che ci sono persone buone che fanno cose buone e persone cattive che fanno cose cattive, e solo la religione riesce a far fare, di tanto in tanto, cose cattive alle persone buone. È morto a luglio del 2021, ha fatto in tempo a vedere la stessa cosa accadere altrove.

IV
Violenza

In una cultura della dominazione tutti sono educati a considerare la violenza uno strumento accettabile di controllo sociale.

bell hooks, *Il femminismo è per tutti*, 2000

Il bombardamento nazista sulla città inglese di Coventry, durante la Seconda guerra mondiale, fu devastante al punto da generare una parola nuova, un verbo nuovo, «coventrizzare», perché nessuna espressione fra quelle esistenti sarebbe stata abbastanza per descriverne le conseguenze. Il bombardamento di Dresda ci fa pensare a Kurt Vonnegut, quello di Roma a Roberto Rossellini. I bombardamenti in Bosnia provocano ancora sofferenze e tensioni. La memoria collettiva europea è scandita da guerre e battaglie: potremmo scrivere la storia del Novecento solo attraverso le vicende dei bombardamenti aerei più distruttivi. La storia statunitense è diversa dalla nostra. Si è combattuta qualche guerra sul suolo americano, le più sanguinose contro gli indigeni e i secessionisti, ma i bombardamenti aerei subiti dal paese si contano sulle dita di una mano e sono tutte ferite aperte. Il massacro di Tulsa, Oklahoma, del 1921, quando una folla inferocita di bianchi uccise centinaia di neri e distrusse un intero quartiere, anche lanciando bombe da piccoli aeroplani. L'attacco giapponese contro la base di Pearl Harbor, che sancì l'ingresso degli Stati Uniti nella Seconda guerra mondiale con tutto quel che sarebbe accaduto dopo. Qualcuno forse menzionerebbe l'11 settembre del 2001, che fu certamente un attacco aereo ma non un bombardamento.

Eppure c'è un altro caso nella storia statunitense di civili colpiti dall'alto, di bombe sganciate sulle case e sulle persone, di isolati interi rasi al suolo: è un caso molto meno noto, nonostante sia successo praticamente l'altroieri. È il caso della città che bombardò se stessa. A Philadelphia usano la data, quando devono fare riferimento a quello che è successo, perché quello che è successo lo considerano indicibile. Sono i fatti del 13 maggio 1985.

La città veniva da un periodo turbolento. Gli anni Sessanta avevano portato scioperi e contestazioni, le manifestazioni pacifiste e quelle per i diritti civili. Gli anni Settanta erano stati segnati dalle conseguenze disastrose dell'inflazione e della crisi petrolifera, con le fabbriche che cominciavano ad andare via. Gli studenti occupavano le università, di tanto in tanto scoppiava una rivolta di strada, i servizi erano scadenti, i reati molti di più di quelli odierni, il dissesto finanziario dietro l'angolo. Philadelphia era già un gran miscuglio di storie e di popoli, com'è oggi, ma c'era molta ostilità tra gruppi diversi, molta violenza. E molta criminalità organizzata, pressoché interamente in mano agli italiani, ai polacchi, agli irlandesi: controllavano lo spaccio di droga, il gioco d'azzardo, la prostituzione. Spesso anche la politica. Spesso si facevano la guerra tra loro. Alcuni quartieri erano considerati inavvicinabili. Il sistema giudiziario era sommerso. Fu in quel contesto che emerse Frank Rizzo.

Frank Rizzo era fatto come i cattivi dei film. Anzi, indubbiamente tanti cattivi dei film sono stati modellati su di lui. L'italoamericano corpulento e folcloristico, con i capelli coperti di brillantina: Frank Rizzo. Il poliziotto violento e razzista: Frank Rizzo. Il commissario che insabbia le indagini sui colleghi: Frank Rizzo. Il sindaco che si comporta come il capo dei bulli della città: Frank Rizzo. Era nato nel 1920 da genitori calabresi, il secondo di quattro figli; vivevano ovviamente nella zona sud della città, con gli immigrati. Suo padre era un poliziotto e lui scelse di fare il mestiere del padre, due consuetudini popolari tra gli italiani. Fece carriera e nel 1967 diventò il commissario di Philadelphia: logicamente, verrebbe da dire, perché Frank Rizzo era uno straordinario prodotto del suo tempo. «Sapete come vanno trattati i criminali?» spiegò una volta ai giornalisti. «*Spacco 'o capo*. Bisogna spaccargli la testa prima che te la rompano loro.» Parlava come Tony Soprano, anzi ovviamente era Tony Soprano che parlava come lui. Organizzava blitz spettacolari nelle bische clandestine e nei bordelli. Venerava la violenza. Una volta dieci agenti furono visti mentre pestavano un afroamericano che non si era fermato a uno stop, gliene diedero così tante che i loro manganelli si ruppero. La reazione di Frank Rizzo fu lamentarsi che non si facessero più i manganelli come una volta, quindi ne fece comprare degli altri con un'anima di acciaio. Lui se ne portava uno dietro anche quando non era in servizio, anche a teatro con la moglie, vistosamente. Permetteva che i suoi agenti condannati per casi di violenza e abusi restassero in servizio, diceva che erano i migliori al mondo, che avrebbero potuto invadere Cuba; intanto che operavano a Philadelphia, intervenivano con brutalità e sadismo ovunque potevano. Piccoli gruppi di manifestanti pacifici venivano regolarmente picchiati. Una volta fu indetto un sit-in, i ragazzi intendevano passare la notte in piazza con i sacchi a pelo, lui fece circondare la piazza di auto della polizia con il motore acceso, per farli sloggiare. I suoi nemici preferiti erano gli afroamericani e i «comunisti», e quando le due circostanze si presentavano contemporaneamente perdeva il controllo: una volta, durante una perquisizione di una sede delle Black Panthers, ordinò che tutte le persone venissero spogliate di ogni indumento. Giornalisti e fotografi erano stati convocati per tempo, le immagini dei militanti nudi aprirono tutti i giornali, la perquisizione non trovò nulla e anni dopo fu giudicata illegale. Ma non c'erano mai conseguenze rilevanti per Frank Rizzo, che era l'uomo più popolare di Philadelphia, né per i suoi agenti, che sapevano di poter operare nella completa impunità. Il passo successivo della sua carriera sarebbe stato altrettanto logico. «Philadelphia è una città sotto tortura» recitava un famoso spot a sostegno della sua candidatura a sindaco. «La spazzatura si accumula per le strade. I bambini hanno paura di andare a scuola a piedi. Le case abbandonate sono come pustole. Philadelphia ha bisogno di un uomo forte che faccia le cose difficili. Philadelphia ha bisogno di Frank Rizzo come sindaco.» E lo ottenne.

Frank Rizzo fu eletto nel 1971, esempio perfetto anche del politico conservatore e razzista ma del Partito Democratico, un genere oggi scomparso ma un tempo protagonista della politica statunitense. Per tutta la storia americana fino agli anni Sessanta del Novecento, infatti, il partito più antirazzista fu quello Repubblicano, non a caso il partito del presidente Abraham Lincoln che abolì la schiavitù, e rappresentava gli interessi della borghesia colta e dei ricchi industriali; i Democratici rappresentavano soprattutto la classe operaia bianca e gli imprenditori del settore agricolo, che erano però anche il pezzo più razzista della società statunitense. Le cose si ribaltarono dalla fine degli anni Sessanta del Novecento in poi, quando il presidente Lyndon Johnson firmò la legge sui diritti civili degli afroamericani, ma negli anni Settanta le classi dirigenti del Partito Democratico erano ancora piene di politici razzisti e segregazionisti come George Wallace, John Sparkman e appunto Frank Rizzo, che in breve tempo diventò il padrone della città. La polizia locale era stata plasmata da lui e lo adorava, comportandosi come il suo esercito personale; Rizzo fu anche sospettato di aver usato gli agenti per ottenere informazioni e ricattare i suoi avversari politici. I piani per costruire nuove case popolari furono accantonati, così come quelli per desegregare le scuole. I quartieri degli afroamericani furono oggetto di perquisizioni di massa, retate notturne, posti di blocco sistematici, al punto da allarmare il dipartimento di Giustizia federale che aprì un'indagine giudicando «scioccante» l'uso della forza da parte della polizia di Philadelphia.[1] In media una persona ogni settimana veniva ferita da un'arma da fuoco durante un'interazione con gli agenti. Le brutalità non erano più soltanto tollerate ma premiate, incentivate, rivendicate: le vittime avrebbero fatto meglio a non cercare guai. Gli abusi venivano ampiamente documentati dalla stampa, il «Philadelphia Inquirer» ci vinse un premio Pulitzer,[2] ma in città tutto avveniva alla luce del sole, e anzi la violenza si nutriva del risentimento della popolazione, soprattutto nei quartieri più pericolosi. Prima delle elezioni Rizzo aveva invitato i cittadini a «votare bianco», poi una volta eletto creò un'agenzia «anti-diffamazione» per difendere l'immagine di Philadelphia – e la sua, ovviamente – e colpire in tribunale chiunque lo criticasse. Quando si trattò di scegliere il nuovo capo dei pompieri, diede l'incarico a suo fratello.

Gli avversari preferiti di Rizzo erano le persone di un gruppo che si chiamava MOVE, scritto in maiuscolo benché non fosse un acronimo ma proprio il verbo *move*, muoversi. «*On the move!*» era il saluto interno all'organizzazione, che era frequentata soprattutto da afroamericani ed era nata attorno a un quarantenne di nome John Africa. O meglio, il suo nome era Vincent Leaphart, ma lo aveva cambiato in «John Africa» al momento di fondare l'organizzazione; anche tutti i membri di MOVE dovevano cambiare legalmente il loro cognome in «Africa». John Africa era un carpentiere semianalfabeta che insegnava una strana dottrina cristiano-rivoluzionaria, fu definito «anarco-primitivista». Era ostile a ogni forma di istituzione, dallo Stato alle banche alle scuole, e non ne tollerava nemmeno il linguaggio: la guerra, il razzismo, il capitalismo, tutto secondo lui era parte di un «sistema» corrotto e bugiardo costruito per opprimere tutti gli esseri viventi. Per ambire a una vera libertà, a un'idea universale di giustizia, gli esseri umani secondo John Africa avrebbero dovuto liberarsi del «sistema» e abbracciare uno stile di vita essenziale, semplice, primitivo, appunto. Evitare la tecnologia, compresa la luce elettrica, le automobili, i telefoni; eliminare sigarette, droghe, alcol. Vivere insieme, condividere le relazioni, le responsabilità, i figli, gli amori. Mangiare cibi crudi, evitare la carne a meno di non averla cacciata. Smettere di tagliare e pettinare i capelli, evitare i cosmetici e in generale i prodotti industriali. Proteggere ogni forma di vita perché nessun essere sulla Terra è superiore agli altri. L'ideologia di MOVE, per quanto scombinata, era una specie di fusione tra il *black power* delle Black Panthers e il *flower power* degli hippie, dei «figli dei fiori»: ed era riassunta nelle *Guidelines*, le linee guida dettate da John Africa in persona. MOVE era un movimento radicale ed era una setta, era un gruppo nazionalista etnico – il nome "Africa" era inteso come un omaggio alla propria terra d'origine – ma anche un'organizzazione ambientalista e cristiana. Nessuno alzava mai un dito contro nessuno, dentro MOVE, ma la renitenza verso la tecnologia e la violenza conosceva una deroga: le armi, per autodifesa.

MOVE organizzava proteste fuori dagli zoo e dai circhi, dalle centrali nucleari e dalle fabbriche più inquinanti, e anche fuori dalle riunioni politiche e dai commissariati di polizia. I leader dell'organizzazione vivevano in una comune con qualche decina di militanti, in una casa occupata nella zona ovest di Philadelphia, e i vicini li detestavano: il gruppo aveva rimosso tutti i marciapiedi attorno alla casa, per ripristinare il contatto con la natura, o così dicevano, e alcuni grossi altoparlanti trasmettevano per tutto il giorno slogan e propaganda a volume altissimo. Per la polizia i militanti di MOVE erano bersagli facili: avevano idee rivoluzionarie ma non erano pericolosi come le Black Panthers; erano afroamericani ma i primi a chiedere alla città di intervenire erano le persone esasperate che abitavano intorno alla comune, afroamericane anche loro; perfino i più ben disposti li trovavano dei picchiatelli, nel migliore dei casi. Quando quelli di MOVE venivano arrestati o malmenati, cosa che capitava di frequente, per disturbo della quiete pubblica o manifestazione non autorizzata, per disordini o resistenza a pubblico ufficiale, non arrivava grande solidarietà. Così, poco dopo l'inizio del secondo mandato di Frank Rizzo da sindaco, la città ordinò a MOVE di sgomberare la casa occupata. Seguirono proteste, ricorsi e controricorsi, anche perché la comune era piena di bambini, ma i toni di Rizzo si fecero sempre più minacciosi: mandò ispezioni su ispezioni, minacciò un blitz, poi lo ordinò. Rizzo ripeteva sempre che il bravo poliziotto non può correre il rischio di sottovalutare il suo nemico, quindi deve usare sempre il massimo della forza. L'8 agosto del 1978 la casa occupata fu circondata da un migliaio di agenti, sui tetti vicini furono posizionati i cecchini, l'acqua fu chiusa in tutto il quartiere. Quando gli agenti cercarono di fare irruzione ci furono degli spari e un poliziotto restò a terra, ucciso. Poi la polizia riuscì a entrare e sgomberare l'edificio. John Africa fu trascinato fuori per i capelli e preso a calci in faccia, un altro attivista fu picchiato mentre usciva con le mani in alto, tutti furono arrestati. Sedici poliziotti rimasero feriti nella sparatoria, ma quelli di MOVE dissero che loro non avevano sparato un colpo, perché non avevano armi: le avevano consegnate tutte un mese prima come gesto distensivo. La casa fu demolita poco dopo lo sgombero, a favore di telecamere, quindi non si poté verificare.

Al processo per la morte del poliziotto qualcuno testimoniò che l'agente era stato ucciso dal fuoco dei suoi colleghi, ma nessuno riuscì a dimostrare chi avesse sparato: nel dubbio la giuria condannò per omicidio nove attivisti di MOVE, giudicandoli collettivamente responsabili. Li chiamarono i «MOVE Nine», la lotta del movimento per ottenere la loro liberazione iniziò il giorno dopo la sentenza: ma intanto il clima della città attorno all'organizzazione era cambiato. C'era stata una sparatoria in un quartiere residenziale, c'era un poliziotto morto. Quelli di MOVE non erano più soltanto dei tipi strambi e molesti amanti della natura: bisognava stroncarli. «Dobbiamo restare vigili e assicurarci che non impongano il loro stile di vita sull'America» diceva Rizzo, come se avrebbero mai potuto: intanto però ottenne che la città considerasse ufficialmente MOVE un gruppo terrorista, e lo stesso fece la polizia, che proseguì con le sue angherie. Rizzo cercò di cambiare le regole per candidarsi a un terzo mandato, senza riuscirci; nel 1980 lasciò l'incarico e anche il più grande deficit finanziario della storia della città; quattro anni dopo provò a ricandidarsi ma perse le primarie contro Wilson Goode, un attivista e funzionario comunale che diventò poi il primo sindaco afroamericano di Philadelphia, in un'elezione fortemente segnata dalle questioni etniche e dalla pesante eredità – politica, economica, sociale – delle precedenti amministrazioni. Goode era un uomo rispettabile e modesto, una specie di anti-Rizzo che doveva parte delle sue fortune proprio al suo essere placido, incapace di nuocere, in una città in cui i bianchi erano ancora la maggioranza. Ma governare una grande città americana non era esattamente una barzelletta, negli anni Ottanta ancora più che oggi, e Philadelphia era un posto da squali. Il corpo di polizia gli era apertamente ostile, per esempio: un po' perché Goode si era fatto una carriera anche criticandone la violenza, un po' perché aveva sconfitto Rizzo alle primarie, impedendone il ritorno al potere. Al nuovo sindaco fu amichevolmente consigliato di stare alla larga dal commissariato e dagli agenti, per proteggere la sua incolumità.

Intanto, peraltro, MOVE era ancora attiva.

L'organizzazione si concentrava ormai quasi esclusivamente sulla richiesta della liberazione dei MOVE Nine, ma i suoi metodi si erano fatti più estremi. I militanti avevano occupato un'altra casa in un quartiere afroamericano ma borghese, nella zona di Osage Avenue. Di nuovo avevano installato casse e altoparlanti, ma stavolta i messaggi andavano avanti anche tutta la notte, tutte le notti, ed erano pieni di insulti e volgarità. Era successo anche la vigilia di Natale, i residenti erano furiosi, ma chi andava da MOVE a lamentarsi veniva respinto in malo modo o minacciato. Altri denunciavano di vedere bambini nudi girare per il quartiere: venivano dalla comune, sulla quale circolava ogni genere di leggenda metropolitana, dal satanismo alle armi. Le tensioni con la città erano fortissime. Goode cercava di tranquillizzare tutti, ma la polizia scalpitava – aveva un conto in sospeso con MOVE dal 1978 – e i militanti sapevano che il sindaco non contava granché. Quando gli attivisti costruirono una specie di bunker sul tetto dell'edificio, corazzando le pareti e il tetto e lasciando aperte solo alcune feritoie, il quartiere ne fu terrorizzato. Cosa stavano facendo? Volevano prepararsi a uno scontro a fuoco? Stavano organizzando un attacco? Le pressioni della stampa e del governatore della Pennsylvania si fecero fortissime, e a Goode non restò che ordinare lo sgombero.

La data fu di nuovo annunciata con un certo anticipo alla stampa e al quartiere, che era densissimo, le case una appiccicata all'altra: fu evacuato all'alba del 13 maggio 1985, un lunedì, il giorno dopo la Festa della mamma. Ai residenti fu detto che sarebbero rientrati nel giro di 24 ore, i giornalisti arrivarono mentre loro andavano via. Cinquecento agenti circondarono la casa, molti avevano già partecipato allo sgombero del 1978. Intorno a loro prese forma un cerchio concentrico di telecamere, furgoni, microfoni, antenne. Sopra volavano gli elicotteri. Le operazioni erano guidate dal commissario Gregore J. Sambor, un allievo di Frank Rizzo senza metà del suo carisma; sul posto c'era anche il segretario comunale, Leo Brooks, perché al sindaco era stato chiesto come sempre di stare alla larga. Sambor accese gli altoparlanti e afferrò il microfono della sua auto, ne tirò il filo avvicinandolo alla bocca e si alzò in piedi: «Attenzione, MOVE! Questa è l'America. Dovete rispettare le leggi e le regole degli Stati Uniti». Poi lesse i termini dei mandati d'arresto appena emessi contro i leader dell'organizzazione. «Non vogliamo fare del male a nessuno. Tutte le persone all'interno dell'edificio hanno quindici minuti per arrendersi e uscire pacificamente. Non ci saranno altre comunicazioni. I quindici minuti cominciano adesso.» Non accadde niente. Scaduti i quindici minuti, la polizia cominciò a lanciare decine di gas lacrimogeni, prendendo di mira le finestre per asfissiare gli attivisti e costringerli a uscire. Nel giro di pochi minuti l'intero edificio fu avvolto dal gas, e iniziarono gli spari: solo a chi aveva avuto esperienza della guerra era capitato di sentirne così tanti. In un'ora e mezza gli agenti spararono *diecimila* colpi contro l'edificio, addirittura esaurirono le munizioni. Nei giorni seguenti dissero che erano stati gli attivisti a sparare per primi, ma nella casa non furono trovate armi automatiche, solo quattro pistole, e quell'orchestra di spari era stata senza dubbio un'orchestra di armi automatiche. Nessuno uscì dalla casa. Allora fu il turno dei pompieri, che puntarono quattro manichette dove una volta c'erano le finestre e inondarono tutto. Nessuno uscì, ma ogni tanto si sentivano delle urla provenire da dentro la casa. Le operazioni si fermarono. Dopo molte ore l'assalto poteva considerarsi fallito. I giornalisti avevano raccontato tutto in diretta, anche quando volavano gli spari, parlando accucciati tra le auto con il microfono in mano, addirittura preannunciando le mosse degli agenti che volevano dare la massima pubblicità allo sgombero. Possiamo immaginare che le forze dell'ordine sentissero di dover salvare la faccia, quindi fu prodotto un nuovo piano. Il commissario Sambor e il segretario Brooks telefonarono al sindaco, glielo presentarono come un piano conservativo, da attuare per andare sul sicuro: un elicottero avrebbe sganciato «un dispositivo» sul bunker, così da aprire un buco sul tetto nel quale gettare altro gas lacrimogeno per costringere le persone a uscire. Goode diede il suo via libera. Qualche tempo dopo il sindaco avrebbe spiegato che non aveva capito cosa fosse quel «dispositivo». Non aveva capito, insomma, che Sambor e Brooks volevano bombardare l'edificio.

Poco dopo le 17, gli artificieri decollarono su un elicottero della polizia e sganciarono due bombe da mezzo chilo l'una sopra la comune di MOVE. Esplosivo militare C-4 e Tovex, una specie di super-dinamite usata per scavare le gallerie. Le esplosioni scossero le pareti, la terra e l'aria, ma il bunker restò in piedi: non si era bucato. Era fallito un altro piano. Pochi minuti dopo, però, sul tetto cominciò a svilupparsi un incendio. I vigili del fuoco, che avevano le manichette pronte e avevano sparato per ore acqua dentro l'edificio quando non c'era nessun incendio, chiesero istruzioni al commissario Sambor. Lui rispose: «*Let the bunker burn*». Fatelo bruciare.

Il sindaco Goode chiamò il segretario comunale un quarto d'ora dopo le esplosioni per chiedere notizie, aveva visto le fiamme in tv, chiese che fossero spente ma non accadde nulla. Non si capì mai se il suo ordine non arrivò agli agenti o se fu deliberatamente ignorato. Qualche tempo dopo avrebbe aggiunto che il segnale della sua tv era scarso, c'erano delle interferenze sulle immagini: dopo la sua telefonata gli era sembrato di vedere l'acqua cadere sull'edificio e quindi si era tranquillizzato. Invece le fiamme iniziavano ad avvolgere la casa e propagarsi negli edifici accanto, mentre i residenti, attirati dal suono delle esplosioni, protestavano in lacrime rivolti verso la polizia, temendo che anche le loro case sarebbero andate distrutte. La polizia intanto temeva che i militanti scappassero, mentre voleva che uscissero dalla porta frontale, arrendendosi: quando qualcuno di MOVE provò a scappare dal retro, gli agenti gli spararono, costringendolo a tornare dentro. Le manichette furono aperte 45 minuti dopo le esplosioni, quando le fiamme stavano ormai divorando non solo la casa occupata ma l'intero isolato, poi due isolati, con i vetri delle finestre che saltavano uno dopo l'altro. «Avevamo un problema» avrebbe detto il sindaco il giorno seguente. «Abbiamo preso una decisione. Non è andata come pensavamo.»

L'incendio si estese per diciassette chilometri quadrati e fu spento quando aveva ormai distrutto 65 case. Soltanto due persone uscirono vive dalla comune di MOVE, una donna di nome Ramona Africa e un ragazzino tredicenne, Birdie Africa. Furono trovati undici cadaveri nell'edificio: cinque bambini, due donne e quattro uomini, tra cui John Africa. I loro resti furono cremati senza neanche tentare di identificarli o contattare prima i loro parenti; le ceneri furono conservate in un magazzino comunale, dentro uno scatolone con scritto sopra «MOVE», con un pennarello. I resti di due ragazze morte nell'assedio, una dodicenne e una quattordicenne, furono affidati ai ricercatori dell'Università di Princeton per l'attività didattica dei corsi di antropologia forense. Sono stati consegnati alle famiglie soltanto ad agosto del 2022.

Il segretario comunale Brooks si dimise dieci giorni dopo il bombardamento, il commissario Sambor aspettò tre mesi. I procuratori decisero di non presentare accuse: per i fatti del 13 maggio 1985 non ci fu alcuna condanna, perché non ci fu alcun processo. Le cause civili costrinsero la città a pagare risarcimenti milionari ai residenti, a Ramona Africa e alle famiglie di due persone uccise nell'assedio. Ramona Africa fu comunque condannata a sette anni di carcere per associazione a delinquere e insurrezione armata. Il sindaco Goode ordinò la costituzione di una commissione d'inchiesta, che sentì decine di testimoni e diffuse le sue conclusioni un anno dopo. Soltanto alcuni agenti decisero di collaborare al lavoro della commissione, aggiungendo dettagli alla ricostruzione dei fatti e raccontando del desiderio di vendetta di tanti colleghi; poi si dimisero. La scelta di bombardare una casa piena di persone fu giudicata «inconcepibile» dalla commissione.

Frank Rizzo sfidò di nuovo Wilson Goode nel 1986 e fu di nuovo sconfitto. Morì nel 1991, durante la campagna elettorale per una sua ennesima candidatura a sindaco di Philadelphia. Durante l'estate del 2020, dopo le proteste seguite all'omicidio di George Floyd, la città di Philadelphia ha fatto rimuovere una statua di Frank Rizzo che era stata posizionata davanti al municipio, e un murale dipinto in suo onore sui muri dell'Italian Market. Secondo il «Philadelphia Inquirer», «l'influenza di Rizzo ha lasciato un'impronta profonda, con la quale il dipartimento di polizia di Philadelphia trent'anni dopo sta ancora facendo i conti».[3]

L'organizzazione MOVE esiste ancora, almeno formalmente, e Ramona Africa ne è la portavoce. Birdie Africa, che sopravvisse con lei all'assedio, è morto nel 2013 annegando nella vasca da bagno di un hotel. Negli anni successivi al bombardamento il gruppo limitò le sue attività alla ricerca di risarcimenti e giustizia, oltre che a chiedere la scarcerazione degli attivisti ancora in prigione per la sparatoria del 1978, i MOVE Nine. Nel febbraio 2023 hanno ottenuto l'ultima.

La squadra di football della città, i Philadelphia Eagles, è famosa per avere i tifosi più appassionati e rumorosi del paese. Quando gli Eagles vincono una partita importante, le strade si riempiono di persone in festa e tra i più scatenati la tradizione vuole che ci si arrampichi sui lampioni, sui semafori, su qualsiasi palo verticale, salendo il più in alto possibile con l'incitamento degli altri sotto. È pericoloso, ma vietarlo ovviamente non è servito a nulla. Quindi, prima che gli Eagles giochino una partita importante, il comune fa spalmare di grasso la parte bassa di tutti i lampioni, di tutti i semafori, di tutti i pali verticali nelle strade del centro della città.

Gli Eagles oggi sono una delle migliori squadre della NFL e una parte importante del merito è del suo quarterback, Jalen Hurts, che è fortissimo, carismatico, impegnato nel sociale. Eppure, per quanto Hurts sia amato e benvoluto in città, rimane un certo scetticismo di fondo nei suoi confronti; al contrario, come ha scritto un opinionista dell'«Inquirer» alla fine del 2023, «Brock Purdy a Philadelphia sarebbe un dio».[4]

Ci sono tre cose che bisogna conoscere per interpretare questa frase. La prima è la battuta di un comico, Bill Burr, che una sera del 2006 a Philadelphia si trovò davanti un pubblico ubriaco e rumoroso. Dal momento che i performer precedenti erano stati cacciati dal palco uno dopo l'altro a suon di fischi, Burr decise di dedicare il suo intero segmento a insultare Philadelphia e i suoi abitanti. Fu soprattutto un passaggio a creare scompiglio sui social e sulla stampa locale,[5] al punto che qualcuno di tanto in tanto lo cita ancora. «Siete veramente degli sfigati» disse Burr. «Voglio dire, il vostro eroe è Rocky Balboa. L'intero orgoglio della vostra città è costruito attorno a un tizio del cazzo che neanche esiste. Avevate Joe Frazier, ma è nero e non volete averci niente a che fare, e allora avete fatto una statua di merda per un cazzo di italiano alto un metro.» La seconda e la terza cosa da sapere sarebbero il colore della pelle di Jalen Hurts e quello di Brock Purdy, il formidabile quarterback dei San Francisco 49ers, ma a questo punto lo avrete intuito.

Il football americano è un gioco di contatto fisico, di forza, agilità e scontri, e quella è certamente la prima cosa che notiamo noi europei. A un primo sguardo può persino sembrare che alla disciplina manchino dei gesti tecnici sofisticati – la meccanica di tiro del basket, l'effetto dato alla pallina con una racchetta, la sensibilità dei piloti, il dribbling con la palla incollata al piede – a vantaggio di movimenti primordiali come correre, bloccare, spingere, strattonare, afferrare, lanciare il più lontano possibile. D'altra parte siamo portati a tenere gli occhi sulla palla, ed è difficile non essere colpiti innanzitutto dalle performance atletiche sovrumane dei giocatori di football, capaci di correre come fulmini nonostante la stazza, di proiettare un pallone a decine di metri da sé o rialzarsi istantaneamente dopo scontri che terrebbero me o voi a letto per settimane. Eppure alcune delle cose più interessanti del gioco del football avvengono lontane dal pallone: non a caso il titolo di uno dei più famosi manuali per la comprensione del gioco è *Take Your Eye Off the Ball*.[6] Nel caos apparente che si sviluppa in campo dopo lo *snap*, il momento in cui la palla viene messa in gioco, tutto avviene rapidissimamente e nulla per caso. I giocatori eseguono a memoria uno fra i circa *cinquemila* schemi che hanno provato e riprovato durante l'estate e che conoscono tutti a memoria, tanto che al quarterback basta urlare una parola in codice perché tutti eseguano uno di quei cinquemila schemi, armonici come una squadra di nuoto sincronizzato; se serve, adattando alla velocità della luce i loro movimenti per sfuggire all'impetuosa pressione avversaria, pensando in modo collettivo più che individuale. È uno sport di esecuzione molto più che di improvvisazione. E quando si comincia a capire il funzionamento vero del gioco, quando si comincia a notare il peso dell'organizzazione, della memoria, della comunicazione, si vede bene anche la tecnica: l'uso del braccio come una frusta, la spirale perfetta di un pallone ben lanciato, il gioco di piedi dei quarterback e la loro precisione letteralmente millimetrica, la percezione dello spazio dei difensori, la sensibilità da pianisti delle dita dei ricevitori. E si capisce perché esiste davvero una relazione tra il football e la violenza, certo: ma non perché ai giocatori capiti di farsi male. Gli scontri esistono in molte discipline sportive, così come i rischi per la propria vita.

Esiste perché il football è una metafora della guerra.

Sia chiaro, è uno sport meraviglioso. L'esperienza-stadio per il pubblico è costosa ma serena, comoda, divertente. Sia tra i giocatori che tra i tifosi si percepisce sempre una sorta di allegria cameratesca, che attutisce le rivalità, che esalta innanzitutto il desiderio di divertirsi e godersi il momento. Non ci sono rapporti di forza immutabili fra le squadre, e anzi i meccanismi di ripartizione del denaro e dei migliori giocatori premiano sistematicamente le squadre volta per volta più deboli, per avere sempre un campionato equilibrato e imprevedibile. Le partite sono spezzettate ma in questo modo sono anche piene di momenti, di episodi, e ognuno di questi può far saltare in piedi il pubblico sul divano. Capita parecchio: è molto raro che una partita sia decisa da una singola giocata, quindi potenzialmente dal caso, come succede invece di frequente negli sport a basso punteggio. Negli ultimi dieci anni, poi, il regolamento è stato cambiato moltissimo per limitare l'intensità degli scontri e rendere il gioco più sicuro. Il football può essere praticato da persone con qualsiasi corporatura, ci sono giocatori che pesano 180 chili che non sembrano atleti – ad alto livello lo sono, e incredibili – e altri che ne pesano 70, alcuni sono alti due metri e altri non arrivano al metro e sessanta. Le donne lo giocano sempre di più, soprattutto nella sua versione *flag*, senza contatto, che sarà disciplina olimpica ai Giochi di Los Angeles del 2028 (l'Italia potrà sognare una medaglia: abbiamo un movimento vivace e in crescita). Il livello di fiducia totale tra i giocatori, che in ogni azione mettono la propria incolumità e di fatto la propria vita nelle mani dei compagni, che dipendono gli uni dagli altri per la protezione dei rispettivi punti ciechi, è immenso e produce grandi storie, grandi personaggi e ottimo *content*, al punto che una battuta ricorrente sulla NFL è che ci siano dietro degli sceneggiatori, unica spiegazione possibile per lo sviluppo avvincente di quello che è indubbiamente un esempio di grande romanzo popolare americano.[7]

Allo stesso tempo, e qui torniamo alla guerra, guardando una partita di football – uno sport che ha questa enorme popolarità *soltanto* negli Stati Uniti, al contrario degli altri due sport nazionali, baseball e basket – è impossibile non notare come il calcio d'inizio somigli a una battaglia medievale, con i giocatori delle due squadre che corrono a perdifiato gli uni verso gli altri, partendo dai due estremi del campo; come ogni azione veda fronteggiarsi due linee di esseri umani, una in attacco e una in difesa, e tutto ruoti intorno al terreno guadagnato e perso giocata dopo giocata. In che modo? Lanciando un pallone come con una catapulta e poi catturandolo dietro le linee nemiche, conquistando la loro base; oppure prendendo di mira il punto più debole del bastione avversario, con la forza bruta, creando un diversivo. Nel football i ruoli sono distribuiti rigidamente: ogni giocatore è uno specialista di qualcosa. Le gerarchie sono ben definite. La strategia pesa più del talento individuale. E dimenticavo: per giocare serve un'armatura.

Un bombardamento è certamente un metodo crudele per uccidere i propri cittadini, ma non è il più creativo. Quel primato spetta probabilmente a Boston, dove all'inizio del Novecento un enorme serbatoio di melassa fu posizionato strategicamente in uno dei quartieri più poveri della città.[8] La melassa è un sottoprodotto della canna da zucchero, è viscosa quando è calda e durissima se si raffredda; si usava come alternativa allo zucchero ma soprattutto per distillare il rum e produrre alcol industriale, fondamentale per l'industria bellica. Nel giro di qualche anno il serbatoio aveva iniziato a mostrare segni di cedimento, perdite, crepe, rumori inquietanti, ma non ci fu alcuna manutenzione e così cedette, il 15 gennaio del 1919, liberando improvvisamente in città otto milioni e mezzo di litri di melassa. Fu un'inondazione in piena regola, per quanto profumasse di zucchero e dolci: l'onda arrivò a sette metri di altezza e cinquanta di larghezza, sradicò le case, seppellì chiunque incontrasse, e poi diventò dura come la pietra. Morirono 21 persone.

Negli Stati Uniti un numero anomalo di persone muore per cause violente, almeno a guardare quello che accade negli altri paesi ricchi e sviluppati. Ci sono stati 303 omicidi in Italia in tutto il 2021, cioè esattamente quelli che nello stesso anno sono avvenuti a Detroit, in Michigan: solo che l'Italia ha 59 milioni di abitanti, Detroit poco più di 600.000. Nello stesso anno ci sono stati 734 omicidi in Francia, poco meno dei 748 dell'Alabama: ma la Francia ha 68 milioni di abitanti e l'Alabama appena cinque. Fate voi le proporzioni. Non ci sono simili squilibri per i reati contro la proprietà o contro la pubblica amministrazione, per quelli legati allo spaccio di droga o per l'evasione fiscale. Li ritroviamo invece se guardiamo ai reati violenti, anche escludendo gli omicidi: aggressioni, rapine a mano armata, stupri.

Ogni tanto gli americani cercano di spiegare queste anomalie con la storia violenta del paese, dal genocidio dei popoli indigeni ai suoi quattro secoli di schiavitù; ma la storia europea non è meno violenta di quella statunitense, e gli schiavi non erano certo un'esclusiva del Nuovo Mondo. C'è però un'importante differenza. Se in Europa i governanti hanno sempre avuto il monopolio nell'esercizio della violenza, che anzi hanno esercitato a lungo con libertà e crudeltà finché secoli di lotte non lo hanno portato sotto il controllo popolare, attraverso la democrazia, negli Stati Uniti è successo l'esatto contrario: le persone hanno esplorato e conquistato una parte significativa del paese, come privati cittadini e non come rappresentanti di un governo o di un sovrano, molto prima che nascessero gli Stati Uniti d'America nella forma in cui li conosciamo. Nella vicenda nazionale statunitense la violenza è stata dunque spesso uno strumento di vita quotidiana, di liberazione, di affermazione di sé e di protezione dei propri interessi, dentro e fuori i propri confini. O almeno questo è quello che gli americani amano raccontarsi. Uno strumento: il più pericoloso, delicato, potente, efficace. Una questione tecnica: complicata, dolorosa, inevitabile. E quindi, dovendo sbrigativamente bilanciare interessi e priorità diverse, può capitare persino che un serbatoio di melassa o la reputazione di un corpo di polizia pesino più delle vite delle persone. O che un pezzo rilevante della popolazione consideri le decine di migliaia di persone uccise ogni anno dalle armi da fuoco come un prezzo accettabile da pagare pur di proteggere qualsiasi cosa intenda proteggere chi si oppone a una riforma delle leggi sul possesso di armi. Sono danni collaterali, incidenti di percorso. Terribili, ma cosa ci vuoi fare.

Non è un tratto culturale semplice da indagare, a meno

di non cercare soltanto prove a sostegno di una tesi, e il rischio di fare sociologia da quattro soldi è dietro l'angolo, ma ecco: a volte sembra che in America morire sia più facile, più banale, più casuale che altrove.

E poi ci sono le armi, appunto. I dati li conosciamo, eppure ogni volta lasciano sbarlorditi. Ci sono circa 400 milioni di armi in circolazione negli Stati Uniti: vuol dire che ci sono più armi che persone. Le famiglie che possiedono almeno un'arma sono il 30 per cento del totale, ma la metà di tutte le armi in circolazione è in mano al 3 per cento della popolazione.[9] Durante il 2020 e il 2021 gli americani hanno comprato più armi che in qualsiasi altro momento della loro storia: circa 22 milioni nel 2020 e circa 19 milioni nel 2021, il primo e il secondo anno di sempre per numero di armi acquistate.[10] La maggior parte delle persone uccise da un'arma da fuoco negli Stati Uniti non muore in circostanze criminali, durante furti o rapine, o in attività legate alla droga o ad altri reati: muore per suicidio.[11]

Negli Stati Uniti le armi da fuoco sono la principale causa di morte delle donne durante la gravidanza e nel primo anno dopo il parto.[12]

Le discussioni attorno alla relazione unica tra armi e persone negli Stati Uniti si concentrano soprattutto sulle sue origini: la storia del paese, l'esplorazione del West, il culto dei pionieri, ne abbiamo parlato. Altri citano la grande influenza dei produttori di armi, che ogni anno spendono milioni di dollari – ma sarebbe meglio dire *investono* – in un'efficacissima attività di lobbismo e influenza della classe politica. Altri ancora tirano in ballo una presunta natura intrinsecamente violenta della società statunitense: un fenomeno difficile da dimostrare in modo inequivocabile ma che certo i dati non permettono di escludere. Si discute molto meno di cosa bisognerebbe fare per cambiare le cose, però, e non solo per l'attuale impraticabilità politica di una riforma delle leggi sulle armi.

Supponiamo di avere una bacchetta magica, come si dice, o più semplicemente la libertà di scrivere una nuova legge federale sulle armi ignorando le opinioni dell'elettorato, gli equilibri politici al Congresso, la reazione dei media, le campagne elettorali incombenti. Supponiamo di essere sovrani illuminati per un secondo e di imporre quindi la miglior legge possibile sulle armi, eliminando tutti gli ostacoli politici che oggi la rendono impossibile. Immaginiamo di introdurre così nuove restrizioni alla vendita di armi, quelle che gli attivisti chiedono da sempre, anzi: approfittiamo della nostra bacchetta magica e vietiamola del tutto, la vendita di armi. Dalla sera alla mattina. Gli americani potranno anche aver comprato 20 milioni di armi l'anno scorso, ma da adesso quel numero diventerà zero. Benissimo. Cosa pensiamo di fare però, esattamente, con quei 20 milioni di armi venduti l'anno scorso? E con tutte quelle vendute negli anni precedenti? Cosa fare, insomma, dei 400 milioni di armi già in circolazione quando introdurremo quel divieto peraltro impossibile nella realtà? È qui che servirebbe davvero una bacchetta magica, perché nessuno ha una vera risposta a questa domanda. Una legge potrà anche stabilire che sia illegale possedere un'arma, ma che si fa con chi un'arma – o dieci, o cento – la possiede già e non ha alcuna intenzione di privarsene? L'idea che lo Stato debba andare a prendersele porta a porta significa mettere in conto una quantità di rischi incalcolabile e probabilmente insostenibile per qualsiasi democrazia. Legge o non legge, di tanto in tanto qualcuno negli Stati Uniti organizza un *buy-back*: cioè raccoglie un po' di fondi da privati o dalle istituzioni e poi li offre a chi restituisce una propria arma così che venga distrutta. Di solito si viene pagati qualche centinaio di dollari per ogni arma consegnata, e ogni arma tolta dalla circolazione rappresenta certamente una vittoria, ma i numeri sono così piccoli che secondo gli studi più rigorosi al momento i programmi di riacquisto non hanno un impatto significativo sul numero di sparatorie, omicidi o suicidi.[13]

Di fronte a tutto questo, l'indignazione è pienamente giustificata; ma dire «Ora basta» in mille modi diversi non cambia le cose, ed è stata fin qui l'unica fallimentare strategia di chi sostiene di volerlo fare.[14]

Quello che non sta accadendo con le armi negli Stati Uniti sta accadendo invece con la pena di morte. I dati sulle esecuzioni delle condanne a morte hanno toccato il picco massimo nel 1999 e da allora sono in costante calo. In generale le esecuzioni hanno sempre avuto numeri ovviamente tragici ma limitati, se confrontati con la gigantesca popolazione carceraria statunitense: meno di cento anche negli anni con più persone detenute uccise dal sistema giudiziario, su oltre due milioni di detenuti. Oggi sono molti di meno, 24 nel 2023. Il calo si deve al numero crescente di Stati che negli anni l'hanno abolita, la pena di morte, o hanno smesso di eseguirla: ne sono rimasti 27 che ancora la prevedono nelle loro leggi, di questi sono 21 quelli che effettivamente la applicano e negli ultimi due anni solo 6 hanno eseguito condanne a morte. Negli ultimi vent'anni i grandi progressi nell'analisi del DNA hanno permesso di scagionare un numero non trascurabile di detenuti che erano stati condannati dalle giurie popolari, e questo ha progressivamente eroso il consenso popolare per la pena di morte (che però convince ancora la maggioranza della popolazione, il 52 per cento).[15] C'è una lista infinita di esecuzioni andate orribilmente male, con i detenuti sottoposti a inutili e crudeli agonie.[16] I movimenti abolizionisti hanno promosso boicottaggi e proteste contro le case farmaceutiche che forniscono agli Stati le sostanze necessarie alle iniezioni letali, persuadendone non poche a interrompere i contratti di fornitura. L'intero processo è costosissimo. La politica e le persone oggi si dividono soprattutto su questioni economiche o culturali, sull'inflazione e sull'immigrazione, sulla difesa della democrazia e sul politicamente corretto; si parla ancora molto della criminalità, della violenza e del trattamento riservato dal sistema penale alle persone che ne sono giudicate responsabili, naturalmente, ma il tema ha perso centralità negli spot dei candidati, nell'agenda politica degli attivisti, nelle attenzioni dei media.

Non ci sarà un'abolizione della pena di morte negli Stati Uniti, e non solo per la larga maggioranza di giudici conservatori nella Corte Suprema: non esiste nessuna vera spinta popolare in questo senso, e quindi nessun politico influente che voglia farsi carico di una simile proposta. Eppure le cose stanno cambiando, perché non sempre è necessaria una legge per cambiare la realtà, e anzi accade spesso il contrario: che siano le leggi a inseguire i cambiamenti della realtà. Tra l'altro, diciamocela tutta: se oggi la domanda popolare per sancire l'abolizione formale della pena di morte fosse più forte, se i movimenti abolizionisti fossero più partecipati e rumorosi, se con le loro iniziative e pressioni dovessero riportare la questione in cima all'agenda politica, nascerebbe inevitabilmente dall'altra parte uno speculare movimento in difesa della pena di morte. Il lavoro dei procuratori e dei giudici, entrambi incarichi elettivi, sarebbe esaminato e valutato innanzitutto in base alla loro propensione o meno a chiedere e ottenere la pena di morte. I casi giudiziari riceverebbero un'attenzione mediatica ancora più intensa e morbosa. Ci sarebbero provocazioni e gesti simbolici. Alcuni politici farebbero la promessa di aumentare le esecuzioni, e poi lavorerebbero per mantenerla. Il tema diventerebbe utile solo alle polemiche, quindi garanzia di immobilismo politico: come l'immigrazione, come le armi, come la sanità fino alla storica riforma di Barack Obama. È una constatazione amara, che non ridimensiona il ruolo prezioso e fondamentale dell'attivismo in ogni singola conquista ottenuta dal genere umano, e poi nella sua difesa, ma dice forse qualcosa dell'attuale capacità statunitense – e soltanto loro? – di usare il dibattito pubblico e le istituzioni per risolvere i problemi.

Le armi finiranno quando accadrà la stessa cosa, e non con uno scontro finale definitivo tra buoni e cattivi. Accadrà quando meno persone vorranno averne in casa. Quando diventerà più complicato comprarle. Quando le aziende guadagneranno meno a produrle. Quando averle o non averle non sarà più come esporre una bandiera sul balcone, quando non avrà più lo stesso valore politico e identitario che ha adesso. Quando tutto questo accadrà contemporaneamente. È possibile: è una questione culturale e le culture cambiano, in peggio come in meglio. Ma siamo ancora molto lontani.

«Le casalinghe delle zone suburbane americane devono leggere questo articolo» scrisse con urgenza il presidente Donald Trump su Twitter durante l'estate del 2020, in piena campagna elettorale, diffondendo un pezzo di un tabloid secondo cui i Democratici avrebbero voluto rendere più facile alle persone non bianche trasferirsi nelle periferie residenziali americane, i quartieri con le villette a schiera che siamo abituati a vedere nei film e nelle serie tv, simbolo da decenni della borghesia bianca americana. «Biden distruggerà il vostro quartiere e il vostro sogno americano. Io lo proteggerò e lo migliorerò!» concluse Trump.

Nel racconto banalizzato che ne fanno la politica e a volte anche il giornalismo, soprattutto in tv, l'analisi della criminalità negli Stati Uniti è piuttosto lineare: avviene soprattutto nei quartieri più multietnici, specialmente quelli afroamericani, e ne sono preoccupate innanzitutto le famiglie bianche delle placide e benestanti periferie suburbane. È un racconto illogico, e non solo perché i quartieri degli afroamericani e quelli residenziali con le villette a schiera sono quasi sempre lontani chilometri (e separati da autostrade, ferrovie e parchi costruiti appositamente per fare da confine). È un racconto illogico perché i dati sulla criminalità mostrano una correlazione molto diversa, e che fa a pugni con le idee dell'estrema destra statunitense ma anche con alcune idee dell'estrema sinistra. Analisi e studi mostrano infatti che le persone più esposte alla criminalità sono le più povere, molto più di quanto accada a tutte le altre.[17] Per ogni persona uccisa appartenente alla classe medioalta, ne vengono uccise venti fra quelle più povere: queste sono le proporzioni.[18] Secondo i dati ufficiali raccolti ed elaborati dal governo statunitense, le persone americane più povere hanno sette volte più probabilità di essere vittime di una rapina o di un'aggressione rispetto a quelle che guadagnano oltre 75.000 dollari l'anno. Nel caso della violenza sessuale, il rischio diventa venti volte più alto.[19] Ma gli americani vedono la classe sociale dopo tutto il resto.

Considerate le diseguaglianze economiche tra bianchi e non bianchi, questi dati mostrano quanto sia infondato il racconto sulla criminalità di Donald Trump e della destra statunitense: le persone di gran lunga più minacciate dalla violenza e dalla criminalità sono le più povere, che sono molto spesso non bianche, e non le famiglie benestanti delle zone suburbane preoccupate principalmente dalla prospettiva che il prossimo vicino di casa sia nero. Ma la realtà mostrata dai dati, dicevamo, mette in discussione anche le più popolari soluzioni proposte dalla sinistra statunitense. Durante l'estate e l'autunno del 2020, infatti, erano soprattutto gli americani più ricchi – cioè i meno esposti alla criminalità e alle sue conseguenze – a dirsi favorevoli alla proposta di tagliare i fondi alla polizia, in reazione alla violenza gratuita usata dagli agenti; le persone afroamericane e latinoamericane ne erano meno convinte.[20] Giustamente.

Bisogna vestirsi in modo adeguato, quando si va a sparare. Non si spara indossando una camicia o una maglietta con uno scollo a V, lo sanno tutti, perché le armi espellono un bossolo dopo ogni sparo e i bossoli sono caldissimi e non vanno sempre nella stessa direzione. E sapete qual è l'unica cosa peggiore di trovarsi un pezzo di ferro incandescente dentro la camicia? Trovarsi un pezzo di ferro incandescente dentro la camicia mentre si ha il dito sul grilletto di una pistola carica. Per lo stesso motivo, scarpe chiuse. Nella maggior parte degli Stati americani è sufficiente avere dieci anni per sparare al poligono, naturalmente con la supervisione di un adulto, perché *safety first*; ma ci sono Stati in cui si può sparare anche a sette anni, per esempio la Florida o il Texas. Per sparare al poligono non serve il porto d'armi, l'arma si può portare da casa o noleggiare sul posto; i tiratori più esperti ci vanno anche per provare armi che non possiedono o che stanno pensando di acquistare. La scelta dell'arma dipende dalla grandezza e dalla forza della mano, oltre che dall'esperienza e dai gusti.

Se è la prima volta al poligono o in *quel* poligono, potrebbe essere obbligatorio guardare un video di *orientation* sulle regole della struttura. In ogni caso, bisogna firmare un modulo in cui si dichiara di conoscerle. Poi si paga. Di solito con cinquanta dollari si noleggia un'arma e si occupa una corsia per un'ora, anche un'ora e mezza; le munizioni vanno pagate a parte. Se si vuole sparare con una propria arma, all'inizio bisogna comunque lasciarla in auto: soltanto dopo aver firmato, pagato e quindi ottenuto l'assegnazione di una corsia, sarà possibile tornare in auto e prendere armi e munizioni, conservate obbligatoriamente in valigette separate. L'arma può essere caricata soltanto dopo aver raggiunto la corsia ed essere entrati all'interno della propria *booth*, la cabina, che a volte è effettivamente una cabina, soprattutto nei poligoni al chiuso, altre volte è un pezzo di plexiglass che ti separa dalla persona che spara accanto a te. Si entra nella cabina superando la *firing line*, la linea oltre la quale si possono caricare le armi e si può sparare, ma le valigette devono restare chiuse finché il *range master*, il dittatore assoluto della struttura, dichiara che il poligono è HOT, di solito con una radiolina collegata agli altoparlanti che proclamano: *commence firing*. Aperte le valigette, l'arma dev'essere sempre puntata verso quello a cui si intende sparare e in nessun'altra direzione, anche mentre la si sta caricando, scaricando o pulendo, o tra un colpo e l'altro, o quando è appoggiata sul piano davanti al tiratore. Impugnandola, il dito va sempre tenuto lontano dal grilletto salvo quando si sta per sparare. Non esistono regole diverse o deroghe per le armi scariche: le armi si trattano sempre come se fossero cariche. L'ultima cosa da fare prima di sparare è osservare bene il bersaglio, cosa c'è alle sue spalle, cosa c'è accanto. Mentre si spara non si parla, anche perché – nonostante i tappi, nonostante le cuffie – il rumore è assordante. I bersagli a forma di essere umano sono molto comuni ma non tutti i poligoni li forniscono. Il *range master*, come l'intero staff del poligono, può ispezionare ogni arma e attrezzatura portata all'interno della struttura, anche quelle private. Quando dice *ceasefire* tutti devono smettere di sparare istantaneamente, scaricare le armi, lasciarle nella postazione e abbandonare la *firing line*. Il *ceasefire* viene chiamato tra una sessione e l'altra e tutte le volte che bisogna sostituire i bersagli o controllare qualsiasi cosa serva controllare. Le pause sono i momenti in cui fra tiratori si socializza, si parla delle armi o della partita, ma ovviamente non manca chi si incolla al cellulare e aspetta di ricominciare. Anche i tiratori possono urlare *ceasefire*, se notano qualcosa di strano o se credono che una pistola stia funzionando male. È vietato fumare e bere alcolici, naturalmente, e anche passarsi le armi da una corsia all'altra. È obbligatorio indossare le protezioni per occhi e orecchie, ma la polvere da sparo al poligono si vede, si sente, si annusa: alla fine della sessione sarà inevitabile lavarsi le mani e la faccia; una volta a casa, fare una doccia e buttare tutto in lavatrice.

Negli Stati Uniti è ancora aperto il dibattito politico, giornalistico, accademico sulle cause che portarono al grandissimo aumento della criminalità e dei reati violenti avvenuto dalla fine degli anni Sessanta fino all'inizio degli anni Novanta: nessuno ha ancora trovato una spiegazione convincente.[21] Eppure fu un fenomeno che cambiò radicalmente il sistema giudiziario statunitense, portando a leggi repressive che quadruplicarono la popolazione carceraria del paese; che trasformò le città, innescando la fuga delle famiglie borghesi bianche verso le periferie; che contribuì a dare al Partito Repubblicano cinque vittorie in sei elezioni presidenziali nell'arco di vent'anni, dal 1968 al 1988; che influenzò persino la produzione culturale del paese, creando le condizioni perché nascessero *RoboCop* o *Il giustiziere della notte* o qualsiasi altro libro o film ambientato in quegli anni attorno alla violenza nei bassifondi delle città. Qualcuno provò a spiegarlo con l'arrivo all'età adulta della prima generazione che non aveva vissuto la guerra, e convogliava quindi energia e rabbia in attività criminali. Qualcuno con il sempre più facile accesso alle armi da fuoco o le molte situazioni di marginalità che producono disperazione e violenza. Altri tirarono in ballo la diffusione del crack, altri ancora gli effetti delle polveri sottili sul quoziente intellettivo e l'aggressività delle persone. Forse furono tutte queste cose insieme. Di certo, dopo quel grande aumento, dagli anni Novanta in poi il numero di omicidi e reati violenti negli Stati Uniti iniziò a scendere, e scendere, e scendere, il tutto nonostante le armi, l'inquinamento e le diseguaglianze fossero rimaste dov'erano, e quindi anche stavolta senza una spiegazione precisa: qualcuno ipotizzò persino che la diffusione dei telefoni cellulari avesse reso meno importante per gli spacciatori il controllo fisico delle strade e questo avesse ridotto di molto gli scontri a fuoco.[22] Va' a sapere. Se il paese aveva accettato tutto sommato l'assenza di risposte al tragico aumento della criminalità del ventennio precedente, poteva farlo certamente per quella repentina e gradita diminuzione.

Qualcosa del genere, seppure su un arco di tempo molto più breve, è accaduto negli ultimi anni.

Il drastico calo dei reati violenti iniziato negli anni Novanta si è infatti arrestato bruscamente a metà del 2020, quando il numero degli omicidi è cresciuto come non accadeva da oltre un secolo, forse addirittura come non era accaduto mai, cancellando in pochi mesi decenni di progressi.[23] Alla fine dell'anno i dati ufficiali parlavano di un aumento del 30 per cento su base nazionale, ma in Stati come il Montana o il South Dakota superò l'80 per cento, e in città come New York o Atlanta gli omicidi furono più del doppio rispetto al 2019. Anche in questo caso sono state avanzate molte ipotesi, nessuna conclusiva. Le armi da fuoco, le diseguaglianze economiche, le conseguenze della tossicodipendenza, l'inquinamento, certo: ma ognuno di questi fenomeni esisteva già nel 2019, e niente spiegava un simile ribaltamento avvenuto nell'arco di pochi mesi. Nemmeno le conseguenze della pandemia sono di per sé una spiegazione convincente. Il coronavirus aveva portato sofferenze e privazioni straordinarie, precarietà e incertezza per il futuro, certo: ma lo aveva fatto in mezzo mondo, mica solo negli Stati Uniti. E in nessun altro paese del mondo, ricco o povero, grande o piccolo, comunista o capitalista, in ascesa o in declino, era accaduta la stessa cosa, salvo quelli in guerra. Nemmeno il tempo di studiare adeguatamente il fenomeno, però, che è rientrato di nuovo. Nel 2023 il numero degli omicidi commessi negli Stati Uniti è crollato; lo stesso è accaduto in generale per i reati violenti e per quelli contro la proprietà, con l'esclusione dei furti d'auto. Il calo è stato anomalo quanto era stato anomalo l'aumento: il 2023 è stato l'anno con i più bassi indici di criminalità da oltre mezzo secolo. Persino città come Detroit e Baltimora, da sempre fra quelle in cui si spara di più, hanno regsistrato il loro anno migliore da almeno un decennio.[24] Migliore per i loro standard, certo: Baltimora ha avuto 260 persone uccise, più o meno come l'intera Polonia nel 2022; Detroit 228, poco meno di quelle uccise in un anno in Romania.[25]

Anche in questo caso, quanto alle spiegazioni, vai a sapere. Ma le teorie più promettenti in materia sostengono che durante il 2020, sull'angoscia, le tribolazioni e l'instabilità provocate dalla pandemia, si siano innestati tre ingredienti esclusivamente americani. Il primo: gli effetti di quattro anni di Donald Trump alla Casa Bianca, la sua comunicazione isterica eppure non ignorabile, il suo continuo aizzare l'opinione pubblica, la sua retorica violenta, aggressiva e polarizzante, al punto da additare ogni giorno dal suo pulpito fisico e digitale i «nemici dell'America», il suo utilizzo dell'odio – sociale, razziale, ideologico – come lubrificante di ogni iniziativa politica. Il secondo: il taglio dei fondi alla polizia avvenuto in tante grandi città nella seconda metà del 2020, dopo le proteste seguite all'omicidio di George Floyd, peraltro mentre un numero di agenti senza precedenti dava le dimissioni e sceglieva di cambiare mestiere. Un trend interrotto e ribaltato tra il 2021 e il 2022, quando le città sono corse ai ripari ripristinando e anzi aumentando il budget a disposizione delle forze dell'ordine, per assumere nuovi agenti e migliorare la loro formazione. Il terzo: il crollo della fiducia della popolazione negli agenti di polizia e in generale nelle istituzioni preposte alla loro protezione, che ha creato riluttanze nel rivolgersi agli agenti e un profondo senso di caos, ingiustizia, nichilismo.

Una tempesta perfetta.

Gli autobus erano due Greyhound, la storica compagnia di trasporto passeggeri che è ancora oggi uno dei simboli dei viaggi americani on the road, col famoso levriero disegnato sulle fiancate. Era il 14 maggio del 1961, una domenica. I bus erano partiti da Washington DC a poche ore l'uno dall'altro, diretti verso sud: avrebbero attraversato la Virginia, il North e il South Carolina e la Georgia, per poi tagliare orizzontalmente Alabama e Mississippi e arrivare a New Orleans, in Louisiana.

Quando il primo bus arrivò alla fermata prevista in Alabama, nella città di Anniston, fu circondato da duecento persone, quasi tutti uomini, quasi tutti appartenenti al Ku Klux Klan, il più violento gruppo suprematista bianco della storia statunitense. Molti indossavano ancora l'abito buono con cui erano andati a messa, erano appena usciti dalla chiesa. Cercavano di forzare le porte del bus, prendevano a pugni le fiancate e i finestrini, brandivano spranghe e mazze da baseball. L'autista provò a ripartire ma la gente attorno glielo impediva, mentre i passeggeri osservavano terrorizzati quello che stava succedendo fuori. A un certo punto la folla si diradò quanto bastava per permettere al bus di lasciare il parcheggio e rimettersi in marcia, ma bastò percorrere pochi metri per capirne il motivo: le gomme erano state tagliate, tutte e quattro. L'autobus provò a procedere per diversi chilometri, lentamente, seguito da una carovana di automobili. Si fermò di nuovo qualche chilometro fuori città, sul ciglio della strada; gli uomini del Ku Klux Klan gli furono addosso in un attimo. Qualcuno tirò una bomba molotov sull'autobus, che prese fuoco; la folla si accalcò ancora a ridosso delle porte, ma stavolta per tenerle chiuse e impedire ai passeggeri di scappare. Soltanto il suono di un'esplosione fece allontanare per qualche istante gli uomini del Ku Klux Klan, permettendo ai passeggeri di lasciare il bus in fiamme: non si è mai capito se fu un colpo sparato in aria da un agente in borghese o lo scoppio del serbatoio del bus. Ma per i passeggeri fu il più proverbiale dei salti dalla padella alla brace. Appena fuori furono presi a calci e mazzate, in testa, in faccia, sulle gambe, sulla schiena. L'arrivo della polizia stradale fermò la mattanza, e d'altra parte gli uomini del Ku Klux Klan avevano un altro impegno: accogliere alla stazione il secondo bus, che sarebbe arrivato un'ora dopo. Bloccarono anche quello, in otto riuscirono a salire a bordo, pestarono i passeggeri fino a lasciarli lividi e sanguinanti, alcuni privi di sensi. I feriti di entrambi gli autobus furono portati all'ospedale cittadino di Anniston, che si rifiutò di curarli e li lasciò nella sala d'aspetto con le ossa rotte e le teste aperte; alle due del mattino addirittura il personale li costrinse a uscire, temendo un'irruzione della folla rabbiosa che si era radunata nel parcheggio. Soltanto l'arrivo di un gruppo di cittadini armati fino ai denti permise ai passeggeri di lasciare l'ospedale in sicurezza, facendo loro da scorta.

Lo stesso giorno, la stessa cosa era accaduta ad altri due

autobus Greyhound partiti da Atlanta, in Georgia, e diretti a Birmingham, in Alabama. Il primo era stato fermato e incendiato, i passeggeri picchiati e abbandonati. Il secondo era arrivato a Birmingham, dove era stato circondato da un altro gruppo di militanti del Ku Klux Klan. Tra loro c'era anche il commissario della polizia locale. Uno dei passeggeri aveva cercato di difendere gli altri, gli avevano dato in testa una bottiglia di Coca-Cola così tante volte che più tardi sarebbe stato medicato con cinquantatré punti di sutura. Un primo ospedale si era rifiutato di soccorrerlo. La presenza del commissario non era casuale: quella spedizione punitiva era stata una *joint venture*, diciamo. La polizia aveva garantito al Ku Klux Klan che avrebbe avuto quindici minuti per fare quello che voleva con l'autobus e i suoi passeggeri, prima che gli agenti intervenissero per salvare la faccia. Le persone a bordo di questi autobus, i passeggeri pestati a sangue, erano giovani, la maggioranza aveva tra i diciotto e i trent'anni, molti erano studenti universitari e frequentavano la parrocchia. Erano per metà neri e per metà bianchi; donne per un quarto. I loro viaggi erano una sfida.

Un anno prima, infatti, la Corte Suprema aveva stabilito l'incostituzionalità degli autobus segregati, cioè per soli bianchi o per soli neri, nei casi in cui le loro corse attraversassero più Stati (dentro i propri confini ogni Stato era libero di continuare a separarli rigidamente). Nel Sud del paese, però, dove l'eredità, anzi, dove la nostalgia della schiavitù era più forte e presente, quella sentenza era stata semplicemente ignorata sia dagli abitanti che dalle forze dell'ordine. Viaggiare bianchi e neri insieme nel Sud degli Stati Uniti, insomma, serviva a mettere in discussione lo status quo: a scuotere l'opinione pubblica e soprattutto a costringere la polizia a scegliere tra far rispettare la legge, teoricamente la sua ragione costitutiva, o assecondare le richieste di una popolazione nel migliore dei casi indifferente alla questione, nel peggiore apertamente ostile a ogni tentativo di integrazione razziale. Li chiamavano «Freedom Riders», i viaggiatori per la libertà, ma per le forze di polizia quella scelta non fu certo lacerante: la loro composizione e la loro sensibilità erano spesso sovrapponibili a quelle del Ku Klux Klan.

I viaggi dei Freedom Riders proseguirono per tutto l'anno, spesso senza riuscire ad arrivare a destinazione, provocando ogni volta reazioni inferocite e violente che le televisioni portavano dentro le case di tutto il paese. Sassaiole, roghi, mazzate. I Freedom Riders erano detestati dai razzisti ma non erano particolarmente amati nemmeno da tutti gli altri, che giudicavano i loro metodi inutilmente provocatori; quando la questione diventò impossibile da ignorare per la Casa Bianca, l'allora procuratore generale Robert Kennedy – il presidente era suo fratello John – reagì chiedendo moderazione... ai Freedom Riders. Tra loro, quelli che subivano le violenze e le umiliazioni peggiori spesso erano i bianchi, e venivano considerati traditori della propria razza. Lo Stato che perfezionò la sua sadica persecuzione dei Freedom Riders, invece, fu il Mississippi. «Spezzategli lo spirito, non le ossa» aveva istruito il governatore, che aveva trovato una specie di accordo con l'amministrazione Kennedy: avrebbe protetto i manifestanti dalla violenza dei razzisti se gli fosse stato concesso di arrestarli. Quando un autobus con a bordo i Freedom Riders attraversava il Mississippi, quindi, la polizia lo fermava, teneva alla larga i violenti e arrestava i manifestanti – arrestati per aver rispettato la legge, già – e li portava in carcere. Centinaia di ragazzi e ragazze finirono così detenuti per settimane, alcuni per mesi, costretti ad affrontare lunghi interrogatori dopo essere stati denudati per le perquisizioni, incatenati per le caviglie e costretti ai lavori forzati, stipati in celle con la luce accesa per 24 ore al giorno, senza posta, senza un foglio o una matita, con una doccia alla settimana e pasti freddi e disgustosi. E ai Freedom Riders tutto sommato era andata bene. Il posto in cui si trovavano, infatti, non era un carcere qualsiasi: era la Parchman Prison, forse il carcere più famigerato della storia statunitense. I detenuti afroamericani condannati per reati più gravi o privi della stessa esposizione mediatica erano sottoposti a trattamenti ancora peggiori.

Per capire che posto fosse la Parchman Prison, dobbiamo fare un passo indietro. L'abolizione della schiavitù, avvenuta nel 1865, fu una vera e propria sconfitta subita dal Sud del paese, che l'aveva difesa al punto da dichiarare la secessione e combattere una sanguinosissima guerra civile. Va da sé che dal giorno successivo alla sconfitta militare gli Stati meridionali cercarono di riprodurre con altri mezzi la sottomissione sistematica degli afroamericani. Iniziarono gli anni delle famose leggi «Jim Crow», dal nome di un noto personaggio caricaturale di fantasia che rappresentava ogni singolo stereotipo razzista sugli afroamericani. Le leggi Jim Crow utilizzavano metodi creativi per impedire ai neri di votare, di arruolarsi nelle forze di polizia, di testimoniare in tribunale o di far parte di una giuria popolare, e permettevano l'arresto di massa in caso di reati che all'epoca valevano soltanto per loro, come il vagabondaggio e il possesso di armi ma anche «bighellonare», la convivenza con i bianchi o il non avere con sé in ogni momento una prova del proprio impiego. L'emendamento costituzionale che aveva abolito la schiavitù, infatti, conteneva una scappatoia: i neri non potevano essere costretti ai lavori forzati «se non come punizione di un reato per il quale l'imputato sia stato dichiarato colpevole con la dovuta procedura». C'era un asterisco, insomma. Bastava trovare un qualsiasi motivo per condannarli, e i neri tornavano schiavi: la legge dava infatti a imprenditori e latifondisti la facoltà di prendere in affitto gruppi di detenuti perché lavorassero per loro, nei loro stabilimenti o nelle loro fabbriche, gratis. Ed erano costretti a lavorare gratis anche i detenuti che restavano a Parchman, perché la prigione secondo una legge statale doveva essere economicamente autosufficiente e quindi aveva al suo interno una piantagione di cotone da 80 chilometri quadrati nella quale i detenuti lavoravano per quindici ore al giorno, anche con 40 gradi. Anche i bambini, perché venivano arrestati, condannati e detenuti anche i bambini. Chi provava a sottrarsi ai lavori forzati veniva frustato dalle guardie carcerarie o dai detenuti bianchi più violenti, che Parchman usava per intimidire e controllare i detenuti neri.

È impossibile discutere della violenza nella società statunitense senza partire dalla violenza perpetrata per secoli dalle istituzioni statunitensi: dai tribunali, dalla polizia, dallo Stato, dalla politica.

Sia il posto dove il primo bus dei Freedom Riders fu costretto ad accostare con le gomme tagliate, che la stazione dove era iniziata l'aggressione razzista, entrambi ad Anniston in Alabama, sono stati dichiarati monumenti nazionali nel 2017.

Dal 1953 al 1973 la CIA portò avanti un programma segreto e illegale di esperimenti sugli esseri umani, chiamato MKUltra. Lo scopo di questo programma era sviluppare tecniche di manipolazione psicologica. Furono sperimentati diversi «sieri della verità», la maggior parte dei quali a base di LSD, una delle sostanze psichedeliche più potenti, nel tentativo di estorcere informazioni alle spie sovietiche catturate dagli Stati Uniti se non addirittura pilotare le loro azioni; in altri esperimenti furono utilizzate eroina, morfina, mescalina e altre sostanze psicoattive. Gli esperimenti erano spesso condotti senza il consenso delle cavie, che erano soprattutto pazienti dei reparti ospedalieri di salute mentale, tossicodipendenti, prostitute, detenuti. A un uomo fu somministrato LSD per 174 giorni consecutivi. A San Francisco furono messi in piedi dei bordelli allo scopo di attrarre uomini che successivamente sarebbe stato facile ricattare, per poi drogarli e interrogarli. Il responsabile del programma, il chimico Sidney Gottlieb, a un certo punto cominciò a somministrare di nascosto LSD anche ai suoi colleghi, per osservare le loro reazioni. Un chimico dell'esercito che lavorava al progetto MKUltra fu drogato con LSD, nove giorni dopo si lanciò dalla finestra di un hotel a New York prendendo la rincorsa: si chiamava Frank Olson. Il programma fu chiuso rapidamente nel 1973, quando il caso Watergate cominciò ad attirare grandi attenzioni sulle attività segrete del governo statunitense; decine di migliaia di documenti furono distrutti, tanto che la reale estensione del programma non è mai stata resa nota. Soltanto qualche anno dopo, nel 1977, su richiesta di una commissione d'inchiesta parlamentare, emersero dei documenti che non erano stati distrutti perché conservati in un altro magazzino, una piccola parte del totale: le poche cose che sappiamo di MKUltra arrivano da lì.

In un sondaggio realizzato a ottobre del 2023, un quarto degli americani si è detto d'accordo con la frase: «Poiché le cose vanno così male, i veri patrioti potrebbero dover ricorrere alla violenza per salvare il nostro paese».[26] Basta convincersi di avere un valido motivo, ecco.

Gli anni della segregazione razziale hanno lasciato un numero non indifferente di immagini sconcertanti, simili tra loro.

La famosissima fotografia che mostra gli studenti bianchi inveire sghignazzando contro una delle pochissime studentesse nere della loro scuola, scattata in Arkansas nel 1957.[27] Le persone che osservavano curiose mentre la polizia massacrava i manifestanti che marciavano sull'Edmund Pettus Bridge di Selma, nel 1965.[28] I poliziotti che nel 1969 sorridevano trasportando il cadavere di Fred Hampton, leader carismatico delle Black Panthers a Chicago, che avevano appena ucciso in casa sua, mentre dormiva.[29] Ci sono le fotografie scattate dopo i linciaggi degli afroamericani, con famiglie e coppie bianche che guardano un corpo carbonizzato o mutilato con lo sguardo sognante di chi osserva un tramonto, tenendosi per mano. C'è una terribile fotografia scattata in Minnesota che mostra due uomini bianchi sorridenti e in posa accanto al cadavere di un nero impiccato. La lista potrebbe continuare a lungo.

Un giornalista dell'«Atlantic» che si chiama Adam Serwer ha ricordato queste pagine orribili della storia statunitense in un articolo pubblicato negli anni dell'amministrazione Trump, tentando di comprendere non tanto l'agenda politica del presidente o del suo partito, il desiderio di un approccio restrittivo sull'immigrazione o di uno conservatore sulle questioni sociali, bensì il surplus di crudeltà gratuita che esprimevano Trump e i suoi mentre attuavano quell'agenda. C'è una differenza tra proteggere il giudice che intendi nominare alla Corte Suprema da un'accusa di stupro e aizzare la folla contro la donna che lo ha accusato, umiliarla, insultarla, deriderla. C'è una differenza tra non avere particolarmente a cuore il successo di Porto Rico e fare il verso all'accento dei portoricani mentre si parla dell'uragano che ha appena devastato l'isola. C'è una differenza tra difendersi dalle critiche di un giornalista, magari anche ingiuste, e prenderlo in giro imitando una sua disabilità fisica. Anche in questo caso la lista potrebbe continuare, e non riguarda il solo Trump: durante la sua amministrazione capitò di sentire ridere gli agenti della polizia di frontiera che chiudevano bambini piccoli dentro gabbie dopo averli separati dai loro genitori, e un consigliere della Casa Bianca schernì un bambino con sindrome di Down; un folto gruppo di poliziotti si fece una gran risata quando il presidente li invitò a non mettere più la mano sulla testa di chi viene fatto salire su una volante, maltrattateli un po', se lo meritano: e giù a ridere. Da dove viene questo sadismo, si chiedeva qualcuno? Be', scrisse Serwer, la crudeltà non è un surplus, un accessorio, un capriccio: al contrario, la crudeltà è esattamente il punto.[30] E ha avuto un ruolo più importante di quanto si sia disposti ad ammettere, nella storia degli Stati Uniti, molto oltre Donald Trump; così come provare gioia davanti alla sofferenza di altre persone è un tratto più umano di quanto siamo spesso disposti ad ammettere. «Non solo i responsabili di queste crudeltà ne godono» scrisse, «ma la cosa importante è che ne godono insieme. Le risate sono un collante che li lega gli uni agli altri. La crudeltà li fa sentire bene, li fa sentire orgogliosi, li rende felici: e li fa sentire più vicini l'uno all'altro.» In molti casi è stata proprio la crudeltà rivolta a un nemico comune a creare legami e comunità, come accade agli adolescenti quando si coalizzano contro un coetaneo più fragile; è stato il comune gioire delle sofferenze altrui a permettere loro di definirsi o trovare risposte alle proprie frustrazioni e paure. Un pezzo di quella che è stata a lungo la cultura dominante negli Stati Uniti è stato costruito sulla crudeltà: sulla condivisione del disprezzo per qualcosa che meriti il nostro odio collettivo. Ma forse potremmo dire la stessa cosa per ogni cultura dominante, compresa la nostra.

Nel 1942, dopo l'attacco della marina imperiale giapponese contro la base statunitense di Pearl Harbor, l'amministrazione di Franklin D. Roosevelt ordinò l'arresto e la detenzione di tutte le persone giapponesi presenti sul suolo statunitense, comprese quelle con doppia cittadinanza, nel timore che tra loro ci fossero delle spie. Tutte. L'ufficio del censimento mise a disposizione del governo le informazioni necessarie: le persone con cittadinanza o origini giapponesi erano 127mila, più della metà erano immigrati di seconda e terza generazione, cioè americani di nascita e di nazionalità. Furono detenuti arbitrariamente e senza processo in campi di concentramento creati a questo scopo in tutto il paese, la loro etnia bastava a giudicarli potenzialmente ostili. Chi aveva la cittadinanza statunitense veniva mandato nei centri con le condizioni migliori: non era certo il paradiso ma c'erano le scuole, si poteva fare sport, le persone malate venivano curate. Chi non ce l'aveva, o si ribellava, finiva in strutture più simili a carceri. Deciso con il consenso generale della popolazione e della stampa, nonché giudicato costituzionale dalla Corte Suprema, l'internamento forzato dei giapponesi si concluse con la fine della guerra, tra il 1944 e il 1945.

Dagli anni Sessanta in poi, spinti anche dalle iniziative del movimento per i diritti civili, i giapponesi internati e i loro eredi iniziarono a chiedere risarcimenti e, soprattutto, un'ammissione di colpa da parte del governo statunitense. Fu già il presidente Gerald Ford a chiedere formalmente scusa, nel 1976. Durante l'amministrazione Reagan il governo stanziò oltre un miliardo e mezzo di dollari da distribuire alle 80mila persone che erano state internate ed erano ancora vive. Il presidente Bill Clinton nel 1998 consegnò la Presidential Medal of Freedom, la più alta onorificenza civile statunitense, a Fred Korematsu, l'attivista giapponese che aveva lottato di più nei tribunali e nelle piazze contro l'internamento, accostandolo a Rosa Parks. Tra le persone internate ci furono anche Pat Morita, l'attore che sarebbe poi diventato noto per aver interpretato il maestro Miyagi nei film della saga di *Karate Kid*, e George Takei, cioè il timoniere Hikaru Sulu dell'astronave USS Enterprise, nella serie tv di «Star Trek».

Gli Stati Uniti non hanno più armi chimiche. L'ultima scorta di gas nervino – almeno tra quelle dichiarate – è stata distrutta nel luglio del 2023 in una base militare del Kentucky, su ordine del presidente Joe Biden. L'arsenale era stato creato durante la Prima guerra mondiale ed era in progressiva dismissione da trent'anni.[31]

«Cerchiamo studenti universitari uomini per uno studio psicologico sulla vita carceraria. 15 dollari al giorno per una o due settimane, dal 14 agosto. Per candidature e maggiori informazioni, aula 248.» Il più famoso esperimento di psicologia sociale di sempre si tenne in un seminterrato dell'Università di Stanford, in California, nel 1971, e cominciò con un annuncio pubblicato sul giornale del college. L'esperimento fu organizzato da un giovane professore di psicologia, Philip Zimbardo, che scelse così 24 ragazzi, tutti bianchi, tutti senza precedenti penali o violenti o noti disturbi della personalità. I ragazzi furono divisi in due gruppi, in modo casuale: un gruppo avrebbe interpretato i detenuti e un gruppo avrebbe interpretato le guardie carcerarie. Il carcere sarebbe stato il seminterrato stesso, adeguatamente trasformato: gabbie al posto delle porte, niente orologi, niente finestre. Ai ragazzi non venne detto molto di più: per esempio, chi avrebbe interpretato un detenuto non fu informato che l'esperimento sarebbe iniziato con l'arrivo della polizia in casa, una teatrale perquisizione in mezzo alla strada e un arresto davanti ad amici e parenti. La polizia, insomma, collaborò all'esperimento: i ragazzi furono portati in commissariato e gli furono prese le impronte. Poi furono portati nel seminterrato, bendati, spogliati completamente e poi di nuovo perquisiti, infine rinchiusi in tre per ogni cella, belli stretti. Indossavano solo un lungo camicione con niente sotto, avevano una catena legata ai piedi. Le guardie invece indossavano divise color kaki e avrebbero coperto ogni giorno tre turni da otto ore. Dovevano indossare degli occhiali da sole, per aumentare il distacco con i detenuti. E avevano ognuno un vero manganello della polizia, pur avendo ricevuto un'unica istruzione: avrebbero potuto fare qualsiasi cosa pur di mantenere l'ordine salvo fare fisicamente del male ai detenuti. I detenuti avrebbero dovuto chiamarsi tra loro solo col numero di matricola attaccato sul camicione, e rivolgersi alle guardie con rispetto. L'esperimento doveva durare due settimane. Le cose precipitarono rapidamente.

La prima notte le guardie svegliarono i detenuti alle 2.30 per una conta, sbattendo i manganelli sulle sbarre. I detenuti inscenarono una rivolta, insultarono le guardie, smontarono i letti, si strapparono i numeri di matricola di dosso: lo fecero un po' per goliardia, per far accadere qualcosa, e un po' per ricambiare la sorpresa toccata loro con quell'arresto. Le guardie provarono a riprendere il controllo della situazione spruzzando schiuma contro i detenuti con gli estintori delle aule, poi gli sequestrarono i materassi; i detenuti considerati i leader della rivolta furono chiusi per un'ora in un piccolo sgabuzzino dove si poteva solo stare in piedi, una sorta di cella di isolamento. Al cambio turno, le guardie appena arrivate trovarono il caos e accusarono i colleghi. Per riportare l'ordine, quindi, separarono i prigionieri in base al loro comportamento: ai buoni sarebbero stati garantiti cibo, vestiti e un materasso, agli altri no. Per tutta la giornata, a chi non collaborava fu ordinato di fare i piegamenti; ai più indisciplinati fu proibito di uscire dalla cella per usare il bagno, gli diedero un secchio. Intanto il professor Zimbardo e i suoi collaboratori erano lì, nel seminterrato anche loro: osservavano tutto dal corridoio su cui davano le celle e di tanto in tanto parlavano con le guardie. Il primo detenuto fu liberato dopo sole 36 ore, quando ebbe una crisi e iniziò a urlare che non ce la faceva più. Zimbardo lo fece liberare e decise di fermarsi a dormire nel seminterrato, per tenere la situazione sotto controllo. La divisione dei detenuti fra «buoni» e «cattivi» aggravò i nervosismi e li portò ad accusarsi reciprocamente; intanto gli escrementi nei secchi avevano reso l'aria pesantissima, letteralmente. Le punizioni contro i ribelli crebbero in perfidia e creatività: le conte notturne si moltiplicarono, a un detenuto fu ordinato di pulire un wc con le mani. Un altro sviluppò uno sfogo cutaneo per via dello stress. Al quarto giorno un detenuto ebbe quello che oggi definiremmo un attacco di panico, fu liberato anche lui. La sua matricola era 819. Le guardie fecero ripetere in coro ai detenuti rimasti che «819 ha fatto un errore». I ricercatori fecero entrare un nuovo volontario, che non avendo vissuto l'escalation dei giorni precedenti fu ancora più sconvolto da quello che vide nella finta prigione, e iniziò subito uno sciopero della fame per ottenere la liberazione. Le guardie provarono a costringerlo, anche spingendogli il cibo in bocca, senza riuscirci; per punirlo lo chiusero nello sgabuzzino. Agli altri detenuti dissero che lo avrebbero liberato se loro si fossero privati delle lenzuola. Rifiutarono. Il nuovo detenuto restò nello sgabuzzino per tre ore. Al quinto giorno erano previste le visite di genitori e amici, per rendere l'esperienza ancora più realistica furono lasciati ad attendere per ore. Videro i detenuti solo per pochi minuti e in presenza di una guardia. Alcuni manifestarono le loro preoccupazioni, altri iniziarono a cercare degli avvocati per vedere di chiudere l'esperimento. Intanto però una guardia aveva origliato una conversazione: il ragazzo liberato dopo 36 ore sarebbe tornato quella notte per far evadere tutti. Zimbardo fu informato dalle guardie e cercò di far fallire il piano: prima chiamò il commissariato per chiedere se poteva far trasferire i partecipanti all'esperimento in prigione, una prigione vera, e quelli ovviamente lo presero a male parole, poi trovò una soluzione alternativa. I detenuti sarebbero stati incappucciati e portati in un altro piano dell'edificio, così che il ragazzo liberato avrebbe trovato nel seminterrato il solo Zimbardo. La notte non arrivò nessuno, ma quando al mattino gli assistenti di Zimbardo videro i detenuti tornare nelle celle, incatenati con le caviglie e con un sacco sulla testa, dissero al professore che quello che stava accadendo era immorale. Al sesto giorno Zimbardo convocò tutti e dichiarò concluso l'esperimento, pagò i ragazzi come se fossero rimasti per due settimane e raccolse le loro impressioni e testimonianze. Sarebbero stati sentiti altre volte a distanza di qualche tempo.

Le conclusioni dell'esperimento furono pubblicate su diverse riviste scientifiche; una versione più divulgativa arrivò sul magazine del «New York Times». Dopo aver descritto i fatti avvenuti nella finta prigione, i ricercatori raccontarono che al termine dell'esperimento solo i detenuti erano sollevati, mentre le guardie erano deluse. Lo stesso Zimbardo disse che durante quei giorni si sorprese a camminare avanti e indietro nel corridoio con le mani dietro la schiena, come un militare. Ma lo studio metteva in luce altri dettagli interessanti. Le peggiori angherie contro i detenuti avvenivano la notte, quando il solo Zimbardo restava nel seminterrato e quindi era più facile passare inosservati (nonostante le guardie sapessero che i ricercatori non li avrebbero interrotti). I detenuti non avevano mai parlato tra loro di quello che avevano lasciato fuori dalla prigione, delle loro vite personali. Le guardie non erano tutte crudeli allo stesso modo, ma nessuna aveva cercato di fermare i maltrattamenti dei colleghi e nessuna aveva chiesto di abbandonare o interrompere l'esperimento. Una delle guardie più cattive era un hippie, un pacifista che partecipava a tutte le marce contro la guerra in Vietnam. Le conclusioni erano evidenti, secondo Zimbardo: nel determinare il comportamento degli esseri umani, le circostanze sono più importanti delle proprie caratteristiche innate o dei propri valori. Una volta convinte di agire a fin di bene, una volta munite di qualcosa che gli appaia come un valido motivo – in questo caso, interpretare il ruolo assegnato loro dallo studio e contribuire alla ricerca scientifica – le persone sanno trovare giustificazioni e alibi per ogni forma di comportamento, anche il più spregevole: d'altra parte era successo a ragazzi tranquilli, istruiti e di buona famiglia, senza precedenti di comportamenti violenti. L'esperimento della prigione di Stanford fu raccontato in mezzo mondo e citato per decenni attorno ai tentativi di capire lo sterminio degli ebrei o le torture di Abu Ghraib o le violenze della polizia. Si parlò di «effetto Lucifero».

Solo che era un imbroglio.

Da subito Zimbardo era stato molto criticato dalla comunità scientifica, che lo accusava di aver costruito male lo studio – non c'erano dati, non c'era un gruppo di controllo – e di averne alterato gli esiti con la sua costante presenza nel seminterrato. Inoltre, da tempo la psicologia sociale si è data regole e standard che impediscono di realizzare esperimenti come quello. Negli ultimi anni, però, dopo che l'esperimento di Stanford è stato oggetto di film e libri, dopo che è finito nei testi universitari, dopo che è stato citato innumerevoli volte in parlamento e in tv, dopo che le sue conclusioni sono state considerate oro colato, sono emerse anche le registrazioni dei colloqui avuti da Zimbardo con i ragazzi che interpretavano le guardie, durante l'esperimento: e mostrano come le loro azioni fossero spesso innescate dallo stesso Zimbardo.[32] Era lui a dire ai ragazzi di andarci giù pesante: per il bene dell'esperimento, spiegava, visto che sarebbe durato solo due settimane.[33] I ricercatori avevano anche dato alcune idee alle guardie quanto al tipo di prevaricazioni che potevano mettere in atto contro i detenuti; e quelle che non erano abbastanza cattive venivano redarguite. Il ragazzo che aveva avuto una crisi dopo solo 36 ore raccontò poi che aveva un esame da preparare e credeva che avrebbe potuto studiare, durante l'esperimento; quando scoprì che non sarebbe stato possibile, e che chiedere di uscire non sarebbe servito a niente, inscenò quello che descrisse come «un esercizio di improvvisazione teatrale». Altri dissero di essersi pentiti di non aver denunciato Zimbardo una volta usciti. Nel 2019 la rivista scientifica «American Psychologist» ha pubblicato un lungo articolo, ricco di nuove prove e documenti, da cui è emerso ancora una volta che le guardie venivano istruite da Zimbardo e che le conclusioni dell'esperimento erano state determinate ancora prima del suo inizio.[34] Alla fine lo stesso Zimbardo ha ammesso di essere stato forse condizionato dal suo desiderio di vedere una riforma del sistema carcerario, che considerava ingiusto e violento, paradossalmente confermando così le conclusioni del suo criticatissimo studio molto più di quanto avessero potuto fare le finte guardie e i finti detenuti: una volta convinte di agire a fin di bene, di avere un valido motivo, le persone sanno trovare giustificazioni e alibi per ogni forma di comportamento, anche il più spregevole, anche il più violento.

V

Frontiera

Ogni sei o sette generazioni arriva un momento in cui il mondo cambia radicalmente in pochissimo tempo. Quello che accadrà nei prossimi due o tre anni determinerà i prossimi cinque o sei decenni.

Joe Biden, 2 novembre 2023

Sembravano uccelli, ma l'aereo stava volando troppo in alto perché potessero esserlo. Forse era uno scherzo della luce del sole, un riflesso? Kenneth Arnold effettuò un paio di virate, si mise il sole alle spalle, tirò su la visiera; a un certo punto aprì anche una fessura nel finestrino del suo piccolo aereo a elica, per vedere meglio, ma quei puntini luminosi restavano lì. Li aveva contati, erano nove. Volavano in formazione sopra una grande zona montuosa alle spalle di Seattle, Stato di Washington, nella regione nordoccidentale degli Stati Uniti. Li vedeva in lontananza ma li vedeva, era sicuro. Spuntavano da dietro Mount Baker, poi passavano davanti a Mount Rainier e Mount Adams e tornavano indietro per poi ripetere il giro. Arnold era un imprenditore con la passione del volo, conosceva bene quella zona, ed era incredulo: qualsiasi cosa fossero, quei puntini luminosi completavano ogni giro in meno di due minuti, quindi dovevano muoversi a circa 2000 chilometri orari. Problema: era il 24 giugno del 1947. L'aereo militare più veloce al mondo non superava i 1000 chilometri orari. Inoltre i jet lasciano una scia, mentre qualsiasi cosa Arnold stesse osservando non aveva niente alle proprie spalle. Il cielo era sgombro, il radar non segnalava nulla nell'arco di chilometri. Arnold si avvicinò un po' per osservare meglio i puntini luminosi e poi, senza aver trovato risposte, proseguì il suo viaggio: rischiava di finire il carburante. Una volta atterrato, raccontò agli altri piloti che cosa aveva visto pur senza essere in grado di dire esattamente *che cosa aveva visto*. Disse che, quando si era avvicinato un po', quei puntini luminosi gli erano sembrati dei piattini. Dei piattini, gli chiesero? Massì, ripeté, ognuno aveva la forma di un piattino. Anzi, la forma di una padella: però sottile e senza il manico. Ecco un esempio migliore: un disco. Ognuno aveva la forma di un disco.

L'espressione «dischi volanti» comparve per la prima volta sui quotidiani nei giorni successivi, quando il racconto di Arnold fu raccolto dai giornalisti locali. Poi arrivarono altre testimonianze. Un giornale di Portland ricevette una lettera da un uomo che abitava proprio tra Mount Adams e Mount Rainier, e diceva di aver visto in cielo tre strani oggetti volanti circa mezz'ora prima dell'avvistamento di Arnold. Quando la polizia cominciò a fare domande in giro, trovò altri due testimoni: una donna raccontò di aver visto alcuni oggetti velocissimi muoversi in cielo, una guardia forestale parlò con precisione di «nove dischi volanti». Ripetevano quello che avevano letto sul giornale o avevano davvero visto qualcosa? Chi lo sa. All'inizio di luglio, poi, il personale di volo di un aereo United Airlines disse di aver visto attorno a Seattle alcuni oggetti volanti a forma di disco: si muovevano a grande velocità e poi all'improvviso erano scomparsi. A quel punto la storia era arrivata sulla stampa nazionale, anche perché gli avvistamenti si stavano moltiplicando: tantissime persone dicevano di aver visto *qualcosa* nel cielo, non più soltanto tra Portland e Seattle ma in tutto il paese. Luci, ombre, lampi, aerei dalle forme strane. Ogni testimonianza sembrava scoperchiare nuove testimonianze, ogni avvistamento generava altri avvistamenti, altri titoloni, altre domande, altre ipotesi, compresa quella che suscitava la maggiore curiosità, evidentemente la preferita dai giornali e dai cittadini: quella secondo cui i «dischi volanti» arrivassero da un altro pianeta. Qualche guastafeste avanzava l'ipotesi di una suggestione collettiva o della ricerca di notorietà di qualche mitomane, ma senza grandi risultati; e quando si fece avanti un uomo che viveva in una piccola città chiamata Roswell, in New Mexico, e disse che il 2 luglio aveva trovato nel suo ranch un mucchio di rottami al centro di un piccolo cratere, i resti di qualcosa che era evidentemente precipitato dall'alto, la storia raggiunse tutt'altra scala.

L'uomo disse che non aveva dato molto peso alla cosa finché non aveva sentito tutte quelle storie sui «dischi volanti», quindi qualche giorno dopo il ritrovamento informò lo sceriffo, che il 7 luglio arrivò al ranch con un gruppetto di soldati provenienti da una vicina base dell'aeronautica militare, il Roswell Army Air Field. C'erano effettivamente dei rottami, i militari portarono via tutto. Qualche ora dopo l'ufficio per le pubbliche relazioni della base diffuse uno stringato comunicato per confermare che i militari avevano recuperato «diversi rottami appartenenti a un disco volante». La notizia fece il giro del paese: in quel clima di eccitazione e mistero, in bilico tra divertimento e psicosi, per la prima volta era stata la stessa aeronautica militare statunitense a parlare apertamente di «dischi volanti». L'esercito e il governo si affrettarono a smentire il comunicato della base di Roswell: i rottami non erano niente di speciale, dissero, appartenevano a un pallone sonda usato da una stazione meteorologica; diffusero anche le foto, per mostrare che quei pezzi di ferro e lamiera non avevano nulla di extraterrestre. In questi casi, però, le smentite sono inutili, quando non rischiano addirittura di suonare come una conferma indiretta: il governo potrebbe mai ammettere qualcosa che sta tentando in ogni modo di nascondere?

Nei mesi e negli anni successivi l'espressione «dischi volanti» sarebbe entrata nel lessico popolare e nella cultura globale, così come l'acronimo UFO, *Unidentified Flying Object*, oggetto volante non identificato; la letteratura e il cinema avrebbero inventato un'infinità di storie, personaggi e teorie attorno all'esistenza di quelli che furono chiamati «alieni», esseri viventi estranei al genere umano e alla Terra. Dell'incidente di Roswell, però, non si parlò più. La vicenda riemerse soltanto tra gli anni Ottanta e Novanta, quando un fisico appassionato di extraterrestri si imbatté in quella storia indagando i primi avvistamenti di «dischi volanti» e fece qualche indagine amatoriale. Un militare in pensione della base di Roswell gli raccontò che la versione del pallone meteorologico era falsa: altro che sonda, quel giorno del 1947 si era schiantata proprio un'astronave aliena. Il governo aveva voluto insabbiare tutto, anche perché oltre ai rottami aveva recuperato i resti di alcuni membri dell'equipaggio. Resti alieni, esattamente. Iniziò persino a circolare un video che mostrava la presunta autopsia di uno degli alieni recuperati a Roswell: un essere dalla forma vagamente umana ma con un cranio abnorme, disteso su un lettino con la bocca aperta. Le immagini furono trasmesse dalle tv di tutto il mondo con toni esagitati, anche in Italia, ma nessuno sembrava prenderle particolarmente sul serio: quasi cinquant'anni dopo l'avvistamento di Kenneth Arnold, infatti, l'ufologia era diventata un pezzo del folclore nordamericano, alimentato da bizzarre leggende metropolitane, storie di rapimenti interstellari, personaggi assurdi, avvistamenti quotidiani e testimonianze sempre più incredibili, oltre che da una ricchissima produzione narrativa e cinematografica. Gli appassionati facevano affermazioni straordinarie senza lo straccio di una prova, a volte traendo apertamente ispirazione dalle storie di fantasia; spesso legavano le teorie sugli alieni a quelle su altri presunti misteri, dalle piramidi egizie al triangolo delle Bermude.

Osservandoli da vicino, poi, tanti di questi presunti misteri smettevano di esserlo. Il video dell'autopsia aliena era evidentemente un falso, lo confermò qualche anno più tardi lo stesso ufologo che lo aveva tirato fuori per primo. L'aeronautica statunitense ammise di aver mentito, ai tempi dell'incidente di Roswell, ma di nuovo niente alieni: quella che si era schiantata non era una sonda meteorologica ma un sofisticato pallone-spia sviluppato per monitorare le attività militari dell'Unione Sovietica. Lo confermarono i documenti dell'epoca ora desecretati, e quei test spiegano almeno una parte degli avvistamenti dell'estate del 1947. Anche lo «scheletro di Atacama», una piccola mummia con la testa allungata trovata nel 2003 in Cile e considerata dagli ufologi un cadavere alieno, ha una spiegazione banale: una volta sottoposto a esami e test, si è rivelato essere il corpo di una bambina morta alla nascita per una serie di gravi malformazioni congenite. E Bob Lazar, il fisico laureato all'MIT che sostiene di aver lavorato con la marina militare nella segretissima base nota come Area 51, dove dice di aver visto con i suoi occhi esperimenti su dischi volanti e cadaveri alieni? Non è un fisico, non è laureato all'MIT e non ha mai lavorato per la marina. Più in generale, la sproporzione fra gli avvistamenti avvenuti negli Stati Uniti e quelli avvenuti nel resto del mondo, così come la loro curiosa distribuzione oraria – pare che gli alieni amino manifestarsi soprattutto il venerdì sera –[1] suggeriscono ulteriore scetticismo: anche gli avvistamenti che non possono essere spiegati con la quarta birra possono avere risposte più semplici del passaggio di un'astronave aliena. Per esempio illusioni ottiche, fenomeni atmosferici naturali, palloni aerostatici alla deriva, droni e velivoli militari sperimentali. A fronte di questo contesto, quindi, chi studia professionalmente lo spazio – nelle facoltà universitarie e nelle grandi agenzie governative internazionali come la NASA o l'ESA – ha imparato negli anni a tenersi a grande distanza da queste storie, pur di proteggere la propria reputazione. I divulgatori scientifici più seri si applicano alle notizie sugli alieni più come debunker e ridimensionatori che come anticipatori entusiasti di prossimi meravigliosi colpi di scena. Da tempo abbiamo convenuto che il compito della scienza sia smorzare i nostri intermittenti entusiasmi; ci sono già gli imprenditori spaziali a fare dichiarazioni visionarie. C'è come un confine culturale, quando si parla di vita extraterrestre, e i professionisti considerano rischioso attraversarlo.

Eppure negli ultimi anni qualcosa è cambiato.

Alla fine del 2017 il «New York Times» ha raccontato l'esistenza di un programma governativo segreto statunitense nato con l'obiettivo di indagare sugli oggetti volanti non identificati, indicati ora con la sigla UAP – *Unidentified Aerial Phenomenon* – probabilmente per evitare l'ormai screditato acronimo UFO.[2] L'articolo raccontava di come il programma non fosse interessato agli avvistamenti del venerdì sera, diciamo, bensì a quelli denunciati dai piloti militari statunitensi dopo i loro frequenti voli di addestramento e ricognizione. Queste segnalazioni sono tantissime, e sono aumentate quando le autorità hanno iniziato a incentivarle invece che trattarle come lo scherzo di qualche scemo: diverse centinaia soltanto negli ultimi vent'anni. Interpellato dai giornalisti prima della pubblicazione dell'articolo, il Pentagono – cioè il dipartimento della Difesa – non aveva risposto con una smentita o con un rituale «no comment», bensì aveva confermato l'esistenza del programma e aveva corroborato il racconto del «New York Times» con un video registrato dal sistema di bordo di un aereo da guerra durante uno di questi incontri ravvicinati, avvenuto nel 2004 al largo della baia di San Diego: due piloti avevano visto e inseguito un oggetto che si muoveva a velocità considerevole, senza apparenti sistemi di propulsione convenzionali, accelerando in pochi istanti e poi cambiando rotta all'improvviso, sparendo e riapparendo sui radar con manovre che non potevano essere realizzate con i normali aerei da guerra o che addirittura sembravano contraddire le leggi della fisica. La reazione sbalordita dei piloti fa metà del lavoro, nel mostrare a noi ignoranti l'eccezionalità della cosa. Negli anni successivi la stampa diffuse altri tre video simili, girati nel 2014, nel 2015 e nel 2019, di cui il Pentagono confermò poi l'autenticità. Il governo possedeva i video di centinaia di altri avvistamenti, spiegavano i giornalisti citando fonti all'interno del programma segreto. Improvvisamente la questione degli oggetti volanti non identificati e della loro provenienza non era più una faccenda da complottisti e mattacchioni.

Il Congresso statunitense si è avventato su queste ammissioni e in questi anni ha organizzato audizioni su audizioni con i leader dell'intelligence e delle forze armate statunitensi, quasi tutte a porte chiuse, condizione necessaria per discutere informazioni delicate e riservate. A porte aperte, le dichiarazioni sono rimaste vaghe ma serie e possibiliste. «Parliamo di oggetti che sono stati visti dai piloti della marina o dell'aeronautica militare o che sono stati rilevati dalle immagini satellitari» ha detto John Ratcliffe, capo dell'intelligence statunitense dal 2020 al 2021, «e che francamente compiono azioni difficili da spiegare con le nostre attuali conoscenze tecnologiche, o che viaggiano a velocità che superano la barriera del suono senza che si percepisca un boom sonico.» Qualcuno si è lasciato scappare qualcosa sul proprio stato d'animo, non potendo dire nulla sul merito: c'è chi ha ammesso di aver avuto la pelle d'oca, durante uno di questi briefing. John Brennan, che ha lavorato per la CIA per venticinque anni e ne è stato il direttore dal 2013 al 2017, durante un'intervista ha detto tortuosamente che «alcuni fenomeni continuano a essere inspiegabili e potrebbero, in effetti, essere il risultato di qualcosa che non comprendiamo ancora e che potrebbe coinvolgere qualche tipo di attività che secondo alcuni potrebbe provenire da una diversa forma di vita». Nel 2020 il Pentagono ha creato una nuova task force destinata allo studio degli UAP, incaricandola di stilare un rapporto poi presentato a giugno del 2021. Il rapporto racconta di come a grande distanza gli strumenti di bordo distorcano la prospettiva più di quanto sembri, e indagini più approfondite abbiano permesso di ricostruire le ragioni terrestri di alcuni di questi fenomeni: un video che mostrava tre oggetti muoversi avanti e indietro a mezz'aria stava riprendendo tre aerei che volavano in cerchio in attesa di ricevere l'autorizzazione per atterrare, un altro che mostrava un oggetto sferico spostarsi a grande velocità ritrae probabilmente un pallone meteorologico alla deriva. Rimangono però 143 segnalazioni senza apparenti spiegazioni, tra quelle raccolte negli ultimi vent'anni. Esiste ovviamente la possibilità che altre superpotenze possiedano tecnologie sconosciute agli americani, ma è considerato piuttosto improbabile che l'intelligence statunitense non ne abbia mai saputo nulla, considerate le sue sofisticate attività di spionaggio. E poi c'è David Grusch, forse il più clamoroso sviluppo di questa storia.

Grusch era un funzionario pubblico e uno dei membri più esperti della task force incaricata di studiare gli UAP per conto del Pentagono. A giugno del 2023 ha deciso di lasciare il suo incarico e presentare un reclamo formale al governo statunitense: sostiene che sia l'esercito che l'intelligence non abbiano condiviso con il Congresso tutte le informazioni in loro possesso, e che il lavoro della task force sia stato condizionato da vincoli di segretezza inaggirabili, dalla scarsa collaborazione tra le diverse agenzie del governo e da accordi di non divulgazione che impediscono a chi possiede informazioni di condividerle. Queste condizioni hanno reso impossibile coinvolgere la comunità scientifica e indagare adeguatamente fenomeni così importanti, dice, e hanno invece permesso ai governi di agire senza assumersi le proprie responsabilità davanti all'opinione pubblica. Grusch non è privo di credenziali, anzi:

analista dell'intelligence dal curriculum stellare e già pluridecorato soldato in Afghanistan, la sua carriera contiene solo promozioni, encomi e – anche dopo le sue dimissioni e successive rivelazioni, ci arriviamo – grandi attestati di stima dagli ex colleghi. Grusch non ha scelto di offrire il suo racconto incredibile a un programma televisivo o a un tabloid, ma ha seguito per filo e per segno le procedure stabilite dalla legge statunitense per proteggere i cosiddetti *whistleblowers*, le persone che nell'interesse pubblico intendono denunciare le attività riservate e pericolose o illegittime di un ente pubblico o di un'organizzazione privata. L'avvocato che lo difende viene dal cuore del governo federale, è stato dal 2010 al 2017 il primo ispettore generale dell'intelligence della storia statunitense, scelto dal presidente Obama per dare maggiore trasparenza alle attività governative. Soprattutto, prima di parlare con i media, Grusch ha sottoposto a un'apposita commissione governativa le informazioni che intendeva rivelare, per assicurarsi che non violassero la sicurezza nazionale. La commissione ha giudicato il suo reclamo «credibile e urgente» e lo ha autorizzato a parlare, ponendo l'unica condizione che non divulgasse fotografie e immagini, che Grusch dice in ogni caso di non aver mai visto. Tutto quello che Grusch dice di possedere sono informazioni. Sostiene che negli ultimi decenni il governo statunitense abbia raccolto diversi frammenti di UAP nonché interi veicoli di origini «esotiche», cioè che «sulla base della loro morfologia e della struttura atomica unica» sarebbero frutto di «intelligenza non umana, sia extraterrestre che di origine sconosciuta».[3] Queste attività di ritrovamento e indagine andrebbero avanti dalla Guerra fredda. Grusch dice di non aver visto con i suoi occhi questi veicoli, ma di avere avuto queste informazioni da impiegati e funzionari dell'intelligence che conosce da anni e di cui si fida. Le notizie non sono mai trapelate perché le indagini sono sparpagliate tra team piccolissimi in diverse agenzie, che non collaborano tra loro e non sanno cosa stanno facendo e cosa hanno in mano le altre, se non genericamente. Le persone che fanno parte di questi team – poche centinaia in tutto – firmano rigidissimi accordi di riservatezza nei quali le agenzie di intelligence esercitano tutta la loro vasta capacità di fare paura. Tutto questo sarebbe già straordinario, se non fosse che dopo le rivelazioni di Grusch si sono fatti avanti altri testimoni a confermare la sua tesi, alcuni esponendosi con nome e cognome. Karl Nell, per esempio, militare di alto grado andato in pensione subito dopo aver lavorato con Grusch alla task force, ha detto che «le sue asserzioni sono fondamentalmente corrette. Esiste una sorta di nuova corsa alle armi che si basa sui tentativi di ricostruire e riprodurre il funzionamento di tecnologie di origini sconosciute, nonché sulla realtà indiscutibile che almeno alcune di queste tecnologie sono frutto di intelligenze non umane». Un analista dell'intelligence aerospaziale con il massimo livello di *clearance*, cioè di accesso alle informazioni più riservate, ha affermato che «esistono intelligenze non umane: non siamo soli. È un fenomeno globale, ovviamente esistono ritrovamenti anche fuori dagli Stati Uniti». Altri dicono di avere visto prove «credibili» che il governo statunitense e alcuni suoi contractor privati possiedano più di dieci velivoli spaziali di origine extraterrestre, alcuni molto danneggiati e altri in ottime condizioni. Ci sono persone che sostengono di averli toccati.

Stiamo danzando su quel famoso confine – quello del grottesco, del ridicolo – lo so. Ma è davvero ciò che è successo, pura cronaca. Ed è successo anche altro, cose più piccole, se vogliamo. Un professore di patologia clinica dell'Università di Stanford, lo stesso professore che aveva esaminato lo «scheletro di Atacama» mostrandone la provenienza terrestre e smontando le tesi degli ufologi, ha raccontato – plausibilmente perché autorizzato a farlo – di aver avuto l'incarico di esaminare le anomalie riscontrate nelle risonanze magnetiche agli encefali di alcuni dei piloti che avevano denunciato gli avvistamenti, e di studiare anche alcuni frammenti di UAP in possesso del governo statunitense.[4] Non poteva dire chi gli avesse affidato quell'incarico, ma poteva dire che i materiali di cui sono fatti questi quei frammenti hanno composizioni atomiche possibili sulla Terra ma decisamente anomale. Il Pentagono ha negato la versione di Grusch, che giudica priva di fondamento. Intanto le indagini parlamentari proseguono, seppure senza grandi poteri, in una successione di vicoli ciechi. E un astrofisico serissimo dalla carriera favolosa, Avi Loeb, ha avviato all'interno dell'Università di Harvard un programma alla ricerca di tecnologie aliene sulla Terra e nei dintorni: si chiama Galileo Project. «Affermazioni straordinarie richiedono prove straordinarie» dice Loeb, è vero. «Ma prove straordinarie richiedono fondi straordinari.» Loeb ha raccolto milioni di dollari da fondazioni, aziende, dipartimenti di ricerca, e ha parlato per anni della possibilità che Oumuamua, il primo asteroide interstellare mai osservato nel sistema solare, un oggetto dalla forma e dal comportamento particolarissimi, fosse una tecnologia extraterrestre.[5] Peraltro questo asteroide così speciale, della cui provenienza galattica gli astrofisici continuano a discutere, è passato a trovarci proprio negli stessi mesi del 2017 in cui il Pentagono ha ufficializzato l'esistenza della task force sugli oggetti volanti non identificati. Danziamo.

Le ragioni della realtà al momento superano comunque quelle dell'irrealtà. Il budget della NASA è stabile da anni e in lento calo dagli anni Novanta, mentre il governo federale delega sempre di più le sue attività spaziali alle aziende private: è difficile immaginare come scelte politiche simili possano convivere con la consapevolezza che qualcuno periodicamente venga a farci visita dallo spazio. È improbabile anche che informazioni così clamorose non siano mai trapelate prima di adesso, nonostante centinaia di persone vi avrebbero avuto accesso: la lista di segreti segretissimi che il governo americano non è riuscito a proteggere è piuttosto lunga. E francamente, è difficile anche pensare che questo segreto possa essere sopravvissuto alla presidenza di Donald Trump. Per questo motivo, ha scritto sul «New York Times» il sobrio e prudente editorialista Ross Douthat, la domanda più interessante che bisognerebbe porsi non è: «Siamo soli nell'universo?», bensì: «Perché qualcuno nel governo statunitense vuole che gli americani pensino di non essere soli nell'universo?».[6] David Grusch potrebbe essere un cialtrone, e così quelli che dicono di garantire per lui, il professore di Stanford, quello di Harvard, eccetera. Ma perché sono stati autorizzati a parlare? Perché il Pentagono ha fatto arrivare alla stampa la storia degli avvistamenti, con tanto di video allegati? Perché ha accettato la creazione di una task force, l'indagine del Congresso, le denunce di un *whistleblower*? Perché il governo americano vuole farci credere che non siamo soli nell'universo?

Anche in questo caso si possono avanzare molte ipotesi, diverse tra loro, ugualmente terrestri. Il desiderio delle forze armate e del Pentagono di creare le condizioni per un aumento del budget della difesa, soprattutto nel campo delle tecnologie aerospaziali, immaginando come avversari più i cinesi che i marziani. Il tentativo di screditare qualcuno costringendolo a danzare sul confine di cui sopra. Quello di far credere ai propri avversari di possedere tecnologie a loro sconosciute. C'è anche chi è convinto che il governo stia preparando la popolazione a un futuro grande annuncio, certo. Ma non ci sono prove, solo fede.

Il presidente degli Stati Uniti della migliore serie tv di sempre sulla politica statunitense si chiama Jed Bartlet (la serie tv, invece, si chiama «The West Wing»: purtroppo mentre questo libro va in stampa nessuna piattaforma permette ancora di guardarla legalmente in Italia, e dire che lo spazio non manca). Il presidente Bartlet ha una battuta ricorrente, che utilizza a volte per liquidare un ospite e passare al prossimo punto, altre volte per rivolgersi alla nazione e trasmetterle ottimismo, coraggio, fiducia nel futuro: «What's next?».

«Nel mondo ci sono tante persone che hanno fame, certo, ma nessuna di loro ha fame perché siamo andati sulla Luna. Nessuna di loro ha più freddo perché siamo andati sulla Luna e certamente nessuna di loro è più stupida perché noi siamo andati sulla Luna.»

«E va bene, infatti siamo andati sulla Luna. Dobbiamo andare per forza anche su Marte?»

«Sì.»

«Perché?»

«Perché è il prossimo passo. Perché a un certo punto siamo usciti dalle caverne, e poi abbiamo guardato oltre la collina, e poi abbiamo visto il fuoco, e poi abbiamo attraversato l'oceano, e poi abbiamo esplorato l'Ovest, e poi abbiamo conquistato il cielo. La storia degli esseri umani è una storia di esplorazione, e quello è il prossimo passo. *Because it's next.*»

(*Galileo*, «The West Wing», 29 novembre 2000)

Per gran parte della vicenda nazionale statunitense, il «prossimo passo» non è stato Marte né lo spazio interstellare: è stato invece Tucson, San Diego, Santa Fe, Albuquerque, o tutti i luoghi che si trovavano a ovest dei primi insediamenti europei. Ancor di più quelli che un nome ancora non ce l'avevano: i luoghi più lontani, quelli del *far west*; i più selvaggi, quelli del *wild west*; i luoghi che si incontravano e quelli che si inventavano, quelli che si compravano e quelli che si conquistavano. L'identità di un popolo, infatti, si sviluppa anche attorno al rapporto di quel popolo con lo spazio che occupa, e quindi con i suoi confini. Sono confini naturali, come una catena montuosa, un grande fiume o l'inizio di un oceano, o sono confini artificiali, stabiliti più dagli esseri umani che dalla natura? Sono confini sfavorevoli o vantaggiosi? Se li hanno stabiliti gli esseri umani, chi lo ha fatto esattamente e quando? E chi, quei confini, li ha invece subìti? Chi ha provato a modificarli o a superarli, e perché? Cosa pensava o sapeva di trovare oltre quel confine? Chi ha fallito? Chi glielo ha impedito? Quali conseguenze hanno avuto sulle persone i conflitti e le dispute legate ai confini? La storia di ogni popolo si sviluppa dentro il perimetro di queste risposte, e le risposte che la storia statunitense fornisce a queste domande sono piuttosto uniche nel loro genere.

Siamo portati a pensare che il concetto stesso di confine abbia una sua intrinseca rigidità: pensate alle linee che separano le nazioni su una cartina politica, per esempio. Un confine può essere frutto di accordi pacifici o di violenza, di lotte di liberazione o di guerre di oppressione, può essere naturale o artificiale, poroso o sorvegliatissimo: ma, se esiste, un confine esiste in un determinato punto e in quello soltanto, senza flessibilità o approssimazioni, altrimenti sarebbe *un altro confine* o non sarebbe un confine. È un po' il punto dei confini, no? Sono qui perché sono qui, di qua la Francia, di là la Spagna. Nessuna nazione direbbe che i suoi confini finiscono *più o meno da quelle parti*, così come nessuno direbbe di compiere gli anni più o meno il 15 novembre. Esistono i confini contesi, certo, così come esistono confini ridisegnati, spostati, introdotti, cancellati, e il fatto che ognuna di queste circostanze venga storicamente associata a guerre, tensioni e violenze conferma l'assunto di partenza. Eppure nel 1890, compilando uno dei primi censimenti della storia statunitense, l'ufficio statistico federale scrisse ufficialmente che la giovane nazione aveva «una frontiera composta da insediamenti», ma l'area abitata era così spezzettata, e quella disabitata era così vasta anche prendendo in considerazione i popoli indigeni, che «non si può dire che esista effettivamente una linea di confine».[7] Per secoli agli americani è stato chiarissimo soltanto dove *cominciasse* il loro paese: sulla costa est, nelle città nate per congiungere il nuovo e il vecchio mondo, sulle due coste opposte dell'Atlantico. Boston, New York, Philadelphia, le tredici colonie, il punto di partenza storico, politico e geografico degli Stati Uniti. Quanto al confine opposto, il punto in cui il paese *finiva*, la faccenda era molto più complicata: in certe zone dell'Ovest il confine non esisteva del tutto, come si rassegnò ad ammettere il governo nel 1890, e anche dove un confine esisteva, di anno in anno capitava che cambiasse forma e percorso, che avanzasse o retrocedesse. Soltanto su due cose erano tutti d'accordo. La prima era che, dal momento che gli Stati Uniti erano nati con le tredici colonie, e quindi con la costa est del paese, il confine opposto non poteva che essere l'Ovest: o meglio, non poteva che trovarsi a ovest dell'est. Per questo motivo capita che la regione interna degli Stati Uniti adiacente alla costa est – Michigan, Illinois, Wisconsin, Ohio, Minnesota, eccetera – una regione indubbiamente orientale del paese, venga chiamata da anni e normalmente Midwest, Ovest centrale. Per lo stesso motivo il primo insediamento dei pionieri, Marietta in Ohio, faceva parte di una regione chiamata Northwest Territory: territorio del Nordovest. Dove si trova l'Ohio? A est. Però era a ovest dell'est e quindi anche quello era il West, un'idea più simbolica che geografica, più culturale che politica. La seconda cosa che veniva data per scontata: ovunque fosse possibile spingersi, tutto quello che non era ancora America poteva diventarlo e si trovava in generale nella disponibilità di chi arrivava dall'Est, dei pionieri, delle carovane, degli uomini che viaggiavano verso le miniere, di chi con la forza del denaro e della violenza quei confini poteva spostarli ogni giorno. Molto prima che il presidente Monroe enunciasse la dottrina di politica estera che finì per portare il suo cognome, quando all'inizio dell'Ottocento disse che gli Stati Uniti non avrebbero tollerato alcuna intromissione europea negli affari del continente americano, furono i territori dell'Ovest a diventare il giardino di casa degli americani. Un giardino invaso, espugnato, costruito, sviluppato e fortificato sfruttando le dimensioni enormi di un paese che di tanto in tanto appare ancora vuoto, anche oggi che è pieno di tutto.

È questa la ragione per cui la frontiera è un mito fondativo degli Stati Uniti, forse *il* mito fondativo per eccellenza: è la sintesi del loro sguardo su se stessi e sul mondo. È arrivato però il momento di sbrogliare un equivoco.

Gli americani si raccontano questa storia attorno al concetto tutto loro del «destino manifesto»,[8] del popolo eletto, dell'espansionismo come condizione necessaria alla prosperità di un esperimento unico e speciale, quello americano, costruito sulla conquista, sull'esplorazione, sulla frontiera appunto, con capacità e valori e forza tali da potere e dovere «guidare il mondo libero», come si dice. Quindi il pianeta, auspicabilmente. Davanti a una tale megalomania, noi li guardiamo piegando la testa di lato oppure alziamo gli occhi al cielo, pronti a elencare le catastrofi che attanagliano la loro società e che li rendono tutto fuorché un modello. Abbiamo ragione noi. Ma se si vuole capirli, è importante tenere a mente che loro ne sono profondamente convinti. Il fatto che gli Stati Uniti non siano mai stati all'altezza dei loro valori proclamati non ha impedito a quei valori di rappresentare un obiettivo a cui tendere, di dare una direzione al progresso anche fuori dai loro confini: un popolo che si convince di essere speciale andrà certamente più lontano di un popolo che si convince di essere sfortunato, incapace, perennemente vittima. La cultura e l'identità degli Stati Uniti sono senza dubbio in stretta correlazione con l'idea di frontiera, e questo ha avuto inevitabili conseguenze su scelte e comportamenti della nazione. Noto per la bellezza incredibile e diversissima della sua natura, meravigliosa come in pochi altri posti al mondo, il West diventò negli Stati Uniti il luogo in cui lo spirito americano poteva trovare la sua espressione in purezza: un posto più libero di quanto fosse l'Est, più grande, più ricco, più equo, in cui fosse più facile diventare qualcuno o scappare da qualcosa. Le donne erano davvero più libere, a Ovest, nell'Ottocento; lo stesso vale per gli afroamericani, che spesso vi trovavano rifugio scappando dal Sud schiavista. La terra costava molto di meno e fornì una possibilità di emancipazione a moltissime famiglie povere del Sud. La reperibilità di legname a basso costo rendeva facile possedere una casa. La vastità dello spazio invitava alla costruzione di grandi infrastrutture. La cultura dei cowboy non cercò mai il potere attraverso il governo, bensì tenendo il governo il più lontano possibile.

Quanto a noi, che ci piaccia o no, gli Stati Uniti rappresentano ancora la *nostra* frontiera, o la cosa che più ci si avvicina. Pur se con tempi e condizioni ovviamente diversi, quello che accade negli Stati Uniti tende a presentarsi anche dalle nostre parti, più di quello che accade in Russia o in Turchia; quello che fanno gli Stati Uniti tende ad avere conseguenze anche dalle nostre parti, più di quello che fanno il Giappone o la Svizzera; quello che vediamo negli Stati Uniti è stato ed è ancora un'anteprima di quello che vedremo dalle nostre parti, più di quello che vediamo in Cina o in Tunisia. Come dire: gli Stati Uniti ci mostrano le prove generali. Sono il canarino, a proposito di miniere.

Frontiera significa coraggio, speranza, fiducia, ma non significa necessariamente futuro, innovazione, cambiamento: i due concetti sono vicini ma non perfettamente sovrapponibili. La frontiera, per esempio, negli Stati Uniti ha sempre incarnato un ideale di purezza incontaminata che è stata amata più dai conservatori che dai progressisti, e associata a uno stile di vita descritto come autentico, semplice, rispettoso di un presunto «ordine naturale delle cose», scettico nei confronti del progresso e della tecnologia, tradizionalista, refrattario ai cambiamenti. Le istituzioni statunitensi sono state davvero un esperimento visionario e unico al mondo: hanno ispirato rivoluzioni e Costituzioni in Francia e in Ungheria, in Svizzera e in Messico, in Argentina e in Germania; hanno disposto per la prima volta la separazione dei poteri descritta da Montesquieu. Il loro successo riformatore però ha prodotto un paradosso: insistendo moltissimo sul valore sacrale di quell'esperimento, la propaganda patriottica nazionale ha finito per considerarlo immutabile, intoccabile, persino nei suoi strumenti. Le stesse istituzioni la cui forza era arrivata in prima istanza dall'aver cambiato modello, dall'aver immaginato soluzioni nuove, oggi sono ancorate a funzionamenti arcaici e inattuali, e per questo si trovano a essere disfunzionali e paralizzate.

Non si può dire che il sistema americano non abbia funzionato. I processi con cui negli Stati Uniti si eleggono ancora oggi il presidente, i deputati e i senatori, come quelli con cui si nominano o si eleggono i giudici, hanno sicuramente concorso a produrre la più grande potenza tecnologica, scientifica, culturale e militare del pianeta. Solo che quelle regole sono ormai vecchie di secoli, pensate per un paese e per un pianeta che non esistono più. Sono uno specchio deformante, e restituiscono all'esterno un'immagine sfigurata del paese, schiacciata tra due caricature opposte. Basti pensare a quanto sia diventato comune che negli Stati Uniti vinca le elezioni chi prende meno voti, non esattamente un problema da poco in una democrazia. Oppure a come la distribuzione geografica della popolazione, sempre più sbilanciata a vantaggio delle zone urbane, distorca i meccanismi di correzione federale esercitati dalle leggi elettorali immaginate due secoli fa proponendo assemblee parlamentari sempre meno rappresentative della popolazione: presto il 30 per cento degli statunitensi – quelli che vivono negli Stati più piccoli e rurali – eleggerà il 70 per cento dei senatori, e viceversa. Oppure al ridisegno strumentale dei collegi elettorali, con cui la politica determina il risultato del voto prima ancora di consultare l'elettorato costruendo collegi composti in larghissima maggioranza da persone che si riconoscono nello stesso partito. Oppure all'impellente necessità di una riforma della Corte Suprema, quantomeno nell'imposizione di maggiore trasparenza alle attività economiche dei giudici, da anni al centro di gravi scandali; una necessità evidente solo quanto l'assenza delle condizioni politiche per realizzarla. Una democrazia che non funziona distrugge la fiducia delle persone nell'idea che le istituzioni possano effettivamente aiutarle a risolvere i loro problemi, e rafforza invece la convinzione che in fin dei conti dovranno sempre trovare un modo per cavarsela da sole, mentre lo Stato anzi cercherà di allungare le mani sui loro risparmi o complicare la strada verso i loro obiettivi. Ne risulterà una classe dirigente ancora più arrabbiata e sfiduciata. Se le regole che tengono in piedi lo Stato non funzionano, poi, cosa resta se non aggirarle? *Cutting corners*, dicono gli americani: tagliare le curve, cercare scorciatoie. Dirla grossa, farla grossa, farla senza precedenti perché avrà valore in quanto tale, e intanto lasciare le cose come stanno, incassando i dividendi di quel fallimento.

È un circolo vizioso, naturalmente: da sempre le istituzioni che avrebbero più bisogno di riforme sono quelle con le minori capacità e possibilità di realizzarle, è uno dei noti e mai superati limiti della democrazia. Non c'è niente che scaldi di più gli americani della retorica sulla grandezza della loro democrazia, ma non c'è niente che gli interessi meno delle discussioni su come prendersene cura.

Le innovazioni che la politica americana ha prodotto e poi prestato al resto del mondo non si limitano alle questioni costituzionali; tra queste, per esempio, ci sono le tattiche di lotta usate storicamente da questo o quel pezzo della popolazione per ottenere libertà e diritti. Forse a questo punto starete pensando alla disobbedienza civile degli afroamericani o alle rivendicazioni sindacali dei lavoratori o all'attivismo della comunità LGBT+, ma il movimento che più di ogni altro ha cambiato il modo in cui si protesta – negli Stati Uniti e non solo – fu quello delle donne che chiedevano il suffragio universale, ottenuto poi nel 1920 con la ratifica del Diciannovesimo emendamento. Le manifestazioni che somigliano a una parata, con la musica, i costumi, gli slogan sui cartelli e gli striscioni a identificare i vari gruppi, le hanno inventate loro. I sit-in e i picchetti silenziosi, persino il chiamarsi «sentinelle»: loro. La disobbedienza civile, la resistenza alle provocazioni, l'uso dello sciopero della fame per ottenere obiettivi collettivi e quello delle pubbliche relazioni per costruire consenso e pressione, le petizioni e le raccolte di firme, il primo presidio mai organizzato alla Casa Bianca, la prima marcia di protesta durante una cerimonia di insediamento: loro.

L'iniziativa politica di maggior successo della destra statunitense negli ultimi anni è un'innovazione crudele all'interno della vecchia e complessa questione dell'immigrazione, innovazione che peraltro ha già trovato emulatori in Europa e anche in Italia. Alcuni Stati di confine, tra cui quelli più esposti all'immigrazione irregolare, in particolare il Texas, hanno organizzato infatti un costoso ma efficiente servizio di trasporto migranti dal proprio territorio verso altre città del paese: soprattutto verso quelle città progressiste che sono solite rompere le scatole sull'accoglienza senza avere idea di cosa significhi vivere sul confine, dicono, che si fanno belle delle loro avanzatissime leggi sull'immigrazione soltanto perché non sono mai state costrette ad applicarle davvero. Quindi gli Stati di confine affittano dei pullman – in qualche caso persino degli aerei – e convincono o costringono decine di migranti, famiglie intere, bambini piccoli a partire per un viaggio verso New York, o Philadelphia, o Chicago, o Denver. A volte li illudono dicendo loro che sono stati inclusi in qualche programma speciale, o che all'arrivo troveranno una casa e un posto di lavoro. I pullman, invece, li scaricano letteralmente in mezzo alla strada, da soli, senza soldi, senza niente; le città non sanno nulla del loro arrivo, lo scoprono a cose fatte, non c'è alcun coordinamento.[9] Ci vogliono ore, se non giorni, prima che le istituzioni e le associazioni di volontariato trovino per ogni persona un posto letto e mettano in moto l'apparato di accoglienza; nel frattempo si consuma una crisi umanitaria sul marciapiede, in quartieri che fino a quel momento non avevano mai visto così tanti migranti tutti assieme, accampati lungo le aiuole e per le strade. Migliaia di persone, famiglie intere, che arrivano tutte in una volta, e che per strada non hanno mai dormito.[10]

Si tratta chiaramente di una provocazione politica, tanto che la Florida di Ron DeSantis ha spedito decine di migranti persino a Martha's Vineyard, la famosa località di villeggiatura del Massachusetts amata dai ricchi di sinistra, una specie di Capalbio statunitense. Ma non è *soltanto* una provocazione politica. Gli Stati conservatori del Sud saranno anche guidati dall'intolleranza o dal desiderio di giustificare approcci sempre più repressivi, ma dicono di voler mostrare alle città progressiste del Nord quanto sia difficile gestire l'immigrazione e quanto sia facile parlare a sproposito, e ci riescono benissimo. D'altra parte doversi occupare di migliaia di persone appena arrivate, trovargli un posto per dormire, dargli da mangiare, esaminare la loro richiesta di asilo non è una circostanza straordinaria negli Stati conservatori del Sud, ma la vita quotidiana: e di fronte alla stessa sfida le città progressiste hanno dimostrato di non saper fornire risultati apprezzabili. New York aveva da oltre quarant'anni un'ambiziosa norma che istituiva il «diritto al ricovero», stabiliva cioè che la città fosse tenuta a garantire un posto letto in un rifugio a chiunque lo chiedesse. Grazie tante, dicevano i texani, con i numeri minuscoli che avete. Cosa è successo a New York dopo l'arrivo di quasi ventimila migranti spediti dal Texas in un anno e mezzo? Che la città ha trasformato in rifugi interi alberghi; che in alcune zone i parcheggi sono diventati tendopoli, facendo arrabbiare i residenti di quartieri in cui una casa ogni due espone i cartelli «no human is illegal»; che i fondi sono finiti e i ricoveri si sono riempiti al punto da non poter più accogliere nessuno; che le scuole erano sotto pressione e faticavano a includere decine di bambini che non conoscevano una parola d'inglese; che alla fine del 2023 il sindaco di New York ha sospeso la legge sul diritto al ricovero,[11] ha derogato agli standard di qualità sull'accoglienza, è andato nei paesi latinoamericani a scoraggiare nuove partenze... e ha cominciato a spedire a sua volta i migranti fuori città, in periferia.

Il Texas ha trasferito oltre cinquantamila migranti dalla

metà del 2022, spendendo a questo scopo quasi 90 milioni di dollari; l'Arizona ne ha spediti quindicimila nonostante sia governata dai Democratici. La città con più arrivi dopo New York è stata Chicago, a cui è capitato di accogliere anche quattordici pullman in un solo giorno; persino la progressista Denver a un certo punto ha iniziato a spedire i suoi migranti a Chicago. Trasferirli costa meno che accoglierli, e sul piano politico è una scelta più facile da difendere con i propri elettori, anche quelli che normalmente predicano l'accoglienza: va bene l'accoglienza, ma proprio qui? «Le proteste contro i migranti si diffondono in luoghi inaspettati» ha scritto il «New York Times» a settembre del 2023 per raccontare una di queste manifestazioni.[12] Per razionalizzare l'incoerenza basta dire che non era il momento giusto, o il modo giusto, o che non bisogna piegarsi a un gioco crudele e darla vinta ai propri avversari.[13]

Il numero delle persone che attraversano irregolarmente il confine fra Messico e Stati Uniti non è mai stato alto come in questi anni: quasi tre milioni nel 2022, oltre due milioni nel 2023. L'economia sarebbe perfettamente in grado di integrarle, e anzi il loro arrivo potrebbe raffreddare un po' il mercato del lavoro a fronte dell'ormai costante e infruttuosa ricerca di manodopera, ma il già fragile sistema dell'accoglienza è stato smantellato durante l'amministrazione Trump e la politica non è in grado di approvare la riforma dell'immigrazione che si attende da decenni. Le uniche misure che vedono la luce sono quelle repressive, tutte costosissime e destinate a fallire pur generando grosse sofferenze: il peggiore dei mondi possibili. L'ultima sono le torri di sorveglianza ad alto livello tecnologico, con radar e sensori che catturano suoni e immagini a distanza di chilometri e le trasmettono alla polizia di frontiera. Ne sono state installate centinaia, probabilmente finiscono per monitorare tutti i residenti che ci vivono intorno, anche quelli in Messico.

Si dice che negli ultimi trent'anni ogni elezione presidenziale statunitense sia stata segnata dall'ascesa di un nuovo medium, che volta per volta si dimostra il migliore o il più adatto allo spirito dei tempi. Ben Smith, il più esperto giornalista statunitense di intersezione tra politica e media, racconta spesso che l'elezione del 1996 è stata quella della CNN mentre l'elezione del 2000 è stata segnata da Fox News. Le prime grandi newsletter di politica furono la novità del 2004, i blog lo furono durante la campagna elettorale del 2008, i social media in quella del 2012. L'uso di Facebook da parte del comitato Trump nel 2016 è stato a lungo raccontato e studiato, mentre il 2020 ha visto il ritorno di centralità di testate come il «New York Times» e il «Washington Post», in controtendenza rispetto al declino globale della stampa tradizionale, e il successo dei loro abbonamenti digitali. Quale prodotto segnerà il voto del 2024? Secondo Smith nessuno. Siamo entrati in una nuova era, infatti: o meglio, ci sono entrati gli Stati Uniti, ma di solito queste cose arrivano inesorabilmente dalle nostre parti. L'era della frammentazione.[14]

I grandi giornali e le grandi tv hanno perso credibilità, il loro pubblico non è più così ampio ed è sempre meno rappresentativo della popolazione. Soltanto la rete permette di parlare a qualcosa che assomigli *al paese* e raggiungere potenzialmente tutti, ma la rete è un miliardo di cose diverse, di canali YouTube e riviste e newsletter e podcast e TikTok e qualsiasi altra cosa. L'arena che un tempo comprendeva soltanto i grandi quotidiani, le grandi riviste e i grandi network oggi comprende un esercito di comici, ex atleti, attori, comitati, influencer, attivisti, *content creator*, ognuno con il suo prodottino, ognuno con la sua affezionata community. Quello che un candidato una volta otteneva facendosi intervistare dai programmi tv della domenica oggi richiede di fare il giro di quindici podcast da qualche decina di migliaia di ascoltatori, giocando sempre fuori casa e senza rete. Sarà l'elezione delle nicchie, e quella in cui sarà più difficile tenere traccia di chi ha detto cosa.

È improbabile ma non impossibile, e tutto sommato plausibile, che nel 2024 saltino i tradizionali confronti televisivi autunnali tra i candidati alla Casa Bianca: i dibattiti all'americana che scandiscono le ultime settimane prima del voto e che tradizionalmente permettono ai candidati di presentare le proprie idee a centinaia di milioni di persone in una volta sola. Le decisioni si prenderanno dopo l'estate, ma sia per Biden che per Trump i rischi superano le opportunità: e sarà molto difficile mettersi d'accordo sui moderatori e sulle regole.

Accanto ai presidenti ottuagenari e alle leggi elettorali che sopravvivono da secoli, al panorama immutabile delle loro downtown più famose e della natura incredibile, alla loro centralità inevitabile e alla forza gravitazionale che esercitano sul resto del mondo, negli Stati Uniti accadono ancora cambiamenti rapidissimi, improvvisi, inattesi. Stravolgimenti che sarebbe più normale vedere nei paesi in via di sviluppo, sia per slancio verso il futuro che per abissi di disperazione, ma che nell'ampia zona grigia tra questi due estremi producono ogni anno variazioni, evoluzioni, creazioni e rivolgimenti che si dipanano peraltro nella direzione indicata dalla forza trainante del denaro, la più amata delle bussole. Spesso non c'è neanche il tempo di accorgersi di un fenomeno, di indagarlo, di raccontarlo, che quel fenomeno è già diventato una cosa diversa; il tempo di guardare verso il fulmine e senti già tuonare altrove. Soltanto negli ultimi dieci anni la popolazione statunitense è cresciuta da 318 a 336 milioni di persone. Il prodotto interno lordo è passato da 18mila miliardi di dollari a 27mila, a prezzi correnti. Il tasso di disoccupazione era intorno al 6 per cento, ora è dimezzato. La devastante crisi economica del 2008, quella innescata dalla bolla dei mutui immobiliari, ha portato a una pragmatica ma profonda riforma finanziaria che è forse il più taciuto risultato dell'amministrazione Obama. Ricordate quando durante il 2023 nel giro di poche settimane fallirono sia un'importante banca californiana, la Silicon Valley Bank, che il Credit Suisse, e sembrava che il sistema finanziario rischiasse di tornare nell'incubo delle corse agli sportelli e dei fallimenti a catena? Sapete perché non ne avete più sentito parlare? Perché non è successo. Il sistema ha funzionato.

Dieci anni fa gli Stati Uniti erano impegnati in due guerre disastrose, una in Iraq e una in Afghanistan, che oggi non combattono più. Le persone detenute erano oltre un milione e mezzo, in calo dai due milioni del decennio precedente; oggi sono poco più di un milione dopo la scarcerazione di centinaia di migliaia di persone condannate per reati non violenti,[15] soprattutto legati allo spaccio di marijuana, in base alle severissime leggi introdotte durante il picco degli omicidi degli anni Ottanta e Novanta. Oggi la maggioranza della popolazione vive in Stati dove la marijuana è una sostanza legale per uso medico e sempre più spesso anche ricreativo,[16] e il 70 per cento degli americani nei sondaggi si dice favorevole a una legalizzazione completa, senza grandi differenze di partito. La legalizzazione ha creato un'industria fiorente – letteralmente – ma che deve fare i conti con le limitazioni imposte dal governo federale, che continua a considerare la marijuana illecita e quindi ne impedisce le transazioni interstatali, costringendo le aziende a limitare la propria crescita e lavorare solo in contanti. Ci sono Stati in cui la marijuana è legale da oltre dieci anni, abbastanza da valutarne le conseguenze e osservare come nessuna delle catastrofi preconizzate dalla destra si sia realizzata: non c'è stato un aumento degli incidenti stradali che si possa legare al consumo di marijuana, né di incidenti domestici o sul lavoro; non è stato dimostrato alcun facile passaggio dal consumo di marijuana a quello di sostanze dagli effetti più pesanti e dannosi per la salute. L'industria sta presentando invece un altro set di problemi: l'enorme consumo energetico richiesto dalle coltivazioni e l'invasività del loro odore pungente; lo stesso odore che si respira costantemente sui marciapiedi di New York, Los Angeles o Chicago, dove il fumo delle sigarette è represso e quello delle canne tollerato. Il narcotraffico ha certamente perso guadagni, ma non ha fermato le sue attività: è emerso come legalizzare la marijuana non faccia sparire lo spaccio illegale né renda superfluo combatterlo, anche allo scopo di tutelare i nuovi business. Quella storia che gli agenti avrebbero avuto più tempo da dedicare ad altri reati... purtroppo non è accaduta. Ma il sistema funziona complessivamente meglio di prima. E non c'è solo la marijuana, che la metà della popolazione statunitense dice di aver fumato almeno una volta e che il l'11 per cento degli americani dice di fumare quasi ogni giorno; vanno forte anche le sostanze psichedeliche come LSD e MDMA, usate sempre più spesso per curare stati di disagio psicologico o dolori cronici, in alternativa agli ormai famigerati oppioidi, che uccidono ancora oltre centomila persone ogni anno.[17]

Dieci anni fa la legge impediva di sposarsi alle coppie dello stesso sesso, persino il presidente Obama a lungo si era detto scettico; oggi il matrimonio egualitario è considerato come le autostrade o gli aeroporti, nel senso che c'è, serve e a nessuno verrebbe in mente di portarlo via. Contrariamente a quanto suggeriscano le narrazioni su una sempre crescente liberazione sessuale, però, negli Stati Uniti tutti fanno in generale sempre meno sesso: la quota di adolescenti che dice di non avere alcuna attività sessuale, né da soli né con altri, ha raggiunto il 44,2 per cento fra i ragazzi e il 74 per cento fra le ragazze.[18] Tra gli adulti le percentuali non sono migliori.[19] Sia nello Utah che in Louisiana si è verificata una singolare temporanea alleanza tra i gruppi religiosi e quelli femministi attorno a leggi che hanno molto limitato l'accesso alla pornografia online, considerata da entrambi i soggetti pericolosa e problematica seppure per ragioni ideologicamente diverse. Oggi in Utah e Louisiana l'industria del porno è considerata legalmente perseguibile se consente ai minorenni di accedere ai propri contenuti, e chiunque tenti di accedere a Pornhub, uno dei siti di contenuti porno più famosi e visitati al mondo, deve confermare di essere maggiorenne caricando un documento d'identità. Lo stesso accade visitando moltissimi altri servizi simili. Dal momento che basta saper maneggiare uno smartphone per accedere teoricamente a tutto il porno disponibile online, non mancano certamente alternative: ma si crede che creare questo attrito possa contribuire ad allontanare dalla pornografia soprattutto le persone più giovani, i bambini, gli adolescenti, i soggetti più fragili che i governi hanno la responsabilità di proteggere. La legge dello Utah passò nel 2006 e fu molto ridicolizzata in giro per il mondo, ma fu approvata dal Congresso statale all'unanimità e oggi è considerata un successo; altri 14 Stati da allora hanno approvato risoluzioni che dichiarano l'esposizione potenzialmente illimitata delle giovani generazioni alla pornografia come «una crisi di salute pubblica».

Alla fine del 2023, pochi giorni prima di Natale, il presidente Biden ha esteso la possibilità di richiedere la grazia a migliaia di persone condannate per reati federali legati all'uso e al possesso di marijuana. Queste persone sono già state tutte scarcerate, ottenere la grazia gli renderà molto più semplice trovare lavoro, comprare una casa o un'automobile.

Da qualche anno la maggioranza delle coppie negli Stati Uniti dice di essersi conosciuta online. Gli studi che mostrano l'evoluzione delle relazioni umane mostrano come ci sia stato nel frattempo un crollo del numero delle coppie nate dopo un incontro favorito da amici comuni, sul posto di lavoro, all'università, in un luogo di culto o nel vicinato.[20] Negli ultimi dieci anni è diminuito molto anche il numero di ore che gli americani dichiarano di passare in compagnia dei loro amici, mentre è cresciuto il tempo che gli americani trascorrono da soli.[21]

La fila non sembrava esattamente una fila. Bisognava soffermarsi almeno per qualche minuto, infatti, prima di notare il lento movimento di quel capannello e prendere atto che quelle persone non stavano semplicemente chiacchierando sul marciapiede o scorrendo le notifiche sul cellulare con in mano una tazza di caffè: erano in coda. Girato l'angolo la colonna si faceva più densa, occupava la parte destra del marciapiede per lasciar libero il passaggio, procedeva con indolenza e andava a finire – o iniziare – dentro il grande portone di un palazzo molto alto, e poi dentro l'androne, e poi su per una rampa di scale, e poi un'altra, e un'altra ancora, sempre sulla destra, sempre più schiacciata, con una o due persone per gradino ad attendere il proprio turno, finché al pianerottolo del terzo piano si infilava dentro l'appartamento che poi era la ragione per cui tutte quelle persone erano in fila. Bilocale, 35 metri quadrati, East Village, New York. Buone condizioni, niente ascensore, 2300 dollari al mese.[22] In un posto come Manhattan, dove l'affitto mediano per un appartamento è 4000 dollari al mese, praticamente un affare: e quindi anche una buona ragione per trascorrere sul marciapiede una discreta parte del proprio sabato pomeriggio. In coda c'erano quasi esclusivamente coppie, qualche persona da sola, persino qualche famiglia con figli piccoli al seguito. Pochi trentenni, tanti quarantenni e cinquantenni, qualcuno ancora più grande. Ventenni non pervenuti. A un certo punto l'agente immobiliare è uscito dall'appartamento e si è scattato un selfie mostrando entusiasta la lunga coda dietro i suoi denti bianchissimi. L'appartamento sarebbe rimasto sul mercato un giorno e mezzo, trovando un inquilino dopo aver ricevuto otto offerte, tutte ovviamente al rialzo sul prezzo di partenza.

Dal 1980 a oggi i prezzi delle case a New York sono cresciuti di oltre il 700 per cento, a San Francisco l'aumento è stato del 932 per cento: sono i picchi di un fenomeno che ha coinvolto tutto il paese. Il prezzo mediano di una casa negli Stati Uniti ha superato i 450mila dollari, in California gli 800mila.[23] Le case costano sempre di più, sia da comprare che da affittare, e l'inflazione spiega solo una parte di questa crescita. L'indice generale dei prezzi, infatti, dal 1980 è cresciuto del 268 per cento, quello degli stipendi del 316 per cento: aumenti molto più bassi di quelli che hanno incontrato i prezzi delle case. Vuol dire che negli ultimi trent'anni, mentre scendeva progressivamente il numero di ore che bisognava lavorare per acquistare quasi tutto, dagli elettrodomestici al cibo alle automobili, prodotti che peraltro diventavano anche costantemente migliori, con le case avveniva l'esatto opposto: e diventava invece più grande la quota del proprio reddito da destinare al mutuo o all'affitto. Più grande la quota, quindi più dolorosa, quindi per alcuni a quel punto irraggiungibile. Gli americani sanno recitare a memoria la lista dei responsabili delle attuali condizioni impossibili del mercato immobiliare: volta per volta saranno il sindaco e la sua subalternità ai grandi interessi economici, i turisti che colonizzano i quartieri con i loro Airbnb, gli immigrati che arrivano e pagano in contanti o quelli che arrivano e si sistemano in dieci in due stanze, gli studenti che fanno scappare le famiglie e i costruttori che le spennano, i fondi d'investimento che comprano solo per speculare, eccetera. Con tutta questa scelta, ognuno ha il suo colpevole preferito, ovviamente in perfetta sintonia con le proprie convinzioni di partenza. Sul piano scientifico e accademico, però, il dibattito sulla faccenda è concluso e lascia poco spazio alle opinioni: i prezzi delle case sono cresciuti così tanto per la più banale delle leggi dell'economia, quella della domanda e dell'offerta, e quindi per l'ancora più banale ragione che negli Stati Uniti non ci sono abbastanza case. Sono stati condotti centinaia di studi e di ricerche negli ultimi dieci anni, da analisti e docenti universitari ed esperti di ogni orientamento politico-ideologico, e non ci sono grandi dubbi sulle loro conclusioni: è una questione aritmetica. Lo sviluppo immobiliare si è arrestato bruscamente con la crisi economica del 2008, innescata dal fenomeno opposto e dai mutui erogati spericolatamente dalle banche, ma da allora la popolazione statunitense è molto cresciuta. I dati ufficiali mostrano come dal 2012 al 2021 negli Stati Uniti si siano formati 12,3 milioni di nuovi nuclei familiari, attraverso l'immigrazione o la crescita demografica interna, ma nello stesso periodo il numero di case e appartamenti nel paese sia cresciuto solo di 7 milioni. Di conseguenza, oggi negli Stati Uniti mancano almeno 5 milioni di unità abitative, anche se alcune stime sostengono che ne servano addirittura 6 o 7 milioni.[24] Le case sfitte, dite? Sono in calo dal 2010 e si trovano in grandissima parte in luoghi di villeggiatura.[25] E non è finita qui. Negli Stati Uniti servirebbero più case anche se la popolazione fosse rimasta la stessa di venti o trent'anni fa, perché oggi le famiglie sono più piccole di allora, perché mai così tanti americani hanno abitato da soli quanto oggi,[26] perché l'immigrazione continua a portare più single e giovani coppie che famiglie numerose. Lo stesso numero di persone richiede insomma più case di prima, e le case americane col passare dei decenni sono anche diventate più grandi: soltanto a New York oltre centomila appartamenti sono spariti poiché accorpati dai proprietari ad altri appartamenti,[27] e parliamo di New York, un posto dove anche persone benestanti vivono notoriamente in spazi piccolissimi. Fuori dalle grandi città sono diventate più grandi soprattutto le abitazioni monofamiliari, diffusissime in larga parte del paese, con il loro inefficiente utilizzo del suolo e la congestione automobilistica che producono spalmando la popolazione su spazi vastissimi. Il rattrappimento dell'offerta di case si deve anche alla diffusione dei mutui a trent'anni a tasso fisso, molti dei quali sono stati sottoscritti durante la recente epoca di tassi di interesse minuscoli e prima che l'inflazione sconquassasse tutto: accordi che oggi risultano troppo vantaggiosi per essere abbandonati in cerca di una casa più grande o in una posizione migliore,[28] e che ingessano ulteriormente il mercato. Le case non costano sempre di più per via di Airbnb o dei fondi di investimento, che controllano porzioni limitatissime dello stock immobiliare statunitense e forniscono servizi che altrimenti non sarebbero disponibili: chi affitta una casa per due settimane o per un mese non potrebbe farlo con una camera di albergo, mentre il mercato degli affitti permette di avere un tetto sulla testa a milioni di famiglie che non potrebbero accedere a un mutuo. Le case costano sempre di più perché ce ne sono sempre di meno: gli stessi fondi si rallegrano apertamente di ogni dato che mostra un calo nell'offerta, e nelle trimestrali di cassa dicono di essere preoccupati solo da un eventuale aumento delle nuove costruzioni.[29] Ma è inutile insistere. Se stessimo parlando di automobili o di salmoni o di energia o di qualsiasi altro bene o servizio, tutta questa spiegazione non sarebbe necessaria: sappiamo bene che un calo della produzione di questi beni o servizi porterebbe a un aumento dei loro prezzi, mentre un grande aumento nella loro disponibilità lo farebbe diminuire. Pensate a quello che accade ogni giorno con il prezzo della benzina, oppure a quello che è successo alle filiere industriali durante la pandemia, oppure a una qualsiasi crisi che coinvolga le materie prime. Eppure, quando si parla di case, né la politica né gli americani sembrano aver fatto pace con la realtà: tutti pensano di poter avere tutto.

La sinistra chiede una politica migratoria più accogliente, sostenendo che l'economia statunitense possa integrare molte più persone straniere di quanto faccia oggi. Ok, ma dove li mettiamo questi nuovi americani, se non costruiamo delle case? La destra promuove invece un modello tradizionale di famiglia, sostenendo che la società statunitense abbia bisogno di fare più figli. Molti più figli! Ma vale anche per loro la stessa domanda: ok, ma dove li mettiamo questi nuovi americani? Da dove le tiriamo fuori le stanze che servono alle coppie che vogliono allargare la famiglia? Ah, ovviamente sia destra che sinistra chiedono anche che affittare o acquistare una casa costi meno di quanto costi adesso. Nel frattempo però si oppongono all'unica cosa che sarebbe dimostrabilmente in grado di far scendere i prezzi – cosa che infatti è avvenuta, dove è stato fatto –[30] cioè lo sviluppo immobiliare, citando volta per volta ipocrite preoccupazioni ambientali o il rischio di compromettere l'identità dei quartieri, la carenza di parcheggi o di scuolabus, la necessità di preservare un qualche luogo per il quale possa essere sbandierato un interesse storico, anche un parcheggio o un vecchio negozio abbandonato. Lo fanno impegnandosi e spalleggiandosi a vicenda, malgrado le note rivalità, e riescono a fermare l'approvazione di nuove costruzioni e di modifiche ai piani regolatori, presentano ricorsi su ricorsi per bloccare i cantieri, chiedono che le valutazioni di impatto ambientale vengano ripetute e poi ancora ripetute pur di prendere tempo, organizzano referendum e sfiduciano i loro rappresentanti approfittando dei moltissimi poteri garantiti dalle leggi locali statunitensi a chi una casa la possiede già.

E qui arriviamo alla ragione di questo strabismo che unisce destra e sinistra e taglia trasversalmente l'intera società americana: l'aumento dei costi delle case rappresenta un grosso problema solo per le persone che una casa non ce l'hanno, e quindi hanno bisogno di acquistarne una o di prenderla in affitto. Per gli americani che una casa la possiedono già, cioè ben i due terzi del totale,[31] la scarsità dell'offerta e l'aumento dei prezzi sono stati tutto meno che tragedie: sono stati un grande affare. Le loro case non hanno mai avuto un valore così alto, che decidano di venderle o di lasciarle ai figli, e li hanno resi milionari senza che muovessero un dito; se invece le hanno messe in affitto, non hanno mai potuto chiedere così tanti soldi ai loro inquilini come hanno fatto in questi anni. Una discesa dei prezzi romperebbe questo sistematico trasferimento di ricchezza da chi ha di meno a chi ha di più, e avrebbe quindi l'ulteriore conseguenza di permettere l'accesso al mercato immobiliare anche a chi oggi ne è escluso, alle famiglie più povere, a quelle appena immigrate, a quelle non bianche, a quelle che una villetta nei quartieri suburbani l'hanno sempre solo potuta sognare. E chi le vuole, come vicini di casa? «Nelle nostre comunità» ha detto una volta il senatore statunitense J.D. Vance, «se non possiedi una casa, non sei un vero cittadino.»

È vero che costruire nuove case ne farebbe scendere il valore e il prezzo, e questo è *esattamente* il motivo per cui i proprietari non vogliono che accada: col paradosso che le persone più convinte dell'efficacia di questa politica sono quelle che la contrastano con tutte le forze, mentre chi ne sarebbe avvantaggiato preferisce prendersela con Airbnb o con i fondi d'investimento o con il presidente, lo ha letto da qualche parte, forse su Twitter.

Il problema nel problema è che quando si parla di case non si parla mai soltanto di case. Le condizioni del mercato immobiliare hanno implicazioni così vaste da generare conseguenze anche in settori apparentemente molto lontani, da produrre tendenze culturali e sociali, persino sanitarie e ambientali, al punto da determinare così tanto del posto in cui viviamo che qualcuno sostiene esista una «teoria immobiliare del tutto», una teoria secondo cui il prezzo delle case e soprattutto le sue conseguenze siano in grado di spiegare o comunque condizionare ogni fenomeno.[32] Quando i prezzi delle case crescono fino a diventare proibitivi per un pezzo significativo della popolazione, e costringere non solo le persone più povere ma anche la classe media o i pensionati a stanziare il 30 o il 40 per cento dei loro redditi per mettersi un tetto sopra la testa, accadono molte altre cose. L'impossibilità di avere una stanza in più o di sostenere le spese necessarie per crescere un figlio distruggono i tassi di natalità, e contemporaneamente rendono interi quartieri inaccessibili ai pensionati e agli studenti universitari, creando contesti urbani disfunzionali in cui le uniche persone in grado di condurre vite dignitose sono trenta-quarantenni che lavorano dalla mattina alla sera. Senza le famiglie, senza i più giovani e senza i più anziani, cambiano anche i servizi offerti dalle città: i negozi aprono sempre più tardi la mattina e chiudono sempre più tardi la sera, trovare un ferramenta o un parrucchiere o un meccanico diventa sempre più difficile, in compenso i marciapiedi diventano una lunga lista di cocktail bar e caffetterie mentre i negozi che sopravvivono sono quelli delle grandi catene. L'alternativa, per chi non guadagna abbastanza, è andare fuori: fuori dal centro, poi fuori dalla periferia, poi fuori dalla città, magari in un'altra città, e questo genera il traffico infernale delle highway statunitensi e in ultima istanza cambia radicalmente lo stile di vita delle persone. Sviluppare le città in verticale, puntando sulla densità e non sull'ampiezza, permette di costruire contesti camminabili, in cui sia possibile spostarsi in bici o avere una rete di mezzi pubblici, in cui il percorso verso il luogo di lavoro duri un tempo ragionevole. Sviluppare le città in orizzontale, come una distesa di costose villette a schiera, costringe le persone a passare ore e ore in mezzo al traffico ogni giorno, aumenta l'inquinamento, crea comunità rigidamente separate e fa diminuire i consumi non essenziali, oltre a rendere impensabile andare a lavorare a piedi oppure in bicicletta. Il costo delle case distrugge poi ovviamente anche i servizi, siano questi pubblici o privati: quanto bisognerà pagare un'autista della metropolitana o un fornaio, una baby sitter o un infermiere, un insegnante o un'agente di polizia, perché possano pagarsi un affitto nella città in cui lavorano? Le grandi città fanno sempre più fatica ad assumere dipendenti per i servizi pubblici, e devono fare i conti con altissimi tassi di turn over.[33] Capiamoci, il problema non è di per sé che i prezzi siano *alti*, nessuno pensa di togliere questo giudizio al mercato, e ci sono sempre state abitazioni più care di altre; al contrario, è proprio per proteggere il mercato dalle distorsioni esercitate dagli *insider* contro gli *outsider* che servirebbe intervenire per evitare che i prezzi delle case possano essere *così più alti* rispetto agli stipendi e agli altri costi della vita. Quando i prezzi delle case sono così alti, si irrigidisce anche il mercato del lavoro: pochi lavoratori giovani in arrivo, poca propensione a prendersi il gran rischio di licenziarsi in cerca di un impiego migliore, tante persone che fanno un lavoro che non vorrebbero fare perché non possono permettersi di guadagnare meno. Quindi diminuisce la produttività, già pesantemente intaccata dalle ore quotidiane di pendolarismo. Diventa impensabile cucinare in casa, quando si esce alle 6 e si ritorna alle 20, ma pazienza, ci sono a disposizione chilometri e chilometri di fast food e take away. Prezzi così alti producono anche cambiamenti più sottili, creando fenomeni socioeconomici come quello dei cosiddetti DINK – *double income no kids*, coppie senza figli con due redditi – oppure impedendone altri come l'attrazione esercitata dai prezzi bassi verso giovani, artisti, persone squattrinate e ambiziose in cerca di una chance, l'ingrediente segreto del fascino statunitense. «I costi delle case distorcono ogni aspetto della vita statunitense, ovunque» hanno scritto i sostenitori della teoria immobiliare del tutto. «Cosa mangiamo, quando lo mangiamo, che musica ascoltiamo, che sport pratichiamo, quanti amici abbiamo, quanto spesso vediamo le nostre famiglie, dove andiamo in vacanza, quanti figli abbiamo, che tipo di aziende abbiamo fondato: tutto viene deformato dall'alto costo degli alloggi. Inoltre, le grandi città esportano la loro carenza di alloggi anche nelle piccole città, nelle periferie e nelle aree rurali. Nessun luogo è immune.»

La seconda casa più visitata negli Stati Uniti dopo la Casa Bianca si trova appena fuori da Memphis, in Tennessee: si chiama Graceland ed è la famosa casa di Elvis Presley. Oggi è gestita da una fondazione a cui gli eredi hanno ceduto la maggioranza delle quote ed è parte di un grande complesso museal-turistico che comprende una montagna di cimeli della carriera di Elvis, il garage con le sue auto, i suoi abiti, persino i suoi due aeroplani, ovviamente la sua tomba, qualcosa come nove diversi negozi di souvenir. Il pezzo forte dell'esposizione, però, è proprio la casa. I fan di Elvis ne ammireranno il meraviglioso arredamento anni Sessanta, l'onnipresenza della moquette e degli specchi, la scelta di avere *almeno* una televisione in ogni stanza, la sala da biliardo completamente avvolta da drappi di stoffa in barba a ogni norma antincendio, passeggiando nella residenza di quella che un tempo era la più grande star del pianeta. Elvis comprò quella casa quando era già Elvis, e voleva che rappresentasse un luccicante biglietto da visita, un simbolo della sua grandezza, come i suoi abiti o le sue auto. Le diede persino un nome, Graceland, appunto: doveva essere una casa all'altezza di Elvis. La pagò 150.000 dollari, al cambio odierno circa un milione e mezzo di dollari. Solo che oggi con un milione e mezzo compri un bilocale a San Francisco. Un trilocale, in certe zone di Milano. Ed è una bella casa, Graceland, certo, grande, su due piani, con un incantevole giardino: come certe villette in Brianza.

L'82 per cento di tutte le unità abitative presenti a San Francisco vale più di un milione di dollari.[34]

Dal momento che il prezzo degli affitti è una ferita aperta ma a nessuno piace sentirsi dire che la soluzione sia costruire, costruire e costruire, le città tentano periodicamente strade alternative per dare almeno l'impressione che si stia facendo qualcosa. La città di New York, per esempio, alla fine del 2023 ha approvato un regolamento molto restrittivo sugli affitti di stanze e appartamenti tramite piattaforme come Airbnb e Booking, mettendoli di fatto fuori legge per tutti i soggiorni più brevi di trenta giorni e rendendo necessaria un'autorizzazione comunale per quelli più lunghi. L'idea che questa misura possa avere un effetto sull'offerta di immobili in affitto è delirante, e non solo perché nel frattempo ovviamente è già nato un fiorente mercato di affitti in nero sui siti di annunci e sulle bacheche di Facebook.[35] New York ha nove milioni di abitanti, sessanta milioni di turisti ogni anno, otto milioni e mezzo di case; ogni anno autorizza la costruzione di circa ventimila unità abitative e ne completa altrettante. E sono poche, per le necessità che avrebbe. Solo che gli appartamenti in affitto su Airbnb erano ancora di meno: quelli «illegali» viaggiavano in tutto tra i dieci e i quindicimila.

Cosa è successo? Gli alberghi sono diventati più cari, ora che non hanno più la concorrenza di Airbnb.[36] Qualcuno che progettava di spostarsi soltanto per qualche mese, per frequentare un corso o provare un nuovo lavoro, ha rinunciato ai propri piani non potendo permettersi di passare tre mesi in albergo: la loro vita ha preso un'altra direzione. Altri si sono rassegnati a pagare un affitto più alto di quello che avrebbero trovato su Airbnb. Tombola.

Negli ultimi anni sempre più scuole negli Stati Uniti hanno deciso di usare parte dei loro fondi – o raccoglierne appositamente da privati – allo scopo di comprare terreni da occupare con case prefabbricate da destinare agli insegnanti, per permettere loro di soggiornare nei dintorni della scuola senza sobbarcarsi i costi proibitivi di un affitto.[37] A volte sono gli Stati a mettere a disposizione terreni e autorizzazioni. Lo stipendio base di un insegnante è cresciuto molto meno di quanto siano cresciuti gli affitti, e nelle quindici più grandi città americane questo rende impossibile affittare persino un monolocale: quindi ci sono insegnanti che ogni giorno passano in auto lo stesso numero di ore che passano con gli studenti, e molti altri che resistono solo pochi anni o rinunciano prima ancora di cominciare. Le cattedre vacanti sono decine di migliaia.

Dopo la pandemia, e la fuga dei lavoratori dalle loro scrivanie nei palazzoni del centro, il 22 per cento degli uffici di Manhattan è vuoto. È la percentuale più alta da quando si tiene traccia di questo dato, cioè dal 1984; l'equivalente di quaranta Chrysler Building tutti vuoti uno accanto all'altro.[38] È un grosso problema per decine di grandi sviluppatori e grandi proprietari, che si sono indebitati con le banche per comprare grattacieli che non riescono più a riempire: ma loro possono smettere di pagare le rate del prestito e lasciare l'edificio alle banche per uscirne relativamente indenni. Il problema più grosso ce l'ha la città, con interi quartieri svuotati e oggi pericolosi e persi, e un bilancio comunale che dal nulla ha dovuto rinunciare a un quinto di quello che incassa dalle tasse sugli affitti. Salvo trovare rapidamente qualche contromisura, nel giro di pochi anni questi mancati introiti produrranno conseguenze sulla qualità dei servizi pubblici, delle scuole, dei vigili del fuoco, dei parchi. Un'idea sarebbe trasformare quegli uffici in abitazioni, case, appartamenti; uffici che peraltro talvolta erano già stati stabilimenti industriali. Che giro.

È capitato che le città che stanno costruendo di più, e che quindi si stanno rilanciando anche attraverso l'immigrazione di massa di centinaia di migliaia di persone soprattutto dalla California e da New York, si trovino quasi tutte a sud: Dallas, Phoenix, Miami, Atlanta, Nashville. Sono alcuni dei luoghi più torridi degli Stati Uniti, ha scritto

Andrew Needham, storico ed esperto del West americano, «ma chi si trasferisce non lo fa per il tempo: lo fa per la casa».[39]

Le auto saranno un ottimo punto di osservazione per capire i cambiamenti delle città statunitensi nel prossimo futuro. Da una parte perché proseguirà la diffusione dei taxi con pilota automatico, automobili guidate da un sistema informatico che muove il volante, cambia le marce e soprattutto osserva il traffico intorno a sé, si muove sulle stesse strade delle altre auto, mette la freccia, dà la precedenza, sorpassa, si ferma sulle strisce pedonali. Prende decisioni, insomma. Ci sono sperimentazioni in corso a Phoenix, a San Francisco e Austin, accolte con qualche preoccupazione e contestazione. Il sistema è ancora parecchio più costoso di un taxi normale, quindi economicamente improponibile al pubblico; e per quanto funzioni molto bene, non potrà mai garantire di evitare completamente ogni incidente. Ma l'opinione pubblica giudicherà gli incidenti stradali causati dai sistemi informatici come giudica quelli causati dalle persone? E la politica? Dall'altra parte, negli ultimi quindici anni gli incidenti stradali letali sono cresciuti fino ad arrivare al picco più alto dal 2005, nonostante le automobili siano sempre più avanzate e sicure. Gli esperti concordano che la ragione principale sia l'uso dei telefoni cellulari alla guida.[40] In ogni caso, queste tecnologie esistono già, fanno il loro dovere ed è plausibile che presto siano installate sulla grandissima parte delle auto nuove. Ci saranno grandi battaglie legislative, ma la parte più banale del futuro che attende gli americani – e quindi prima o poi anche noi – sarà chiedere alla propria auto di parcheggiarsi da sé, dopo che ci avrà lasciati davanti al portone di casa, oppure di farsi trovare da qualche parte a una certa ora. Cambieranno moltissimo anche le norme e le logiche attorno ai parcheggi. Una frase che sarà normale pronunciare tra qualche decennio: «Ma ti ricordi quando le macchine dovevamo parcheggiarle noi?».

Entro il 2025 dagli aeroporti di New York e Los Angeles sarà possibile prendere un taxi elettrico volante, una specie di via di mezzo fra un elicottero molto piccolo e un drone molto grande, grande abbastanza da contenere un paio di persone o qualche scatolone di merce. Il servizio di aerotaxi servirà a portare le persone da e verso l'aeroporto evitando il traffico delle auto e abbattendo la durata del viaggio. Sono silenziosissimi, al contrario delle auto, dei treni e degli elicotteri, e non emettono sostanze inquinanti. All'inizio il servizio sarà piuttosto costoso, ma l'obiettivo è arrivare in un tempo ragionevole a un prezzo paragonabile a un noleggio con conducente. Ci saranno simili sperimentazioni anche a Roma e a Milano.

La città statunitense che è cambiata di più, tra quelle che non avete mai sentito nominare, si chiama Waco e si trova in Texas. La storia della sua ascesa non è soltanto paradigmatica del successo del Texas, da tempo di gran lunga lo Stato americano più importante e influente, ma anche di qualche meccanismo contemporaneo capace di generare, per l'appunto, grandi cambiamenti. Waco ha 140.000 abitanti e si trova più o meno a metà strada fra Dallas e Austin, forse le due aree urbane che crescono di più in tutto il paese, ma fino a poco tempo fa non se la passava benissimo: le grandi arterie del traffico che collegano le due città la aggirano e Waco non aveva una grande reputazione, dopo che nel

1993 era finita nelle cronache internazionali per l'assedio delle truppe federali contro l'edificio di una setta armata e violenta, che si concluse col massacro di 73 persone.[41] Se oggi parli di Waco a un americano a caso, però, la prima cosa che gli verrà in mente non è la strage dei Davidiani, questo era il nome della setta, bensì un programma televisivo di case, ristrutturazioni e arredamento: «Fixer Upper», condotto dai coniugi Chip e Joanna Gaines, un format trasmesso da Home and Garden TV (HGTV) e noto anche in Italia col titolo «Casa su misura». Sia Chip e Joanna che il loro successo sono un distillato dell'America contemporanea, e della sua capacità di inventarsi sempre nuove occasioni di sviluppo e rinnovamento della propria storia, oltre che dei propri luoghi, anche concedendosi ipocrisie e vanità. Rimasticando il progresso per come viene immaginato nelle aule universitarie, ma comunque digerendolo. E del grande potere dei media, ovviamente.

Chip è un cinquantenne texano prodotto con lo stampino, i capelli e la barba bionda, la pelle che diventa rossa al sole, il collo largo come la testa: fa il carpentiere, ovviamente, ristruttura le case. Joanna, la moglie, ha origini coreane e libanesi, è laureata in comunicazione. Aveva cominciato girando per rigattieri e negozi di antiquariato in cerca di mobili per le case su cui stava lavorando il marito. Poi prese a farlo sistematicamente, costruendo progetti completi di arredamento d'interni da offrire ai clienti. Infine è arrivata la televisione, e il grande successo. In sette stagioni Chip e Joanna hanno ristrutturato centinaia di case, fino a guadagnarsi l'apertura di un loro canale televisivo dedicato, Magnolia Network. Il loro quartier generale, che si trova a Waco, viene visitato da centinaia di migliaia di persone ogni anno. Nel tempo hanno aperto supermercati, negozi di oggetti per la casa, ristoranti, agenzie immobiliari, negozi di mobili, una rivista, un brand di abbigliamento, e hanno venduto milioni di copie di libri di ricette. Soprattutto, si sono dimostrati straordinariamente capaci di influenzare il gusto degli americani. Le case che arredano e ristrutturano nei loro programmi, mostrando ogni passo del processo in episodi dalla struttura pressoché sempre identica, mescolano lo stile tradizionale del Texas con un gusto più moderno, per quanto certamente provinciale. Orologi giganti, legno dipinto di bianco, ferro battuto, slogan new age e piante d'appartamento, insieme alle corna di un *longhorn* e a una poltrona di pelle. È stato detto che Chip e Joanna ricordino Homer e Marge Simpson, con lui nel ruolo del marito impulsivo ed entusiasta e lei a compensare con sensibilità, saggezza e realismo. Ma il modo in cui interpretano i loro personaggi, in un programma televisivo strutturato come un reality, ha attirato l'attenzione e provocato discussioni e polemiche. Chip e Joanna sono evangelici – il loro quartier generale è stato definito «la Disneyland degli evangelici» – e frequentano una chiesa il cui pastore è noto per esprimere spesso posizioni apertamente intolleranti e omofobe. Loro hanno cinque figli e si sono sempre tenuti maniacalmente lontani dalla politica, limitandosi a trasmettere un generico messaggio di amicizia e rispetto per tutti ma sottraendosi a ogni forma di partecipazione al dibattito pubblico, una cosa non così comune fra i personaggi televisivi statunitensi. Lei poi non è la tipica quarantenne texana, e non solo per i suoi lineamenti: indossa le Birkenstock, ha sempre le unghie molto curate, nei suoi locali fa servire avocado toast e *chai latte*, oltre a un menu vegano completo, la sua cucina texana è sempre rivisitata. Chip e Joanna incarnano i più antichi stereotipi di genere in chiave contemporanea: il marito si dedicherà pure ai lavori manuali, e la moglie sarà anche la regina della casa, ma tutti hanno chiarissimo che il capo della coppia sia lei.

Mentre gli americani di provincia venivano conquistati da questo stile e si riempivano le case di ceste di vimini, candele profumate e cuscini con le scritte, la città di Waco è stata investita dalla loro onda. Il numero dei turisti è triplicato durante le prime quattro stagioni del programma, arrivando a superare i due milioni e mezzo in un anno. Sono nate centinaia di nuove imprese attorno all'ospitalità dei turisti e alle attività collegate alla visita dei luoghi di Chip e Joanna: escursioni, mercatini, festival, concerti. Soltanto la loro azienda ha oltre 500 dipendenti. Ci sono persone che vengono a comprare casa a Waco solo per tentare di farla ristrutturare a Chip e Joanna, ma non tutte poi si trasferiscono: alcuni le mettono su Airbnb, altri le rivendono, rivolgendosi al mercato dei grandi fan del programma. In entrambi i casi, ne guadagnano cifre spropositate. Il business non si ferma mica con Chip e Joanna.

Al termine della premiazione degli Oscar che fu eternata dallo schiaffo di Will Smith a Chris Rock, il film che ricevette il maggior numero di premi fu *Dune*. Un caso interessante. Il regista del film è canadese. Il suo direttore della fotografia è australiano. Il responsabile del montaggio è inglese. La colonna sonora l'ha scritta un tedesco. Nel suo cast ci sono attori inglesi, svedesi, spagnoli. Eppure è inequivocabilmente un prodotto statunitense, che arricchisce aziende statunitensi e persone statunitensi: e non lo fa con il protezionismo, attraverso limiti e vincoli che tengano fuori dal paese i direttori della fotografia australiani e i compositori tedeschi per proteggere i loro omologhi statunitensi, bensì creando un contesto professionale che attragga naturalmente le persone più talentuose al mondo e che le porti a pensare che la loro più grande ambizione, benché siano francesi, messicani, polacchi o cinesi, non possa che essere lavorare per consolidare il predominio culturale ed economico... statunitense.

Che peccato non conoscere i dettagli della riunione durante la quale qualcuno per la prima volta deve aver proposto, rivolgendosi ai più importanti dirigenti di Disney, la trama di quello che sarebbe dovuto diventare un nuovo film d'animazione: un giovane leone viene accusato ingiustamente di aver ucciso suo padre nel colpo di stato organizzato da suo zio. Colonna sonora di Elton John. Bizzarro, come minimo. La storia del *Re leone* era originale, per quanto evidentemente ispirata all'*Amleto* di William Shakespeare, e Disney non aveva mai prodotto un film d'animazione che non fosse l'esplicito adattamento di una fiaba o di un romanzo. Inoltre non erano previsti esseri umani fra i personaggi, anzi, la storia non contemplava proprio l'esistenza degli esseri umani, al contrario di *Bambi*. E quando la vicenda veniva scossa da una morte traumatica, la sceneggiatura prevedeva di mostrarla. Tra i dirigenti Disney c'era molta perplessità attorno a quel progetto. Nel 1994, poi, l'azienda era molto diversa da quella colossale che conosciamo adesso, e stava appena cominciando a riprendersi dopo anni di irrilevanza culturale, grandi fatiche economiche e prodotti deludenti: il successo della *Sirenetta* aveva aperto la strada a quelli della *Bella e la bestia* e *Aladdin*, che erano andati benissimo. Disney aveva già deciso quale sarebbe stato il prossimo campione d'incassi e da anni aveva messo i suoi migliori artisti a lavorare su un progetto molto ambizioso, il suo primo film d'animazione tratto da una storia realmente accaduta, l'incontro fra un gruppo di avventurieri britannici e una tribù di indigeni. Si sarebbe intitolato *Pocahontas* e la sua lavorazione avrebbe richiesto ancora diversi mesi. Con qualche tentennamento si decise allora di cominciare la produzione del *Re leone*, col solo scopo di tappare un buco, tanto che ne fu programmata un'uscita estiva, nello stesso periodo dei nuovi film di Arnold Schwawrzenegger (*True Lies*), Keanu Reeves (*Speed*), Harrison Ford (*Sotto il segno del pe-*

ricolo) e Tom Hanks (*Forrest Gump*). Non esattamente l'esordio che scegli per un film su cui nutri qualche aspettativa. Il team fu messo insieme raccattando personale da ogni divisione dell'azienda, coinvolgendo chi era rimasto senza un progetto, chi non era entrato nel gruppo di lavoro di *Pocahontas*, chi era stato appena assunto, chi veniva da un fallimento. Erano le riserve, per essere gentili; in azienda infatti diventarono presto «quelli del film con gli animali parlanti». Sarebbero diventati quelli del film che avrebbe cambiato per sempre il business di Disney e l'industria dei film d'animazione.

Lavorarono a fari spenti per un paio d'anni, sviluppando la storia, i personaggi, il contesto, interrogandosi sui colori, la colonna sonora, i nomi e le voci. Poi misero insieme i primi quattro minuti del film, per mostrarli ai dirigenti durante una di quelle riunioni in cui un tizio di cattivo umore può decidere di chiudere tutto. Scelsero di non comporre un vero trailer, ma di introdurre il film ai loro colleghi nello stesso modo in cui pensavano di introdurlo al pubblico: con la potentissima scena degli animali che corrono da ogni parte della savana per raggiungere la rupe sulla quale il primo raggio di sole sta per toccare il volto di un giovane leone, il figlio del re, mentre Elton John canta del *Circle of Life*. Quando un dito sull'interruttore riaccese la luce, i responsabili del progetto si sentirono dire: avete fatto un guaio. Perché? «Perché adesso anche il resto del film lo dovete fare così.» Quei quattro minuti diventarono il primo trailer del *Re leone* a essere trasmesso nei cinema, un trailer che non è un trailer, una sola lunga scena senza una sola parola, quasi un gesto provocatorio, un manifesto – e col senno di poi, una tattica geniale – che catturò immediatamente l'attenzione del pubblico. Disney capì di avere fra le mani qualcosa di interessante e aumentò gli investimenti sul progetto. Il film uscì negli Stati Uniti durante l'estate del 1994 e fu immediatamente un clamoroso successo, tanto che Disney decise di sospenderne le proiezioni alla fine di settembre e portarlo in sala di nuovo a novembre, perché facesse il pieno durante le vacanze. Le persone uscivano dalla sala parlando della scena degli gnu. Le recensioni erano stellari, soprattutto per la disponibilità al rischio di Disney, per aver tentato di scrivere una storia che fosse interessante anche per gli adulti e non si limitasse al registro della comicità. *Il re leone* è ancora tra i venti film che hanno incassato di più nella storia statunitense, circondato da supereroi e sequel e sequel di sequel, e la sua videocassetta è stata la più venduta di sempre. Il suo impatto culturale sulla generazione oggi più numerosa del paese, quella dei millennials, è stato oggetto di dibattito sulla stampa nazionale; ancora oggi molti genitori lo usano per parlare di morte con i loro figli, quando sono piccoli. Si parlò molto della scena in cui Scar dichiara i propri obiettivi golpisti, esplicitamente ispirata ai video della propaganda nazista, e di come i personaggi delle iene fossero costruiti stereotipicamente sui bulletti di quartiere dei ghetti afroamericani.

Sopravvissuto ai grandi cambiamenti culturali occorsi negli Stati Uniti dal 1994 a oggi, nelle arti, nel cinema e nel politicamente corretto, *Il re leone* continua a portare enormi guadagni a Disney: il film è uscito di nuovo in versione Imax, poi in versione 3D, poi in versione *live action*, ne è stato fatto un musical di gran successo internazionale, il disco con la colonna sonora si vende ancora bene. Soprattutto, convinse Disney a sfornare ogni anno almeno un titolo che ambisse a incassare così tanto, cercando trionfi ripetibili attraverso film d'animazione che avrebbero dovuto fornire più livelli di intrattenimento, rivolgendosi sia ai bambini che agli adulti. Una convinzione senza la quale qualche anno più tardi Disney non avrebbe comprato Pixar e Marvel, che ne avevano imparato la stessa lezione.

Nel 1930 i cinema statunitensi vendevano settimanalmente circa 80 milioni di biglietti. All'epoca la popolazione statunitense era composta in tutto da 120 milioni di persone.[42] I cinema si trovavano soprattutto all'interno dei centri abitati, e in generale nelle zone più densamente popolate. Oggi ci sono molte più sale, ma si vendono in un anno i biglietti che prima si vendevano in due mesi,[43] e i cinema si trovano soprattutto fuori dalle città, e nelle periferie, grandi astronavi al centro di ancora più grandi parcheggi, circondati da una selva di insegne verticali, luminose, girevoli, indistinguibili dalla California all'Alabama.

C'è una fotografia che è stata raccontata o presentata spesso come *la fotografia*: come la singola immagine in grado di rappresentare meglio di ogni altra l'identità profonda degli Stati Uniti. E pazienza se gli Stati Uniti sono effettivamente diversissimi, più grandi della Cina e dell'Europa; pazienza se coprono sei fusi orari, se possiedono la più sofisticata economia del pianeta, il patrimonio culturale più irripetibile rappresentato dai propri abitanti e la cultura più influente della storia dell'umanità. Possiamo rappresentare tutto in una sola fotografia, nel bene e nel male, come si dice: e nel caso di questa foto, apparentemente, più nel male.

La foto l'ha scattata un canadese, Edward Burtynsky, un artista che si occupa del rapporto tra persone, spazio e ambiente. È la foto di un incrocio. Un grande incrocio americano pieno di distributori di benzina e stazioni di servizio, ristoranti e fast food, motel e negozi di alcolici, multisala e grandi magazzini, tutti con la loro specifica ed essenziale funzione, tutti con i loro colori sgargianti, tutti con la loro immancabile area parcheggio e le scritte al neon dietro le finestre, tutti con la loro insegna colorata che si staglia verso l'alto fino a comporre la più kitsch delle foreste: un incrocio come tanti, negli Stati Uniti, ma *più* di tutti gli altri, con più negozi, più insegne, più luci, più tutto. Una mostruosità urbanistica ma forse persino civile. È l'incrocio americano di tutti gli incroci americani, esemplare di ogni accatastamento identico eppure diverso disponibile ai margini di ogni highway, di ogni città, di ogni Stato, dove legioni di persone e famiglie ogni giorno transitano, sostano, mangiano, dormono. La più logica conseguenza finale del capitalismo senza regole, l'orribile prodotto di una società abbandonata alle sole logiche dell'economia e del mercato, alla legge del più forte, che si identifica nelle automobili, che è dipendente dal petrolio. Non dico che non ci sia nulla di vero, che non ci siano questi tratti, negli americani e nel loro paese, e con sfumature diverse e concentriche anche nei molti luoghi che hanno contribuito a influenzare. Ma le cose delle persone e del mondo hanno sempre molte più dimensioni di quelle che siamo in grado di osservare, e persino una fotografia può essere molto più complessa e tridimensionale di quanto sembri.

Quella foto è stata scattata in un posto unico nel suo genere: Breezewood, Pennsylvania. Siamo a Nordest, più o meno; da quelle parti passava un vecchio sentiero già quando gli unici abitanti di quelli che oggi conosciamo come Stati Uniti d'America erano le popolazioni indigene. Nel Settecento quel sentiero diventò una strada che collegava l'Est e l'Ovest del paese. Nel corso del Novecento, dopo la diffusione delle automobili, su pressoché lo stesso tracciato nacque la Lincoln Highway: una grande autostrada che ancora oggi parte da New York e arriva a San Francisco passando proprio da Breezewood, dove incrocia un'altra grossa e trafficatissima autostrada, stavolta a pedaggio, il Pennsylvania Turnpike. Risultato: ogni anno oltre sei milioni di auto passano da Breezewood, una comunità-autogrill la cui popolazione oscilla da poche decine di persone a qualche decina di migliaia secondo il momento della giornata o dell'anno, e in cui per quattrocento metri si distende un condensato di americanità consumistica. Il paradosso è che la nascita di questa comunità non si deve soltanto all'incontenibile spirito rapace del capitalismo americano, che ha fiutato l'affare dietro quella grande concentrazione di auto perennemente imbottigliate, ma anche alla più sciocca e in apparenza meno americana delle questioni: la burocrazia. Le regole, alcune regole almeno, invece della loro assenza. Una vecchia legge federale, infatti, impediva di collegare direttamente una strada a libera circolazione con una a pedaggio, per evitare che qualcuno potesse imboccare quest'ultima senza volerlo. Una nobile preoccupazione che poteva essere risolta con un cartello o un casello, ma che aveva invece avuto la conseguenza di far perdere mezz'ora per ogni viaggio a circa sei milioni di persone ogni anno, oltre a creare le condizioni perché attorno a quelle due autostrade nascesse quella specie di gigantesca area di sosta obbligatoria, l'incredibile giungla di neon che si definisce ancora oggi «L'oasi del viaggiatore».

La foto di Burtynsky coglie davvero qualcosa di profondo dell'identità degli Stati Uniti, ma non lo fa nel modo istintivo che spesso le viene associato. Breezewood non è un non-luogo, è un super-luogo: è il prodotto unico di forze diverse e contraddittorie, l'incontro fra la burocrazia statalista e lo sviluppo liberista, un simbolo dello smodato desiderio di consumo degli americani ma anche della loro propensione al viaggio, al cambiamento, alla scoperta; del loro gusto infantile per le cose grandi purché lo siano ma anche della forza di un'economia – e quindi di un paese – che fornisce infinite occasioni di emancipazione e riscatto; di tutto il durissimo lavoro che gli americani sanno impiegare nella ricerca della comodità, della funzione che sorpassa sempre la bellezza, e dell'inscalfibile predominio culturale costruito su queste premesse, con tutte le sue conseguenze. Nel nostro, di viaggio, ne abbiamo incontrate molte. Gli unici a cui Breezewood non sembra niente di speciale sono quelli che ci lavorano, infastiditi dalla notorietà involontaria e dai giudizi superficiali delle persone. «È un'uscita dell'autostrada» dicono. «Cosa pensavano di trovare? Il paradiso?»[44].

Note

I. *Abbondanza*

[1] Hannah Dreier, *The Kids on the Night Shift*, in «The New York Times Magazine», 18 settembre 2023, https://www.nytimes.com/2023/09/18/magazine/child-labor-dangerous-jobs.html.

[2] Kelsey Piper, *How chickens took over America's dinner plates, in one chart*, in «Vox», 19 febbraio 2021, https://www.vox.com/future-perfect/22287530/chicken-beef-factory-farming-plant-based-meats.

[3] *As Prices Ease, Americans Projected to Eat 1.45 Billion Chicken Wings for Super Bowl LVII*, National Chicken Council, 1 febbraio 2023, https://www.nationalchickencouncil.org/as-prices-ease-americans-projected-to-eat-1-45-billion-chicken-wings-for-super-bowl-lvii/.

[4] Hilary Stout, *Not Just a Hot Cup Anymore*, in «The New York Times», 21 ottobre 2013, https://www.nytimes.com/2013/10/21/booming/not-just-a-hot-cup-anymore.html.

[5] Alex Abad-Santos, *America's love affair with the chicken wing, explained*, in «Vox», 7 febbraio 2016, https://www.vox.com/2016/2/4/10917606/chicken-wings-superbowl.

[6] Alan Yuhas, *One Man's Plea to His City Council: Rename Boneless Wings*, in «The New York Times», 3 settembre 2020, https://www.nytimes.com/2020/09/03/us/boneless-wings-lincoln-nebraska.html.

[7] Alison Sider, *How United Airlines Is Changing Its Boarding Process for Economy Passengers*, in «The Wall Street Journal», 18 agosto 2023, https://www.wsj.com/business/airlines/how-united-airlines-is-changing-its-boarding-process-for-economy-passengers-48f8a03.

[8] *How Much Do Waiter Jobs Pay per Hour?*, in «Zip Recruiter», https://www.ziprecruiter.com/Salaries/Waiter-Salary-per-Hour#Yearly.

[9] *Civilian Labor Force Level*, in «FRED Economic Data», https://fred.stlouisfed.org/series/CLF16OV.

[10] Azul Cibils Blaquier, *Everyone Wants to Work at UPS After Teamsters*

Deal, in «Bloomberg», 8 agosto 2023, https://www.bloomberg.com/news/articles/2023-08-08/ups-jobs-searches-jump-50-after-30-billion-teamsters-win.

[11] Emily Peck, *Immigrant workforce reaches a new high*, in «Axios», 26 maggio 2023, https://www.axios.com/2023/05/26/immigrants-workforce-us-economy.

[12] Tim Henderson, *After COVID dip, women's employment hits all-time high*, in «The Chicago Tribune», 24 luglio 2023, https://www.chicagotribune.com/business/ct-biz-she-cession-women-employment-20230724-cwes5hugg-5do7bs7aje6mpnbre-story.html.

[13] Emily Peck, *"Shocking": More mothers are working than ever before*, in «Axios», 3 settembre 2023, https://www.axios.com/2023/09/01/working-mothers-labor-market-women-equality.

[14] *Persons with a Disability: Labor Force Characteristics – 2022*, Department of Labor, 23 febbraio 2023, https://www.bls.gov/news.release/pdf/disabl.pdf.

[15] Sanvi Bangalore, *America's gender pay gap has shrunk to an all-time low, data shows*, in «CBS News», 24 luglio 2023, https://www.cbsnews.com/news/gender-pay-gap-women-men-earnings-smallest-on-record/.

[16] Federal Reserve, *Before-tax family income by all families*, https://www.federalreserve.gov/econres/scf/dataviz/scf/chart/#series:Before_Tax_Income;-demographic:all;population:1;units:median.

[17] Federal Reserve, *Financial Accounts of the United States*, 8 settembre 2023, https://www.federalreserve.gov/releases/z1/20230908/z1.pdf.

[18] Katie Mogg, *How Americans Learned to Stop Worrying and Take Vacation This Summer*, in «The Wall Street Journal», 28 luglio 2023, https://www.wsj.com/articles/american-workers-are-finally-taking-guilt-free-vacations-f5eb383f.

[19] Em Schrider, *Black Individuals Had Record Low Official Poverty Rate in 2022*, in «United States Census Bureau», 12 settembre 2023, https://www.census.gov/library/stories/2023/09/black-poverty-rate.html.

[20] Matt Yglesias, *Income inequality has been falling for a while now*, in «Slow Boring», 3 gennaio 2023, https://www.slowboring.com/p/inequality-falling.

[21] JPMorgan Chase, *Clean Slate Act Can Strengthen New York's Economy and Communities*, https://www.jpmorganchase.com/news-stories/clean-slate.

[22] U.S Energy Information Administration, *Natural gas explained*, https://www.eia.gov/energyexplained/natural-gas/natural-gas-and-the-environment.php.

[23] Robert Rapier, *U.S. Energy Independence Soars to Highest Level in Over 70 Years*, in «Forbes», 2 maggio 2023, https://www.forbes.com/sites/rrapier/2023/05/02/us-energy-independence-soars-to-highest-levels-in-over-70-years/?sh=4fef3559977f.

[24] James Feyrer, Erin T. Mansur e Bruce Sacerdote, *Geographic Dispersion of Economic Shocks: Evidence from the Fracking Revolution*, in «National Bureau of Economic Research», ottobre 2015, https://www.nber.org/system/files/working_papers/w21624/w21624.pdf.

[25] *Per capita carbon dioxide (CO_2) emissions from fossil fuels in the United States from 1970 to 2022*, in «Statista», 19 settembre 2023, https://www.statista.com/statistics/1049662/fossil-us-carbon-dioxide-emissions-per-person/.

[26] Catherine Hausman e Ryan Kellogg, *Welfare and distributional implications of shale gas*, in «Brookings Institution», primavera 2015, https://www.brookings.edu/articles/welfare-and-distributional-implications-of-shale-gas/.

[27] John Burn-Murdoch, *Is Britain really as poor as Mississippi?*, in «Financial Times», 10 agosto 2023, https://www.ft.com/content/e5c741a7-befa-4d49-a819-f1b0510a9802.

[28] Douglas Carswell, *Is Mississippi Really as Poor as Britain?*, in «The Atlantic», 18 agosto 2023, https://www.theatlantic.com/ideas/archive/2023/08/britain-mississippi-economy-comparison/675039/.

[29] Cornell University School of Industrial and Labor Relations, *Labor Data Tracker*, https://striketracker.ilr.cornell.edu/.

[30] Lydia Saad, *More in U.S. See Unions Strengthening and Want It That Way*, in «Gallup News», 30 agosto 2023, https://news.gallup.com/poll/510281/unions-strengthening.aspx.

[31] Tammy La Gorce, *It's a Boom Year for Brides and Grooms*, in «The New York Times», 4 febbraio 2022, https://www.nytimes.com/2022/02/04/fashion/weddings/wedding-boom-year.html.

[32] Paul Krugman, *An Economic Legend*, in «The New York Times», 11 giugno 2004, https://www.nytimes.com/2004/06/11/opinion/an-economic-legend.html.

[33] Alex Park, *These Charts Show How Ronald Reagan Actually Expanded the Federal Government*, in «Mother Jones», 30 dicembre 2014, https://www.motherjones.com/politics/2014/12/ronald-reagan-big-government-legacy/.

[34] Peter Coy, *Trickle-Down Economics Fails a Sophisticated Statistical Test*, in «Bloomberg», 21 dicembre 2020, https://www.bloomberg.com/news/articles/2020-12-21/trickle-down-economics-fails-a-sophisticated-statistical-test.

[35] Jack Rosenthal, *Opulence Becoming a Way of Life for the Middle Class*, in «The New York Times», 9 dicembre 1970, https://www.nytimes.com/1970/12/09/archives/opulence-becoming-a-way-of-life-for-the-middle-class.html.

[36] Mark Maremont, *Gillette Brings MACH3 to Market, But Will People Rush to Buy It?*, in «The Wall Street Journal», 15 aprile 1998, https://www.wsj.com/articles/SB892598221244494500.

[37] *The Biden Administration Has Approved $4.8 Trillion of New Borrowing*, in «Committee for a Responsible Federal Budget», 13 settembre 2022, https://www.crfb.org/blogs/biden-administration-has-approved-48-trillion-new-borrowing.

[38] Bill Dupor, *How Recent Fiscal Interventions Compare with the New Deal*, in «Federal Reserve Bank of St. Louis», 13 luglio 2021, https://www.stlouisfed.org/publications/regional-economist/third-quarter-2021/how-recent-fiscal-interventions-compare-new-deal.

[39] Eric Van Nostrand, Tara Sinclair, e Samarth Gupta, *Unpacking the Boom in U.S. Construction of Manufacturing Facilities*, in «US Department of Treasury», 27 giugno 2023, https://home.treasury.gov/news/featured-stories/unpacking-the-boom-in-us-construction-of-manufacturing-facilities.

[40] Shannon Osaka, *The unlikely center of America's EV battery revolution*, in

«The Washington Post», 17 aprile 2013, https://www.washingtonpost.com/climate-environment/2023/04/17/georgia-evs-battery-belt/.

[41] Ian King, *Intel's $20 Billion Ohio Chip Hub Will Be World's Largest*, in «Bloomberg», 21 gennaio 2022, https://www.bloomberg.com/news/articles/2022-01-21/intel-plans-to-spend-20-billion-on-ohio-chipmaking-hub.

[42] Don Clark e Kellen Browning, *In Phoenix, a Taiwanese Chip Giant Builds a Hedge Against China*, in «The New York Times», 6 dicembre 2022, https://www.nytimes.com/2022/12/06/technology/tsmc-chips-factory-phoenix.html.

[43] Jasmine Ng, *China Slowdown Means It May Never Overtake US Economy, Forecast Shows*, in «Bloomberg», 5 settembre 2023, https://www.bloomberg.com/news/articles/2023-09-05/china-slowdown-means-it-may-never-overtake-us-economy-be-says.

[44] Eugenio Cau, *Il modello cinese è arrivato alla fine?*, in «Il Post», 1° settembre 2023, https://www.ilpost.it/2023/09/01/modello-cina-crisi-economica/.

[45] Lingling Wei e Stella Yifan, *Communist Party Priorities Complicate Plans to Revive China's Economy*, in «The Wall Street Journal», 27 agosto 2023, https://www.wsj.com/world/china/communist-party-priorities-complicate-plans-to-revive-chinas-economy-84a156d7.

[46] Office of the Prime Minister of India, *PM @narendramodi had an enriching conversation with Mr. @ElbridgeColby earlier today*, 21 giugno 2023, https://twitter.com/PMOIndia/status/1671388907936665601.

[47] Christian Davies, *US overtakes China as market for South Korean goods*, in «Financial Times», 22 giugno 2023, https://www.ft.com/content/8073cd37-bbf1-46f0-ad31-43ef88283393.

[48] Fareed Zakaria, *We now have a Biden Doctrine. It makes me nervous.*, in «The Washington Post», 5 maggio 2023, https://www.washingtonpost.com/opinions/2023/05/05/biden-doctrine-sullivan-protectionism-economy/.

[49] Matthew Yglesias, *One Billion Americans. The Case for Thinking Bigger*, Portfolio, New York 2020.

[50] FRED Economic Data, *Nonfarm Business Sector: Labor Productivity (Output per Hour) for All Workers*, https://fred.stlouisfed.org/series/OPHNFB.

[51] Bob Henderson, *The U.S. Energy Industry Is Quietly Breaking Production Records*, in «Wall Street Journal», 7 luglio 2023, https://www.wsj.com/livecoverage/stock-market-today-jobs-report-07-07-2023/card/the-u-s-energy-industry-is-quietly-breaking-production-records-89bPtjyuMDmU49VCDboo.

[52] Justin Wolfers, *BLS Real Earnings Release*, 14 novembre 2023, https://twitter.com/JustinWolfers/status/1724440766255145354.

[53] Troy Patterson, *The Normcore Opulence of Preachers Wearing Four-Figure Sneakers*, in «The New Yorker», 14 giugno 2019, https://www.newyorker.com/culture/on-and-off-the-avenue/the-normcore-opulence-of-preachers-wearing-four-figure-sneakers.

[54] *The pandemic has broken a closely followed survey of sentiment*, in «The Economist», 7 settembre 2023, https://www.economist.com/graphic-detail/2023/09/07/the-pandemic-has-broken-a-closely-followed-survey-of-sentiment.

[55] Megan Brenan, *Americans Largely Satisfied with Their Personal Life*, in

«Gallup News», 23 febbraio 2023, https://news.gallup.com/poll/470888/americans-largely-satisfied-personal-life.aspx.

[56] Jeffrey M. Jones, *U.S. Mood Remains Glum; 18% Satisfied with State of Nation*, in «Gallup News», 30 maggio 2023, https://news.gallup.com/poll/506513/mood-remains-glum-satisfied-state-nation.aspx.

[57] April Rubin, *Massive school satisfaction gap pits parents against everyone else*, in «Axios», 31 agosto 2023, https://www.axios.com/2023/08/31/us-school-education-satisfaction-survey-2023.

[58] Anna Nicolaou e Caitlin Gilbert, *US TV network ratings dive after prime years of Trump and trauma*, in «Financial Times», 18 ottobre 2021, https://www.ft.com/content/85241de6-981c-433a-9ab8-6518021d011a.

[59] Benjamin Mullin e Katie Robertson, *Frustrations Mount at Washington Post as Its Business Struggles*, in «The New York Times», 30 agosto 2022, https://www.nytimes.com/2022/08/30/business/media/washington-post-jeff-bezos-revenue.html.

[60] David Weigel, *In books, Biden is an energetic leader. Too bad nobody reads them*, in «Semafor», 13 settembre 2023, https://www.semafor.com/article/09/12/2023/in-books-biden-is-an-energetic-leader-too-bad-nobody-reads-them.

[61] Ross Pomeroy, *Negative, emotionally manipulative news headlines have skyrocketed since 2000*, in «Big Think», 21 ottobre 2022, https://bigthink.com/the-present/negative-media-headlines-skyrocketed/.

[62] Sarah Mervosh, *The Pandemic in the U.S. Has Vastly Improved. For These Families, the Worst Has Just Begun*, in «The New York Times», 31 maggio 2021, https://www.nytimes.com/2021/05/31/us/coronavirus-deaths-vaccine.html.

[63] Amara Omeokwe e Gwynn Guilford, *U.S. Economy Grew a Strong 4.9%, Driven by Consumer Spree That May Not Last*, in «The Wall Street Journal», 26 ottobre 2023, https://www.wsj.com/economy/us-gdp-economy-third-quarter-f247fa45.

[64] David Brooks, *Despite Everything You Think You Know, America Is on the Right Track*, in «The Atlantic», 13 gennaio 2023, https://www.theatlantic.com/ideas/archive/2023/01/american-optimism-productivity-innovation-rise/672714/.

[65] Daniel A. Cox, *Emerging Trends and Enduring Patterns in American Family Life*, in «American Enterprise Institute», 9 febbraio 2022, https://www.americansurveycenter.org/research/emerging-trends-and-enduring-patterns-in-american-family-life/.

[66] Eitan Hersh, *College-Educated Voters Are Ruining American Politics*, in «The Atlantic», 20 gennaio 2020, https://www.theatlantic.com/ideas/archive/2020/01/political-hobbyists-are-ruining-politics/605212/.

[67] *È stato anche l'anno del "doomscrolling"*, in «Il Post», 30 dicembre 2020, https://www.ilpost.it/2020/12/30/doomscrolling/.

[68] Claire E. Robertson, Nicolas Pröllochs, Kaoru Schwarzenegger, Philip Pärnamets, Jay J. Van Bavel e Stefan Feuerriegel, *Negativity drives online news consumption*, in «Nature Human Behaviour», 16 marzo 2023, https://www.nature.com/articles/s41562-023-01538-4.

[69] A.J. Katz, *Top Cable News Shows of 2021: Tucker Carlson Tonight Is No. 1 in*

All Measurements for First Time Ever, in «Adweek», 3 gennaio 2022, https://www.adweek.com/tvnewser/top-cable-news-shows-of-2021-tucker-carlson-tonight-is-no-1-in-all-categories-for-first-time-ever/496940/.

[70] Azeen Ghorayshi e Roni Caryn Rabin, *Teen Girls Report Record Levels of Sadness, C.D.C. Finds*, in «The New York Times», 13 febbraio 2023, https://www.nytimes.com/2023/02/13/health/teen-girls-sadness-suicide-violence.html.

[71] Michelle Goldberg, *Don't Let Politics Cloud Your View of What's Going on With Teens and Depression*, in «The New York Times», 24 febbraio 2023, https://www.nytimes.com/2023/02/24/opinion/social-media-and-teen-depression.html.

[72] Catherine Gimbrone, Lisa M. Bates, Seth J. Prins e Katherine M. Keyes, *The politics of depression: Diverging trends in internalizing symptoms among US adolescents by political beliefs*, in «SSM Mental Health», 2 dicembre 2022, https://pubmed.ncbi.nlm.nih.gov/34970649/.

[73] Jonathan Haidt, *Why the Mental Health of Liberal Girls Sank First and Fastest*, 9 marzo 2023, https://jonathanhaidt.substack.com/p/mental-health-liberal-girls.

[74] Jonathan Haidt, *Social Media is a Major Cause of the Mental Illness Epidemic in Teen Girls. Here's the Evidence*, 22 febbraio 2023, https://jonathanhaidt.substack.com/p/social-media-mental-illness-epidemic.

[75] Jonathan Haidt, *The Dangerous Experiment on Teen Girls*, in «The Atlantic», 21 novembre 2021, https://www.theatlantic.com/ideas/archive/2021/11/facebooks-dangerous-experiment-teen-girls/620767/.

[76] Caroline Kitchener, *This Texas teen wanted an abortion. She now has twins*, in «The Washington Post», 20 giugno 2022, https://www.washingtonpost.com/politics/2022/06/20/texas-abortion-law-teen-mom/.

[77] Elizabeth Cohen, Carma Hassan e Amanda Musa, *Because of Florida abortion laws, she carried her baby to term knowing he would die*, in «CNN», 3 maggio 2023, https://edition.cnn.com/2023/05/02/health/florida-abortion-term-pregnancy/index.html.

[78] Minyvonne Burke, *Woman carrying fetus without a skull to seek abortion in another state following Louisiana ban*, in «NBC News», 26 agosto 2022, https://www.nbcnews.com/news/us-news/louisiana-woman-carrying-fetus-skull-seek-abortion-another-state-rcna45005.

[79] Nadine El-Bawab, *Texas abortion law means woman has to continue pregnancy despite fatal anomaly*, in «ABC News», 20 marzo 2023, https://abcnews.go.com/US/texas-abortion-law-means-woman-continue-pregnancy-despite/story?id=97918340.

[80] David Folkenflik e Sarah McCammon, *A rape, an abortion, and a one-source story. A child's ordeal becomes national news*, in «NPR», 13 luglio 2022, https://www.npr.org/2022/07/13/1111285143/abortion-10-year-old-raped-ohio.

[81] *Abortion*, in «Gallup», https://news.gallup.com/poll/1576/abortion.aspx.

[82] *Abortion Trends by Gender*, in «Gallup», https://news.gallup.com/poll/245618/abortion-trends-gender.aspx.

[83] Ryan Zickgraf, *The Journalist and the Influencer*, in «Compact», 27 ottobre 2023, https://compactmag.com/article/the-journalist-and-the-influencer.

[84] Jessica Valenti, *How Much More Can Girls Take?*, 19 febbraio 2023, https://jessica.substack.com/p/how-much-more-can-girls-take.

II. *Ingenuità*

[1] Erin Blakemore, *The Shocking River Fire That Fueled the Creation of the EPA*, in «History», 22 aprile 2019, https://www.history.com/news/epa-earth-day-cleveland-cuyahoga-river-fire-clean-water-act.

[2] Gene Kosowan, *Why Cleveland Is Often Called "The Mistake On The Lake"*, in «The Travel», 19 ottobre 2023, https://www.thetravel.com/why-is-cleveland-the-mistake-on-the-lake/.

[3] Michael Sangiacomo, *Avengers filming moves to Public Square*, in «The Plain Dealer», 23 agosto 2011, https://www.cleveland.com/avengers/2011/08/avengers_filming_moves_to_publ.html.

[4] Nathan Truesdell, *The Balloonfest That Went Horribly Wrong*, in «The Atlantic», 12 giugno 2018, https://www.theatlantic.com/video/index/562556/cleveland-balloonfest/.

[5] Chris Quinn, *Where truth ends and fake news begins on Cleveland's 1986 Balloonfest*, in «The Plain Dealer», 23 giugno 2023, https://www.cleveland.com/news/2023/06/where-truth-ends-and-fake-news-begins-on-clevelands-1986-balloonfest-letter-from-the-editor.html.

[6] Des Bieler, *Massive LeBron James banner in Cleveland to be replaced for GOP convention*, in «The Washington Post», 22 giugno 2016, https://www.washingtonpost.com/news/early-lead/wp/2016/06/22/massive-lebron-james-banner-in-cleveland-to-be-replaced-for-gop-convention/.

[7] April Rubin, *Big landlords are colluding to raise rents, D.C. lawsuit alleges*, in «Axios», 2 novembre 2023, https://www.axios.com/2023/11/02/dc-housing-rent-antitrust-lawsuit.

[8] Miquel Charri, *Over 370 miles of construction scaffolding mar the streets of New York City*, in «El País», 26 aprile 2023, https://english.elpais.com/culture/2023-04-26/over-370-miles-of-construction-scaffolding-mar-the-streets-of-new-york-city.html.

[9] Jeff Andrews, *NYC home prices nearly doubled in the 2010s. What do the 2020s hold?*, in «Curbed», 13 dicembre 2019, https://ny.curbed.com/2019/12/13/21009872/nyc-home-value-2010s-manhattan-apartments.

[10] Tom Rachman, *Deadline 2037: the making of the next Oxford English Dictionary*, in «The Irish Times», 27 gennaio 2014, https://www.irishtimes.com/culture/deadline-2037-the-making-of-the-next-oxford-english-dictionary-1.1667328.

[11] John Fitzgerald Kennedy, *Address at Rice University on the Nation's Space Effort*, John Fitzgerald Kennedy Presidential Library and Museum, 12 settem-

bre 1962, https://www.jfklibrary.org/learn/about-jfk/historic-speeches/address-at-rice-university-on-the-nations-space-effort.

[12] Francesco Costa, *Questa è l'America*, Milano, Mondadori, 2020.

[13] Eugenio Cau, *La storia di Theranos, spiegata bene*, in «Il Post», 4 gennaio 2022, https://www.ilpost.it/2022/01/04/la-storia-di-theranos-spiegata-bene/.

[14] John Lewis, Andrew Aydin e Nate Powell, *March. La trilogia*, Milano, Mondadori, 2018.

[15] Angela Manganaro, *A Firenze la ricchezza in mano alle stesse famiglie da sei secoli*, in «Il Sole 24 Ore», 20 maggio 2016, https://st.ilsole24ore.com/art/notizie/2016-05-20/a-firenze-ricchezza-mano-stesse-famiglie-sei-secoli--155222.shtml.

[16] Y Mae Anderson, Ashraf Khalil e Michael Casey, *Cities reviving downtowns by converting offices to housing*, in «Associated Press», 24 aprile 2023, https://apnews.com/article/cities-downtowns-vacant-offices-affordable-housing-pandemic-cc2cd895fd0f186229f69b74a133eddb.

[17] Anne Helen Petersen, *How Nashville Became One Big Bachelorette Party*, in «BuzzFeed News», 29 marzo 2018, https://www.buzzfeednews.com/article/annehelenpetersen/how-nashville-became-one-big-bachelorette-party.

[18] Francesco Costa, *California*, Milano, Mondadori, 2022.

[19] Conor Dougherty ed Erin Griffith, *The Silicon Valley Elite Who Want to Build a City From Scratch*, in «The New York Times», 25 agosto 2023, https://www.nytimes.com/2023/08/25/business/land-purchases-solano-county.html?lctg=84541483.

[20] Joshua Foer, *Forget Me Not*, in «Slate», 16 marzo 2005, https://slate.com/news-and-politics/2005/03/how-to-win-the-u-s-memory-championship.html.

[21] Joshua Foer, *L'arte di ricordare tutto. Storia, scienza e miracoli della memoria*, traduzione di Elisabetta Valdré, Milano, TEA, 2019.

[22] Francis Fukuyama, *La fine della storia e l'ultimo uomo*, traduzione di Delfo Ceni, Torino, UTET, 1992.

[23] David Karpf, *The Curse of the Long Boom*, in «Wired», 27 luglio 2023, https://www.wired.com/story/long-boom-predictions-wired/.

[24] Bruce Rogers, *Former Iraqi Refugee Forms Flip App Into Social Shopping Platform*, in «Forbes», 6 giugno 2023, https://www.forbes.com/sites/brucerogers/2023/06/06/former-iraqi-refugee-forms-flip-app-into-social-shopping-platform/.

[25] Matthew Yglesias, *All kinds of bad behavior is on the rise*, in «Slow Boring», 10 gennaio 2022, https://www.slowboring.com/p/all-kinds-of-bad-behavior-is-on-the.

[26] Al Cross, *Health-care workers are more likely than law-enforcement officers to have injuries and illnesses that keep them away from work*, in «Kentucky Health News», 15 agosto 2023, https://cidev.uky.edu/kentuckyhealthnews/2023/08/15/health-care-workers-are-more-likely-than-law-enforcement-officers-to-have-injuries-and-illnesses-that-keep-them-away-from-work/.

[27] David Brooks, *How America Got Mean*, in «The Atlantic», 14 agosto

2023, https://www.theatlantic.com/magazine/archive/2023/09/us-culture-moral-education-formation/674765/.

[28] Cristiano Lima e Naomi Nix, *41 states sue Meta, claiming Instagram, Facebook are addictive, harm kids*, in «The Washington Post», 24 ottobre 2023.

[29] Philip Bump, *Donald Trump will be president thanks to 80,000 people in three states*, in «The Washington Post», 1 dicembre 2016, https://www.washingtonpost.com/news/the-fix/wp/2016/12/01/donald-trump-will-be-president-thanks-to-80000-people-in-three-states/.

[30] *Anthony Weiner Rips Apart Republicans on 9/11Health Bill*, https://www.youtube.com/watch?v=W4zwCMf8dsc.

[31] Matthew Nussbaum, *Fact-check: Comey didn't say he reopened Clinton investigation because of poll numbers*, in «Politico», 31 aprile 2018, https://www.politico.com/story/2018/04/13/james-comey-clinton-investigation-poll-numbers-522958.

[32] Nate Silver, *The Comey Letter Probably Cost Clinton The Election*, in «FiveThirtyEight», 3 maggio 2017, https://fivethirtyeight.com/features/the-comey-letter-probably-cost-clinton-the-election/.

[33] Dennis Halcoussis, Anton D. Lowenberg e G. Michael Phillips, *An Empirical Test of the Comey Effect on the 2016 Presidential Election*, in «Social Science Quarterly», 23 settembre 2019, https://doi.org/10.1111/ssqu.12729.

[34] Fabio Franch, *Political preferences nowcasting with factor analysis and internet data: The 2012 and 2016 US presidential elections*, in «Technological Forecasting and Social Change», maggio 2021, https://www.sciencedirect.com/science/article/abs/pii/S0040162521000998.

[35] Michael Tomasky, *We Have Two Medias in This Country, and They're Going to Elect Donald Trump*, in «The New Republic», 18 settembre 2023, https://newrepublic.com/article/175612/two-medias-trump-2024-spectacle.

[36] David A. Graham, *The President Who Doesn't Read*, in «The Atlantic», 5 gennaio 2018, https://www.theatlantic.com/politics/archive/2018/01/americas-first-post-text-president/549794/.

[37] Ryan J. Reilly, *Jan. 6 rioter nabbed in Bumble dating app sting pleads guilty to assaulting officers*, in «NBC News», 20 dicembre 2023, https://www.nbcnews.com/politics/justice-department/jan-6-rioter-nabbed-bumble-dating-app-sting-pleads-guilty-assaulting-o-rcna130593.

[38] Jonathan Swan, *Republican Group Running Anti-Trump Ads Finds Little Is Working*, in «The New York Times», 28 settembre 2023, https://www.nytimes.com/2023/09/28/us/politics/anti-trump-ads-memo.html.

III. *Identità*

[1] Jesse Singal, *What if Diversity Training Is Doing More Harm Than Good?*, in «The New York Times», 17 gennaio 2023, https://www.nytimes.com/2023/01/17/opinion/dei-trainings-effective.html.

[2] Brianna Sacks e Ryan Mac, *"The Black Lives Matter Foundation" Raised Millions. It's Not Affiliated With The Black Lives Matter Movement.*, in «BuzzFeed

News», 15 giugno 2020, https://www.buzzfeednews.com/article/ryanmac/black-lives-matter-foundation-unrelated-blm-donations.

[3] Sean Campbell, *The BLM Mystery: Where did the money go?*, in «New York Magazine», 31 gennaio 2022, https://nymag.com/intelligencer/2022/01/black-lives-matter-finances.html.

[4] Eileen AJ Connelly e Isabel Vincent, *Father of teen whose death sparked BLM blasts organization's leadership*, in «The New York Post», 12 giugno 2021, https://nypost.com/2021/06/12/father-of-teen-whose-death-sparked-blm-blasts-organizations-leadership/.

[5] Isabel Vincent e Marjorie Hernandez, *BLM paid co-founder Patrisse Cullors' graffiti artist brother $800K for "security"*, in «The New York Post», 18 maggio 2022, https://nypost.com/2022/05/18/blm-paid-patrisse-cullors-graffiti-artist-brother-800k-for-security/.

[6] Sean Campbell, *Black Lives Matter Secretly Bought a $6 Million House*, in «New York Magazine», 4 aprile 2022, https://nymag.com/intelligencer/2022/04/black-lives-matter-6-million-dollar-house.html.

[7] Andrew Kerr, *BLM fundraises in Washington despite order to "immediately cease"*, in «Washington Examiner», 1 febbraio 2022, https://www.washingtonexaminer.com/news/blm-continues-fundraising-in-washington-despite-immediately-cease-order.

[8] Zusha Elinson, Dan Frosch e Joshua Jamerson, *Cities Reverse Defunding the Police Amid Rising Crime*, in «The Wall Street Journal», 26 maggio 2021, https://www.wsj.com/articles/cities-reverse-defunding-the-police-amid-rising-crime-11622066307.

[9] *Corporate America Promised to Hire a Lot More People of Color. It Actually Did*, in «Bloomberg», 26 settembre 2023, https://www.bloomberg.com/graphics/2023-black-lives-matter-equal-opportunity-corporate-diversity/.

[10] Byron York, *African American History Museum removes "whiteness" chart*, in «Washington Examiner», 17 luglio 2020, https://www.washingtonexaminer.com/opinion/1622480/african-american-history-museum-removes-whiteness-chart/.

[11] Stephanie Saul, *An Ambitious Antiracism Center Scales Back Amid Allegations of Poor Management*, in «The New York Times», 23 settembre 2023, https://www.nytimes.com/2023/09/23/us/ibram-x-kendi-antiracism-boston-university.html.

[12] Meimei Xu, *More than 80 Percent of Surveyed Harvard Faculty Identify as Liberal*, in «The Harvard Crimson», 13 luglio 2022, https://www.thecrimson.com/article/2022/7/13/faculty-survey-political-leaning/.

[13] Ryan Starkey, *How a coastline 100 million years ago influences modern election results in Alabama*, in «Starkey», 11 giugno 2021, https://starkeycomics.com/2021/06/11/how-a-coastline-100-million-years-ago-influences-modern-election-results-in-alabama/.

[14] Ryan Grim, *The implosion of the climate left*, in «Slow Boring», 27 novembre 2023, https://www.slowboring.com/p/the-implosion-of-the-climate-left.

[15] Ryan Grim, *How Meltdowns Brought Progressive Groups to a Standstill*,

in «The Intercept», 13 giugno 2023, https://theintercept.com/2022/06/13/progressive-organizing-infighting-callout-culture/.

[16] Michael Powell, *Once a Bastion of Free Speech, the A.C.L.U. Faces an Identity Crisis*, in «The New York Times», 6 giugno 2021, https://www.nytimes.com/2021/06/06/us/aclu-free-speech.html.

[17] Janet Lorin, *Ivy League Presidents Try to Clarify Stances on Antisemitism After Backlash to Testimony*, in «TIME Magazine», 8 dicembre 2023, https://time.com/6344051/harvard-penn-presidents-antisemitism-congressional-hearing/.

[18] Neetu Arnold, *Outsourced to Qatar*, in «National Association of Scholars», 13 settembre 2022, https://www.nas.org/reports/outsourced-to-qatar/full-report.

[19] David Gritten, *Egyptians complain over Netflix depiction of Cleopatra as black*, in «BBC News», 19 aprile 2023, https://www.bbc.com/news/world-middle-east-65322821.

[20] Gwen Nally e Mary Hamil Gilbert, *Fear of a Black Cleopatra*, in «The New York Times», 5 ottobre 2023, https://www.nytimes.com/2023/05/10/opinion/black-cleopatra-netflix.html.

[21] Elizabeth Weil, *Teenage Justice*, in «The Cut», 21 giugno 2022, https://www.thecut.com/article/cancel-culture-high-school-teens.html.

[22] Mireya Navarro, *National Parks Reach Out to Blacks Who Aren't Visiting*, in «The New York Times», 2 novembre 2010, https://www.nytimes.com/2010/11/03/science/earth/03parks.html.

[23] *U.S. Population Projected to Begin Declining in Second Half of Century*, in «US Census Bureau», 9 novembre 2023, https://www.census.gov/newsroom/press-releases/2023/population-projections.html.

[24] Kavya Beheraj e Alex Fitzpatrick, *America's fastest-growing demographic groups*, in «Axios», 29 giugno 2023, https://www.axios.com/2023/06/29/fastest-growing-demographics.

[25] Alexa Ura, *Hispanics officially make up the biggest share of Texas' population, new census numbers show*, in «Texas Tribune», 21 giugno 2023, https://www.texastribune.org/2023/06/21/census-texas-hispanic-population-demographics/.

[26] Stef W. Kight, *America's majority minority future*, in «Axios», 29 aprile 2019, https://www.axios.com/2019/04/29/when-american-minorities-become-the-majority.

[27] Richard Fry, *Millennials overtake Baby Boomers as America's largest generation*, in «Pew Research Center», 28 aprile 2020, https://www.pewresearch.org/short-reads/2020/04/28/millennials-overtake-baby-boomers-as-americas-largest-generation/.

[28] *National Exit Polls: How Different Groups Voted*, in «The New York Times», 3 novembre 2020, https://www.nytimes.com/interactive/2020/11/03/us/elections/exit-polls-president.html.

[29] *Exit Polls for Midterm Elections 2022*, in «CNN», https://edition.cnn.com/election/2022/exit-polls/national-results/house/0.

[30] Lauren Harper, *Black Democrats are moderate*, in «Slow Boring», 19 dicembre 2023, https://www.slowboring.com/p/black-democrats-are-moderate.

[31] Nate Silver, *Education, Not Income, Predicted Who Would Vote For Trump*, in «FiveThirtyEight», 22 novembre 2016, https://fivethirtyeight.com/features/education-not-income-predicted-who-would-vote-for-trump/.

[32] Tyler Cowen, *The politics of neuroticism and unhappiness*, in «Marginal Revolution», 19 luglio 2023, https://marginalrevolution.com/marginalrevolution/2023/07/the-politics-of-neuroticism-and-unhappiness.html.

[33] Matthew Yglesias, *Why are young liberals so depressed?*, in «Slow Boring», 1 marzo 2023, https://www.slowboring.com/p/why-are-young-liberals-so-depressed.

[34] Aaron Zitner, *Why Tribalism Took Over Our Politics*, in «The Wall Street Journal», 26 agosto 2023, https://www.wsj.com/politics/why-tribalism-took-over-our-politics-5936f48e.

[35] McKay Coppins, *What Mitt Romney Saw In The Senate*, in «The Atlantic», 13 settembre 2023, https://www.theatlantic.com/magazine/archive/2023/11/mitt-romney-retiring-senate-trump-mcconnell/675306/.

[36] Ariel Zilber, *Bud Light no longer among 10 most "liked" beers in US: survey*, in «New York Post», 7 luglio 2023, https://nypost.com/2023/07/07/bud-light-no-longer-in-top-10-most-popular-beers-in-us/.

[37] Steve Goldstein, *Anheuser-Busch InBev share price skids as Bud Light and other Budweiser brand sales deteriorate*, in «Marketwatch», 31 maggio 2023, https://www.marketwatch.com/story/anheuser-busch-inbev-share-price-skids-as-bud-light-and-other-budweiser-brand-sales-deteriorate-d745baa9.

[38] Max Zahn, *Bud Light set to lose shelf space at major retailers, intensifying boycott woes*, in «ABC News», 15 settembre 2023, https://abcnews.go.com/Business/bud-light-set-lose-shelf-space-major-retailers/story?id=103165753.

[39] Justin McCarthy, *U.S. Same-Sex Marriage Support Holds at 71% High*, in «Gallup», 5 giugno 2023, https://news.gallup.com/poll/506636/sex-marriage-support-holds-high.aspx.

[40] Jason D. Wright, Ling Chen, Yukio Suzuki e altri, *National Estimates of Gender-Affirming Surgery in the US*, in «Journal of the American Medical Association», 23 agosto 2023, https://jamanetwork.com/journals/jamanetworkopen/fullarticle/2808707.

[41] Jody L. Herman, Andrew R. Flores e Kathryn K. O'Neill, *How Many Adults and Youth Identify as Transgender in the United States?*, in «UCLA Williams Institute», giugno 2022, https://williamsinstitute.law.ucla.edu/publications/trans-adults-united-states/.

[42] Azeen Ghorayshi, *How a Small Gender Clinic Landed in a Political Storm*, in «The New York Times», 23 agosto 2023, https://www.nytimes.com/2023/08/23/health/transgender-youth-st-louis-jamie-reed.html.

[43] Michelle Conlin, Robin Respaut e Chad Terhune, *A gender imbalance emerges among trans teens seeking treatment*, in «Reuters», 18 novembre 2022, https://www.reuters.com/investigates/special-report/usa-transyouth-topsurgery/.

[44] Jamie Reed, *I Thought I Was Saving Trans Kids. Now I'm Blowing the Whistle*, in «The Free Press», 9 febbraio 2023, https://www.thefp.com/p/i-thought-i-was-saving-trans-kids.

[45] David Weigel, *"At any age": Donald Trump pushes the GOP towards targeting transgender adults*, in «Semafor», 3 febbraio 2023, https://www.semafor.com/article/02/03/2023/at-any-age-donald-trump-pushes-the-gop-towards-targeting-transgender-adults.

[46] Laura Edwards-Leeper e Erica Anderson, *The mental health establishment is failing trans kids*, in «The Washington Post», 24 novembre 2021, https://www.washingtonpost.com/outlook/2021/11/24/trans-kids-therapy-psychologist/.

[47] Jesse Singal, *«PLOS ONE has confirmed to me that even though Lisa Littman's paper was officially "corrected", there was no false information published in the original»*, da Twitter, 19 marzo 2019, https://twitter.com/jessesingal/status/1108133312281878528.

[48] Michael Bailey, *My Research on Gender Dysphoria Was Censored. But I Won't Be*, in «The Free Press», 10 luglio 2023, https://www.thefp.com/p/trans-activists-killed-my-scientific-paper.

[49] Kara Grant, *Brain Imaging Study Paused After LGBTQ+ Advocates Complain*, in «Medpage Today», https://www.medpagetoday.com/special-reports/exclusives/91423.

[50] Jesse Singal, *Can science ever debate trans issues?*, in «Unherd», 3 giugno 2020, https://unherd.com/2020/06/eneuro/.

[51] Julie Jargon, *Teen Girls Are Developing Tics. Doctors Say TikTok Could Be a Factor*, in «The Wall Street Journal», 19 ottobre 2021.

[52] Federico Avallone, *Diagnosticarsi un disturbo mentale per un follower in più*, in «Lucy», 13 luglio 2023, https://lucysullacultura.com/diagnosticarsi-un-disturbo-mentale-per-un-follower-in-piu/.

[53] Jill Escher, *The Autism Surge: Lies, Conspiracies, and My Own Kids*, in «The Free Press», 20 luglio 2023, https://www.thefp.com/p/the-autism-surge-lies-conspiracies.

[54] Kimmy Yam, *Anti-Asian hate crimes increased 339 percent nationwide last year, report says*, in «NBC News», 1 febbraio 2022, https://www.nbcnews.com/news/asian-america/anti-asian-hate-crimes-increased-339-percent-nationwide-last-year-repo-rcna14282.

[55] Terry Tang e Linley Sanders, *1 in 3 US Asians and Pacific Islanders faced racial abuse this year, AP-NORC/AAPI Data poll shows*, in «Associated Press», 14 novembre 2023, https://apnews.com/article/aapi-data-racism-asian-hate-e5e8c8928dd286b48098a94c5e5f184f.

[56] Kristian G. Andersen, Andrew Rambaut, W. Ian Lipkin, Edward C. Holmes e Robert F. Garry, *The proximal origin of SARS-CoV-2*, in «Nature», 17 marzo 2020, https://www.nature.com/articles/s41591-020-0820-9.

[57] Jimmy Tobias, *Unredacted NIH Emails Show Efforts to Rule Out Lab Origin of Covid*, in «The Intercept», 19 gennaio 2023, https://theintercept.com/2023/01/19/covid-origin-nih-emails/.

[58] Istituto Superiore di Sanità, *COVID-19, molto probabile un ruolo per i pipistrelli, ma si cerca ancora l'ospite intermedio*, 12 febbraio 2020, https://www.iss.it/covid-19-primo-piano/-/asset_publisher/yX1afjCDBkWH/content/

covid-19-molto-probabile-un-ruolo-per-i-pipistrelli-ma-si-cerca-ancora-l-ospite-intermedio.

[59] Shayla Love, *Once and for All, the New Coronavirus Was Not Made in a Lab*, in «Vice», 20 marzo 2020, https://www.vice.com/en/article/xgqkn4/the-novel-coronavirus-was-not-made-in-a-lab-nature-medicine-study-confirms.

[60] Antonio Regalado, *No one can find the animal that gave people covid-19*, in «MIT Technology Review», 26 marzo 2021, https://www.technologyreview.com/2021/03/26/1021263/bat-covid-coronavirus-cause-origin-wuhan/.

[61] Jon Cohen, *Wuhan seafood market may not be source of novel virus spreading globally*, in «Science», 26 gennaio 2020, https://www.science.org/content/article/wuhan-seafood-market-may-not-be-source-novel-virus-spreading-globally.

[62] William Liu e altri, *Surveillance of SARS-CoV-2 at the Huanan Seafood Market*, in «Nature», 5 aprile 2023, https://www.nature.com/articles/s41586-023-06043-2.

[63] Charles Small, Billy Bostickson e Gilles Demaneuf, *An investigation into the WIV databases that were taken offline*, in «Research Gate», febbraio 2021, https://www.researchgate.net/publication/349073738_An_investigation_into_the_WIV_databases_that_were_taken_offline.

[64] Katherine Ebane e Jeff Kao, *COVID-19 Origins: Investigating a "Complex and Grave Situation" Inside a Wuhan Lab*, in «ProPublica», 28 ottobre 2022, https://www.propublica.org/article/senate-report-covid-19-origin-wuhan-lab.

[65] Ashley Rindsberg, *China "began stockpiling PPE months before Covid outbreak"*, in «The Daily Telegraph», 22 ottobre 2022, https://www.telegraph.co.uk/news/2022/10/08/china-began-stockpiling-ppe-months-covid-outbreak/.

[66] Michael R. Gordon, Warren P. Strobel e Drew Hinshaw, *Intelligence on Sick Staff at Wuhan Lab Fuels Debate on Covid-19 Origin*, in «The Wall Street Journal», 23 maggio 2021, https://www.wsj.com/articles/intelligence-on-sick-staff-at-wuhan-lab-fuels-debate-on-covid-19-origin-11621796228

[67] Sharon Lerner e Maia Hibbett, *Leaked Grant Proposal Details High-Risk Coronavirus Research*, in «The Intercept», 23 settembre 2021, https://theintercept.com/2021/09/23/coronavirus-research-grant-darpa/.

[68] *List of laboratory biosecurity incidents*, da Wikipedia, https://en.wikipedia.org/wiki/List_of_laboratory_biosecurity_incidents.

[69] Katherine Eban, *Secret Warnings About Wuhan Research Predated the Pandemic*, in «Vanity Fair», 21 novembre 2023, https://www.vanityfair.com/news/2023/11/covid-origins-warnings-nih-department-of-energy.

[70] Donato Paolo Mancini, *WHO chief pushes China for "full access" to solve Covid's origins*, in «Financial Times», 17 settembre 2023, https://www.ft.com/content/b25ff661-92fc-4e9b-bedf-a0dd24f12aa4.

[71] *Former CDC chief Redfield says he thinks COVID-19 originated in a Chinese lab*, in «Reuters», 27 marzo 2021, https://www.reuters.com/article/us-health-coronavirus-origin-redfield/former-cdc-chief-redfield-says-he-thinks-covid-19-originated-in-a-chinese-lab-idUSKBN2BI2R6/.

[72] Michael R. Gordon e Warren P. Strobel, *Lab Leak Most Likely Origin of Covid-19*

Pandemic, Energy Department Now Says, in «The Wall Street Journal», 26 febbraio 2023, https://www.wsj.com/articles/covid-origin-china-lab-leak-807b7b0a.

[73] Marcia McNutt, *Let Scientific Evidence Determine Origin of SARS-CoV-2, Urge Presidents of the National Academies*, in «National Academy of Sciences», 15 giugno 2021, https://www.nationalacademies.org/news/2021/06/let-scientific-evidence-determine-origin-of-sars-cov-2-urge-presidents-of-the-national-academies.

[74] *Lancet letter (COVID-19)*, da Wikipedia, https://en.wikipedia.org/wiki/Lancet_letter_(COVID-19)#Signatories'_statements.

[75] Richard H. Ebright, *The 2020 "Proximal Origin" paper falsely claimed science showed COVID-19 did not have a lab origin*, da Twitter, 22 luglio 2023, https://twitter.com/R_H_Ebright/status/1682786904159182848/photo/1.

[76] Matt Ridley e Alina Chan, *The Covid Lab-Leak Deception*, in «The Wall Street Journal», 26 luglio 2023, https://www.wsj.com/articles/the-covid-lab-leak-deception-andersen-nih-research-paper-private-message-52fc0c16.

[77] Nate Silver, *Journalists should be skeptical of all sources – including scientists*, in «Silver Bulletin», 21 luglio 2023, https://www.natesilver.net/p/journalists-should-be-skeptical-of.

IV. *Violenza*

[1] Jonathan Neumann, *Philadelphia Police: "Toughest in the World"*, in «The Washington Post», 14 agosto 1979, https://www.washingtonpost.com/archive/politics/1979/08/14/philadelphia-police-toughest-in-the-world/b7c28785-70e5-4960-8f7b-00e0e3beaa3b/.

[2] *Press: The Cop Tamers*, in «TIME Magazine», 1 maggio 1978, https://content.time.com/time/subscriber/article/0,33009,919555-1,00.html.

[3] David Gambacorta e Barbara Laker, *Frank Rizzo leaves a legacy of unchecked police brutality and division in Philadelphia*, in «The Philadelphia Inquirer», 3 giugno 2020, https://www.inquirer.com/news/philadelphia-frank-rizzo-police-violence-legacy-shootings-20200603.html.

[4] Mike Sielski, *The Eagles thrive as underdogs. Brock Purdy is the ultimate underdog. Something's gotta give*, in «Philadelphia Inquirer», 2 dicembre 2023, https://www.inquirer.com/eagles/eagles-niners-brock-purdy-preview-nfl-week-13-20231202.html.

[5] Johnny Goodtimes, *Frazier vs. Rocky: Philly Got Its Hero Wrong*, in «Philadelphia», 11 novembre 2011, https://www.phillymag.com/news/2011/11/11/frazier-rocky/.

[6] Pat Kirwan, *Take Your Eye Off the Ball*, Chicago, Triumph Books, 2010.

[7] Nick Goss, *Is the NFL scripted? Tom Brady gives perfect response*, in «Yahoo Sports», 5 settembre 2023, https://sports.yahoo.com/nfl-scripted-tom-brady-gives-181759493.html.

[8] Giovanni Zagni, *Il disastro della melassa di Boston*, in «Linkiesta», 25 gennaio 2015, https://www.linkiesta.it/2015/01/il-disastro-della-melassa-di-boston/.

[9] Harmeet Kaur, *What studies reveal about gun ownership in the US*, in «CNN»,

2 giugno 2022, https://edition.cnn.com/2022/06/02/us/gun-ownership-numbers-us-cec/index.html.

[10] Tom Kutsch, *Americans Bought 18.9M Guns in 2021, the Second Most on Record*, in «The Trace», 5 gennaio 2022, https://www.thetrace.org/newsletter/americans-bought-18-9m-guns-in-2021-the-second-highest-year-on-record/; *NICS Firearm Checks: Month/Year by State/Type*, in «FBI.gov», https://www.fbi.gov/file-repository/nics_firearm_checks_-_month_year_by_state_type.pdf/view.

[11] *CDC Provisional Data: Gun Suicides Reach All-time High in 2022, Gun Homicides Down Slightly from 2021*, in «Johns Hopkins Bloomberg School of Public Health», 27 luglio 2023.

[12] Maeve Wallace e altri, *Homicide During Pregnancy and the Postpartum Period in the United States, 2018-2019*, in «Obstetrics & Gynecology», novembre 2021, https://www.ncbi.nlm.nih.gov/pmc/articles/PMC9134264/.

[13] Chip Brownlee, *Gun Buybacks Are Popular, But Do They Work?*, in «The Trace», 21 aprile 2023, https://www.thetrace.org/2023/04/do-gun-buybacks-work-research-data/.

[14] Matthew Yglesias, *We need a new strategy on guns*, in «Slow Boring», 31 maggio 2022, https://www.slowboring.com/p/we-need-a-new-strategy-on-guns.

[15] *Death Penalty*, in «Gallup», https://news.gallup.com/poll/1606/death-penalty.aspx.

[16] *Botched Executions*, Death Penalty Information Center, https://deathpenaltyinfo.org/executions/botched-executions.

[17] Melissa S. Kearney e altri, *Ten Economic Facts about Crime and Incarceration in the United States*, in «Brookings Institution», maggio 2014, https://www.brookings.edu/wp-content/uploads/2016/06/v8_thp_10crimefacts.pdf.

[18] Jennifer L. Truman e Michael R. Rand, *Criminal Victimization, 2009*, in «Bureau of Justice Statistics», ottobre 2010, https://bjs.ojp.gov/library/publications/criminal-victimization-2009.

[19] Erika Harrell e altri, *Household Poverty and Nonfatal Violent Victimization*, Bureau of Justice Statistics, novembre 2014, https://bjs.ojp.gov/content/pub/pdf/hpnvv0812.pdf.

[20] *Yahoo! News Race and Politics*, in «YouGov», 11 giugno 2020, https://docs.cdn.yougov.com/86ijosd7cy/20200611_yahoo_race_police_covid_crosstabs.pdf.

[21] Matt Ford, *What Caused the Great Crime Decline in the U.S.?*, in «The Atlantic», 15 aprile 2016, https://www.theatlantic.com/politics/archive/2016/04/what-caused-the-crime-decline/477408/.

[22] Alexis C. Madrigal, *The Collapsing Crime Rates of the '90s Might Have Been Driven by Cellphones*, in «The Atlantic», 30 maggio 2019, https://www.theatlantic.com/technology/archive/2019/05/how-mobile-phones-could-have-changed-the-drug-game/590503/.

[23] John Gramlich, *What we know about the increase in U.S. murders in 2020*, in «Pew Research Center», 27 ottobre 2021, https://www.pewresearch.org/

short-reads/2021/10/27/what-we-know-about-the-increase-in-u-s-murders-in-2020/.

[24] Jeff Asher, *Crime in 2023: Murder Plummeted, Violent and Property Crime Likely Fell Nationally*, in «Jeff-alytics», 11 dicembre 2023, https://jasher.substack.com/p/crime-in-2023-murder-plummeted-violent.

[25] *List of countries by intentional homicide rate*, in «Wikipedia», https://en.wikipedia.org/wiki/List_of_countries_by_intentional_homicide_rate.

[26] Russell Contreras, *Support for political violence jumps in U.S., survey says*, in «Axios», 25 ottobre 2023, https://www.axios.com/2023/10/25/support-us-political-violence-prri-brookings-survey.

[27] David Smith, *Little Rock Nine: the day young students shattered racial segregation*, in «The Guardian», 24 settembre 2017, https://www.theguardian.com/world/2017/sep/24/little-rock-arkansas-school-segregation-racism.

[28] *#OnThisDay: Bloody Sunday*, in «National Museum of African American History and Culture», https://nmaahc.si.edu/explore/stories/onthisday-bloody-sunday.

[29] Robert Mitchell, *The police raid that killed two Black Panthers, shook Chicago and changed the nation*, in «The Washington Post», 4 dicembre 2019, https://www.washingtonpost.com/history/2019/12/04/police-raid-that-left-two-black-panthers-dead-shook-chicago-changed-nation/.

[30] Adam Serwer, *The Cruelty Is the Point*, in «The Atlantic», 3 ottobre 2018, https://www.theatlantic.com/ideas/archive/2018/10/the-cruelty-is-the-point/572104/.

[31] Andrew DeMillo e altri, *U.S. destroys last of its declared chemical weapons, closing a deadly chapter dating to World War I*, in «Associated Press», 7 luglio 2023, https://apnews.com/article/chemical-weapons-war-kentucky-colorado-sarin-0737441e73aeb62f6a105c30ab067393.

[32] Ben Blum, *The Lifespan of a Lie*, in «Medium», 7 giugno 2018, https://gen.medium.com/the-lifespan-of-a-lie-d869212b1f62.

[33] Brian Resnick, *The Stanford Prison Experiment is based on lies. Hear them for yourself*, in «Vox», 14 giugno 2018, https://www.vox.com/science-and-health/2018/6/14/17464516/stanford-prison-experiment-audio.

[34] Thibault Le Texier, *Debunking the Stanford Prison Experiment*, in «American Psychologist», gennaio 2019, https://gwern.net/doc/psychology/2019-letexier.pdf.

V. *Frontiera*

[1] Derek Thompson, *The Hard Data on UFO Sightings: It's Mostly Drunk People in the West*, in «The Atlantic», 28 giugno 2014, https://www.theatlantic.com/technology/archive/2014/06/the-hard-data-on-ufo-sightings-its-mostly-drunk-people-in-the-west/373645/.

[2] Helene Cooper, Ralph Blumenthal e Leslie Kean, *Glowing Auras and "Black Money": The Pentagon's Mysterious U.F.O. Program*, in «The New York

Times», 16 dicembre 2017, https://www.nytimes.com/2017/12/16/us/politics/pentagon-program-ufo-harry-reid.html.

[3] Leslie Kean e Ralph Blumenthal, *Intelligence Officials Say U.S. Has Retrieved Craft of Non-Human Origin*, in «The Debrief», 5 giugno 2023, https://thedebrief.org/intelligence-officials-say-u-s-has-retrieved-non-human-craft/.

[4] Thobey Campion, *Stanford Professor Garry Nolan Is Analyzing Anomalous Materials From UFO Crashes*, in «VICE News», 10 dicembre 2021, https://www.vice.com/en/article/n7nzkq/stanford-professor-garry-nolan-analyzing-anomalous-materials-from-ufo-crashes.

[5] Seth Fletcher, *How a Harvard Professor Became the World's Leading Alien Hunter*, in «The New York Times», 24 agosto 2023, https://www.nytimes.com/2023/08/24/magazine/avi-loeb-alien-hunter.html.

[6] Ross Douthat, *Does the U.S. Government Want You to Believe in U.F.O.s?*, in «The New York Times», 10 giugno 2023, https://www.nytimes.com/2023/06/10/opinion/ufos-government.html.

[7] Frederick Jackson Turner, *The Frontier in American History*, Henry Holt and Company, 1921, https://www.gutenberg.org/files/22994/22994-h/22994-h.htm#Page_1.

[8] *America's Manifest Destiny*, in «Smithsonian Art Museum», https://americanexperience.si.edu/historical-eras/expansion/pair-westward-apotheosis/.

[9] Alisha Ebrahimji, *Texas is sending asylum seekers to major cities by bus with little notice. These mayors want to pump the brakes*, in «CNN», 3 gennaio 2024, https://www.cnn.com/2023/12/30/us/asylum-seekers-texas-city-mayors/index.html.

[10] Edgar Sandoval, Miriam Jordan, Patricia Mazzei e J. David Goodman, *The Story Behind DeSantis's Migrant Flights to Martha's Vineyard*, in «The New York Times», 2 ottobre 2022, https://www.nytimes.com/2022/10/02/us/migrants-marthas-vineyard-desantis-texas.html.

[11] Gwynne Hogan, *New York's "Right to Shelter" No Longer Exists for Thousands of Migrants*, in «The City», 18 dicembre 2023, https://www.thecity.nyc/2023/12/18/nyc-right-to-shelter-no-longer-exists/.

[12] Claire Fahy e Raúl Vilchis, *Suing. Heckling. Cursing. N.Y.C. Protests Against Migrants Escalate*, in «The New York Times», 15 settembre 2023, https://www.nytimes.com/2023/09/15/nyregion/migrant-protests-nyc.html.

[13] Troy Closson, Liset Cruz e Wesley Parnell, *A School Sheltered Migrants in a Storm. The Hate Calls Poured In*, in «The New York Times», 10 gennaio 2024, https://www.nytimes.com/2024/01/10/nyregion/floyd-bennett-field-migrants-shelter-james-madison-high-school.html.

[14] Ben Smith, *The Fragmentation Election*, in «Semafor», 30 luglio 2023, https://www.semafor.com/newsletter/07/30/2023/the-fragmentation-election.

[15] *Prisoners in 2022 – Statistical Tables*, in «Bureau of Justice Statistics», novembre 2023, https://bjs.ojp.gov/library/publications/prisoners-2022-statistical-tables.

[16] Tim Meko e Adrian Blanco, *More than half of Americans live in places where*

recreational marijuana is legal, in «The Washington Post», 8 novembre 2023, https://www.washingtonpost.com/politics/2023/legal-weed-states-map/.

[17] Grace Wade, *Appetite for mind-altering substances is booming among US adults*, in «New Scientist», 25 agosto 2023, https://www.newscientist.com/article/2388968-appetite-for-mind-altering-substances-is-booming-among-us-adults/.

[18] Emily Willingham, *People Have Been Having Less Sex – whether They're Teenagers or 40-Somethings*, in «Scientific American», 3 gennaio 2022, https://www.scientificamerican.com/article/people-have-been-having-less-sex-whether-theyre-teenagers-or-40-somethings/.

[19] Christopher Ingraham, *The share of Americans not having sex has reached a record high*, in «The Washington Post», 29 marzo 2019, https://www.washingtonpost.com/business/2019/03/29/share-americans-not-having-sex-has-reached-record-high/.

[20] April White, *New Research Offers Insights Into How American Couples Meet*, in «Smithsonian Magazine», novembre 2019, https://news.stanford.edu/2019/08/21/online-dating-popular-way-u-s-couples-meet/.

[21] Bryce Ward, *Americans are choosing to be alone. Here's why we should reverse that*, in «The Washington Post», 23 novembre 2022, https://www.washingtonpost.com/opinions/2022/11/23/americans-alone-thanksgiving-friends/.

[22] Alex Mitchell, *Horrifying NYC rental market fuels hourlong lines to see tiny apartment*, in «New York Post», 22 giugno 2022, https://nypost.com/2022/06/22/crazy-nyc-rental-market-fuels-lines-to-see-tiny-apartment/.

[23] Jerusalem Demsas, *Housing Breaks People's Brains*, in «The Atlantic», 23 novembre 2022, https://www.theatlantic.com/ideas/archive/2022/11/us-housing-supply-shortage-crisis-2022/672240/.

[24] Anna Bahney, *The US housing market is short 6.5 million homes*, in «CNN», 8 marzo 2023, https://edition.cnn.com/2023/03/08/homes/housing-shortage/index.html.

[25] *Housing Inventory Estimate: Vacant Housing Units in the United States*, in «FRED Economic Data», https://fred.stlouisfed.org/series/EVACANTUSQ176N.

[26] Daniel De Vise, *A record share of Americans is living alone*, in «The Hill», 7 ottobre 2023, https://thehill.com/policy/healthcare/4085828-a-record-share-of-americans-are-living-alone/.

[27] Mihir Zaveri, *How 100,000 Apartments in New York City Disappeared*, in «The New York Times», 19 ottobre 2023, https://www.nytimes.com/2023/10/19/nyregion/nyc-apartments-housing-crisis.html.

[28] Ben Casselman, *A 30-Year Trap: The Problem With America's Weird Mortgages*, in «The New York Times», 19 novembre 2023, https://www.nytimes.com/2023/11/19/business/economy/30-year-mortgage.html

[29] Jerusalem Demsas, *Meet the Latest Housing-Crisis Scapegoat*, in «The Atlantic», 26 gennaio 2023, https://www.theatlantic.com/ideas/archive/2023/01/housing-crisis-hedge-funds-private-equity-scapegoat/672839/.

[30] Alex Horowitz e Ryan Canavan, *More Flexible Zoning Helps Con-*

tain Rising Rents, in «The Pew Charitable Trusts», 17 aprile 2023, https://www.pewtrusts.org/en/research-and-analysis/articles/2023/04/17/more-flexible-zoning-helps-contain-rising-rents.

[31] Robert R. Callis, *Rate of Homeownership Higher Than Before Pandemic in All Regions*, in Census.gov, 25 luglio 2023, https://www.census.gov/library/stories/2023/07/younger-householders-drove-rebound-in-homeownership.html.

[32] Sam Bowman, John Myers e Ben Southwood, *The housing theory of everything*, in «Work in Progress», 14 settembre 2021, https://worksinprogress.co/issue/the-housing-theory-of-everything/.

[33] *American cities, states can't find enough workers despite an influx of federal funding*, in «PBS News Hour», 18 agosto 2022, https://www.pbs.org/newshour/show/american-cities-states-cant-find-enough-workers-despite-an-influx-of-federal-funding.

[34] Dana Anderson, *Nearly 1 in 10 U.S. Homes Are Worth at Least $1 Million, Close to All-Time High*, 11 agosto 2023, in «RedFin News», https://www.redfin.com/news/million-dollar-homes-share-rises/.

[35] *A New York è nata una specie di mercato nero degli affitti brevi*, in «Il Post», 11 ottobre 2023, https://www.ilpost.it/2023/10/11/airbnb-new-york-mercato-nero-affitti-brevi/.

[36] Greg David, *NYC Hotel Room Rates Soar as Crucial Holiday Season Begins*, in «The City», 16 novembre 2023, https://www.thecity.nyc/2023/11/16/hotel-room-rates-soar/.

[37] Emma Hurt, *Why schools across America are building teacher housing*, in «Axios», 13 agosto 2023, https://www.axios.com/2023/08/13/teacher-housing-affordability.

[38] Andrew Rice, *New Glut City*, in «Curbed», 17 luglio 2023, https://www.curbed.com/article/nyc-office-real-estate-rechler-rxr-project-kodak.html.

[39] Andrew Needham, *The Problem With "Why Do People Live in Phoenix?"*, in «The Atlantic», 4 agosto 2023, https://www.theatlantic.com/health/archive/2023/08/phoenix-record-excessive-heat-wave-streak/674924/.

[40] Michael Wayland, *More people are dying on U.S. roads, even as cars get safer*, in «CNBC», 22 maggio 2022, https://www.cnbc.com/2022/05/22/us-roadway-deaths-rise-even-as-cars-get-safer.html.

[41] Francesco Costa, *Questa è l'America*, Milano, Mondadori, 2020.

[42] Michelle C. Pautz, *The Decline in Average Weekly Cinema Attendance, 1930-2000*, in «University of Dayton», estate 2022, https://ecommons.udayton.edu/cgi/viewcontent.cgi?article=1023&context=pol_fac_pub.

[43] *Domestic Movie Theatrical Market Summary 1995 to 2024*, in «The Numbers», https://www.the-numbers.com/market/.

[44] Chris Arnade, «A few years ago I went to Breezewood to walk, and then at night I hung out in a local bar», 18 dicembre 2023, https://twitter.com/Chris_arnade/status/1736813245208703481.

Bibliografia

Bergamini, Oliviero, *Storia degli Stati Uniti*, Bari, Laterza, 2010.

Boyette, Michael, *Let It Burn. MOVE, the Philadelphia Police Department, and the Confrontation That Changed a City*, Quadrant Books, 2013.

Cornejo Villavicencio, Karla, *The Undocumented Americans*, New York, One World Penguin Random House, 2020.

deBoer, Fredrik, *How Elites Ate the Social Justice Movement*, New York, Simon & Schuster, 2023.

Foer, Joshua, *L'arte di ricordare tutto*, Milano, Longanesi, 2011.

Fukuyama, Francis, *La fine della storia e l'ultimo uomo*, Milano, UTET, 2020.

Garrow, David J., *Rising Star. The Making of Barack Obama*, New York, William Morrow, 2017.

hooks, bell, *Il femminismo è per tutti. Una politica appassionata*, Napoli, Tamu Edizioni, 2021.

Lepore, Jill, *Queste verità. Una storia degli Stati Uiti d'America*, Milano, Rizzoli, 2020.

Lukianoff, Greg e Haidt, Jonathan, *The Coddling of the American Mind*, London, Penguin Books, 2018.

MacCambridge, Michael, *America's Game. The Epic Story of How Pro Football Captured a Nation*, New York, Anchor Books, 2005.

Meacham, Jon, *The Soul of America. The Battle for Our Better Angels*, Random House USA, 2019.

Oshinsky, David M., *Worse Than Slavery. Parchman Farm and the Ordeal of Jim Crow Justice*, New York, Free Press, 1997.
Puleo, Stephen, *Dark Tide. The Great Boston Molasses Flood of 1919*, Boston, Beacon Press, 2019.
Wilkerson, Isabel, *The Warmth of Other Suns*, New York, Knopf Doubleday, 2011.
Winchester, Simon, *Il professore e il pazzo*, Milano, Adelphi, 2018.
Yglesias, Matthew, *One Billion Americans. The Case for Thinking Bigger*, New York, Portfolio, 2020.
Zimring, Franklin E. e Hawkins, Gordon, *Crime Is Not the Problem. Lethal Violence in America*, Oxford, Oxford University Press, 1997.

Ringraziamenti

Silvia è stata la più importante complice di questo viaggio, e non solo per aver accettato che tenessi per mesi in salotto un'enorme lavagna coperta di post-it, così che potessi vedere il mosaico che avevo in testa molto prima di trasferirlo sulla pagina: i luoghi degli Stati Uniti che ho scoperto con lei sono quelli che ho amato di più, inevitabilmente. Le persone di Mondadori sono state professionali, brillanti e pazienti come sempre, migliorando ogni parola e ogni decisione sia passata dalle loro mani: Igor Pagani, Cristiana Patriarca, Monica Gambera, Valentina Rossi, Margherita Trotta, Cecilia Flegenheimer. Lo stesso vale per Chiara Melloni, Marta Insardi e tutte le persone di Sosia&Pistoia. Silvia è stata amorevole e paziente, nonostante il tempo dedicato al lavoro sia tempo che tolgo a noi. Marco Surace è la prima persona che legge qualsiasi cosa io scriva, oltre che un impareggiabile compagno di esplorazioni americane, e non c'è stata una volta che il suo giudizio non mi abbia incoraggiato. «Il Post» mi mette nelle condizioni di inseguire ogni ambizione, e la redazione mi insegna ogni giorno molto più di quanto io possa mai apprendere; Ludovica Lugli e Arianna Piazza mi hanno aiutato a occuparmi di cose che non conoscevo abbastanza. Silvia mi ha trascinato fuori quando era necessario e mi ha custodito dentro quando era opportuno, con un tempismo che non sarei stato in grado di trovare da solo. Condivido la curiosità e l'interesse per queste storie con Marta Ciccolari Micaldi, Riccardo Lupoli, Nausicaa Dell'Orto e molte altre persone con cui negli Stati Uniti ho visto cose *you people wouldn't believe*, come si diceva in quella famosa scena: voi sapete chi siete. Martin Franciosa, Leonardo Castellano e Filippo Castellano sono stati per il mio lavoro quello che il doping è per gli atleti, ma senza violare alcuna legge. Quando non ero sicuro di come sarebbe andata, Silvia lo era.